# Husaren des Himmels

Hans-Peter Hagen

# Husaren des Himmels

## Berühmte deutsche Jagdflieger und die Geschichte ihrer Waffe

Mit 32 Bildtafeln

MOEWIG

Printed in Germany 1998
ISBN 3-8118-1456-7

## INHALT

# VORWORT

Dieses Buch berichtet über deutsche Jagdflieger, die sich im Zweiten Weltkrieg durch beispiellose Tapferkeit und überragendes fliegerisches Können ausgezeichnet haben. Zugleich wird darin — wohl erstmalig in dieser ausgewogenen Zusammenfassung — die Entwicklung der deutschen Jagdfliegerei geschildert. Diese geschichtliche Abhandlung enthält eine Fülle von Tatsachen und bisher wenig bekannten Details, die interessante Hintergründe aufhellen und manche Geschehnisse der damaligen Zeit in einem neuen Licht erscheinen lassen.

Die zehn Jagdflieger, deren Weg zu soldatischem Ruhm in diesem Buch nachgezeichnet wird, waren nur einige von vielen, die im Verlauf des letzten Krieges eine stattliche Serie von Luftsiegen errangen. Daß die Auswahl gerade auf sie fiel, ist insofern belanglos, als sie im Rahmen dieses Werkes nur Sinnbilder jener menschlichen und kämpferischen Haltung darstellen sollen, die den Soldaten in Kriegszeiten auszeichnet.

Das vorliegende Buch möge daher nicht nur als ein Ehrenblatt berühmter deutscher Jagdflieger gelten. Es soll vielmehr die Erinnerung an all die vielen tapferen Flieger wachhalten, die — ob Freund oder Feind — in Erfüllung ihrer Pflicht ihre Jugend und ihr Leben geopfert haben.

*Der Verfasser*

# DIE GESCHICHTE DER DEUTSCHEN JAGDWAFFE

## *„Die schwarze Fliegerei"*

Der am 28. Juni 1919 geschlossene Friedensvertrag von Versailles gestattete dem im Ersten Weltkrieg unterlegenen Deutschen Reich zwar eine „Reichswehr" in Stärke von 100 000 Mann, der Besitz von Luftfahrzeugen jeglicher Art wurde Deutschland in dem gleichen Vertragswerk hingegen strikt verboten. Die seit dem Waffenstillstand vom 11. November 1918 entstandenen Fliegerformationen mußten wieder aufgelöst werden. Einige Fliegerstaffeln, die der deutschen Polizei noch gewährt worden waren, mußten in Erfüllung des Vertrages im Frühjahr 1920 ebenfalls wieder aufgegeben werden.

Das generelle Verbot jeglicher fliegerischer Betätigung schuf eine Reaktion, die von den Planern des Versailler Vertrages sicherlich nicht in Betracht gezogen worden war. Die deutschen Flieger hielten die Bestimmungen zwar ein — sie flogen aber trotzdem.

Innerhalb weniger Jahre entstand im Nachkriegsdeutschland der zwanziger Jahre eine Fliegerbewegung, die mit jedem weiteren Jahr immer stärkeren Zustrom erhielt. Nicht nur die demobilisierten Flieger des vergangenen Krieges zogen jetzt in motorlosen Segelflugzeugen durch den Himmel über ihrer Heimat. Es waren vor allem junge Menschen, die sich für diese Art des Fliegens begeisterten und sich damit unbewußt in jenen Kader fliegerisch versierter Männer eingliederten, der später in den Anfangsjahren des Dritten Reiches den Grundstock der kommenden Luftwaffe bilden sollte.

Nachdem schon im Jahre 1920 der erste Segelflugwettbewerb auf der Rhön stattgefunden hatte, konnte nach den ersten Lockerungen der Versailler Vertragsbestimmungen bald auch eine rege Luftfahrtätigkeit organisierter Natur beobachtet werden. So entstanden zunächst die „Deutsche Luftreederei", der „Lloyd Ostflug" und zahlreiche andere Luftfahrtunternehmungen.

Erst später sollte bekannt werden, daß auch staatlich gelenkte Luftfahrtabteilungen in enger Zusammenarbeit mit der Reichswehr nur dem Ziel dienten, in naher Zukunft wieder eine deutsche Fliegertruppe zu gründen. Institutionen dieser Art waren das „Luftreferat" des Reichsverkehrsministeriums, die „Wissenschaftliche Gesellschaft für Luftfahrt", die „Deutsche Versuchsanstalt für Luftfahrt" und vor allem die „Deutsche Forschungsanstalt für Segelflug (DFS). Wie maßgeblich die Arbeit dieser Luftfahrtanstalten sich auf die Schlagkraft der späteren deutschen Luftwaffe auswirkte, geht aus zahlreichen Beispielen hervor. Um nur eines anzuführen: Der von der „Deutschen Forschungsanstalt für Segelflug" entwickelte und von Flugkapitän Hanna Reitsch eingeflogene Lastensegler DFS 230 sorgte zu Anfang des Krieges im Westen für eine Revolutionierung der Luftkriegsführung, als deutsche Fallschirmpioniere mit Gleitflugzeugen dieser Art im Morgengrauen des 10. Mai 1940 auf dem belgischen Sperrfort Eben Emael landeten und es in unverhältnismäßig kurzer Zeit ausschalteten.

In jener Zeit, als die Flieger von einst und die Flugbegeisterten von morgen noch über den Höhen der Rhön oder im Hangwind der Küste von Rossitten ihre Segelflugzeuge durch den Himmel steuerten, begann auch die deutsche Flugzeugindustrie neue Wurzeln zu schlagen. Unter Einhaltung der Versailler Bestimmungen bauten deutsche Werke wieder Sportflugzeuge. Die Industrieunternehmungen der Luftfahrt sahen ebenfalls ihre Chance und begannen mit der Entwicklung neuer Konstruktionen.

Die Dornier-Flugzeugwerke hatten zu jener Zeit in Altenrhein in der Schweiz ihre Produktion in kleinerem Umfang wieder aufgenommen, während Professor Junkers in seinem schwedischen Werk Linhamm bereits mit der Entwicklung von Flugzeugen beschäftigt war. die nach den Bestimmungen des Versailler Vertrages in Deutschland nicht hätten hergestellt werden dürfen. Auch Professor Heinkel hatte ab 1. Dezember 1922 in Warnemünde ein neues Flugzeugwerk aufgebaut. Neben der Herstellung von Sportflugzeugen produzierte die Firma ihre militärischen Typen in Zusammenarbeit mit der schwedischen Firma Svenska Aero.

Im Zuge der weiteren Lockerung einiger Versailler Vertragsbestimmungen im Juni 1922 erlebten auch andere bedeutende Flugzeugfirmen ihre Geburtsstunde. Am 1. Januar 1924 entstand das Werk „Focke-Wulf-Flugzeugbau", aus dem sich im April die aus der „Arado-Handels-GmbH" hervorgegangenen „Arado-Flugzeugwerke" entwickelten. In jener Zeit — im Jahre 1926 — wurde auch der Grundstein für ein Flugzeugwerk gelegt, das später die im Zweiten Weltkrieg bekannteste Jagdmaschine produzieren sollte: die Messerschmitt 109. Aus der „Udet-Flugzeugbau GmbH" und den später damit fusionierten „Bayrischen Flugzeugwerken AG" entstand schließlich im Jahre 1927 die „Messerschmitt-Flugzeugbau AG". Aus diesem Unternehmen wurde am 27. April 1933 die „Messerschmitt AG".

Nach der Machtergreifung Hitlers im Jahre 1933 sollte die bisher im verborgenen entwickelte deutsche Militärluftfahrt einen ungeahnten Aufschwung nehmen. Aus den Reservoirs des „Deutschen Luftsportverbandes (DLV, der später in NSFK umbenannt wurde), der „Deutschen Luftfahrt GmbH", der „Deutschen Verkehrsfliegerschule" und nicht zuletzt der getarnten Ausbildungszentrale „Deutsch-Russische Verkehrsgesellschaft" strömten die Segelflieger von einst zu zahlreichen Flugplätzen, wo ihnen versierte Lehrer die Kunst des militärischen Fliegens beibrachten.

Große Beachtung verdient in diesem Zusammenhang die Ausbildung deutscher Militärpiloten auf russischen Flugplätzen, die auf ein geheimes Abkommen zwischen dem Deutschen Reich (Reichswehr) und den Sowjets zurückging.

Eigenartigerweise erhielten in jener Zeit viele deutsche Piloten auf Flugplätzen den letzten Schliff, die sie Jahre später im Krieg gegen die Sowjetunion als Feind wieder betreten sollten. Zahlreiche junge Flieger, die damals in der Sowjetunion geschult wurden, gingen später als Asse der deutschen Jagdfliegerei in die Geschichte des Krieges ein. Einer von ihnen war der spätere Jagdfliegerführer West, General Theo Osterkamp. Seine Erinnerungen an jene Zeit vermitteln einen interessanten Einblick in die Epoche der „schwarzen Fliegerei":

*„... wenige Monate später steige ich in Moskau aus dem Zug. Rußland!*

*Warum ... habe ich ein schlechtes Gewissen schon von der Grenze ab? Sie waren doch sehr höflich dort, und von meinen Koffern wurde nichts angerührt, im Gegensatz zu anderen Rei-*

*senden, denen das Oberste zuunterst gekehrt ... wurde. Warum muß ich immer an den Kurland-Feldzug denken, als wir Riga von den Bolschewiken befreiten?*

*Das ist ja nun ein Dutzend Jahre her, damals war Krieg und alles im Umbruch. Heute muß das ja anders sein, denn sonst hätte es der alte Brandenburg* nicht fertigbekommen, mit den Russen diesen phantastischen Vertrag zu schließen:*

*‚... Rußland stellt Deutschland den Flugplatz Lippeck (Lypeck) am Woronjesch zur Verfügung für eine Jagdfliegerschule. Deutschland verpflichtet sich dafür, von jedem neuen Flugzeugmuster ein Exemplar gratis zur Verfügung zu stellen zwecks Erprobung und eventuellem Nachbau ohne Lizenzgebühr. Rußland wird den Leitern der Schule jedes neue Jagdflugzeug zum Studium zeigen, sobald es in die Frontverbände gelangt ...‘*

*Etwa das war der Kern des Vertrages.*

*Und das war ja doch der beste Beweis, daß man in Rußland heute ganz anders dachte ... Am nächsten Morgen fliege ich ins Innerste Rußlands.*

*‚Hallo, da seid ihr ja ... Mensch, von Schönebeck, Dieck, Blumensaat, von Cramon — und alle die anderen Jagdlehrer ... Sind die Fokker schon da? — Und da drüben — wer ist das?‘ — ‚Ein russischer Bomberverband!‘ — ‚Ach so — und wie sind die?‘ — ‚Ja, man ist nie sicher. Einmal übertrieben freundlich, daß man denkt, jetzt kommt endlich der Mensch zum Vorschein, und dann wieder plötzlich an jeder Ecke Posten mit aufgepflanztem Seitengewehr. Kommst du ran, streckt er dir gleich den Schießprügel ins Gesicht und schreit dich an: ‚Stoj!‘*

*Morgen kommen 120 Jagdschüler auf jeweils sechs Monate und dann wieder neue. Es sind junge Leute, die bei der Marine als Fähnriche eingestellt und gleich wieder entlassen werden. Als*

* Hauptmann a. D. Ernst Brandenburg war ein Pour-le-mérite-Flieger und ehemaliger Kommandeur eines Bombengeschwaders im Ersten Weltkrieg. Von 1919 bis zum Herbst 1934 leitete Ernst Brandenburg die Abteilung Luftverkehr im damaligen Reichsverkehrsministerium und war somit auch an dem Vertrag beteiligt, der über die „Deutsch-Russische Luftverkehrsgesellschaft“ (Deruluft) mit den Sowjets über die Ausbildung deutscher Piloten auf russischen Flugplätzen abgeschlossen worden war.

*Zivilisten kommen sie herüber und werden hier ausgebildet. Dann gehen sie zur Marine zurück.*

*Als Hermann Göring die Luftwaffe ‚aus dem Boden stampfte', war es eine fremde Feder, die er sich an den Hut steckte. Das wußte er, und das wurmte ihn ...*

*Auf einem Übungsplatz werden scharfe Bomben geworfen — die Absperrung ist mehr als mangelhaft. Eine Bombe zerreißt zwei Kinder und ein Pferd. Als Entschädigung wird gezahlt: ‚500 Rubel für das Pferd. — Für die Kinder? Ach so, ja, natürlich — das Stück zwei Rubel und 50 Kopeken!' — ‚Entsetzlich!' — ‚Wieso? Das Pferd ist doch viel seltener und leistet viel mehr als der Mensch!'*

*... Das große, gnadenlose Rätsel Asien — werden wir es jemals begreifen?"*

General Theo Osterkamp war wirklich nicht der einzige, der in jenen Jahren der getarnten Aufrüstung auf dem sowjetischen Flugplatz von Lypeck die unauffällige Grundsteinlegung der künftigen deutschen Luftwaffe miterlebte.

Aber nicht nur diese Möglichkeiten waren wertvolle Voraussetzungen für die Schaffung der neuen Waffe. Im Jahre 1926 kam die deutsche Luftfahrtindustrie in den Genuß neuer Erleichterungen, nachdem durch die Aufhebung der berühmten „Neun Punkte" des Versailler Vertrages die bisherigen Einschränkungen weitgehend aufgehoben worden waren. Dem Bau moderner und hochwertiger Flugzeuge stand jetzt nicht mehr viel im Wege. Gleichzeitig entstanden in jener Zeit die ersten Prototypen jener Kriegsflugzeuge, die später bei ihrem ersten Auftauchen über den neuen Kriegsschauplätzen auf die Gegner wie ein Schock wirkten.

Auch Professor Ernst Heinkel, der berühmte deutsche Flugzeugbauer, erinnert sich an jene Zeit:

*„Als ich wieder in Travemünde ankam, war für mich ein Besucher angekündigt, der etwas geheimnisvoll aufgetreten war. Er hatte seinen Namen nicht genannt ... Einige Tage später saß er mir in meinem Haus gegenüber. Obwohl in Zivil, verriet er den Offizier mit jedem Wort.*

*Als Student (so lautete der Name des Besuchers) sich wieder meldete, hüllte er sich in Geheimnisse ... Erst viel später erfuhr ich die Hintergründe der Geschichte.*

*Die Reichswehr hatte im Einvernehmen mit der damaligen deutschen Regierung Verbindungen nach der Sowjetunion aufgenommen, die auch ihrerseits im Stadium ihrer völligen Desorganisation und des Mangels an jeglichen technischen Voraussetzungen für ihren industriellen Aufbau Verbindungen nach Deutschland suchte. Die getarnte Fliegerabteilung im Reichswehrministerium unter der Führung des späteren Generals Wilberg hatte angesichts der ständigen Möglichkeit neuer Auseinandersetzungen mit Polen und angesichts der Drohungen Frankreichs an der Ruhr — so, wie es Bücker vorausgesagt hatte — nach Möglichkeiten gesucht, der in der Luft wehr- und hilflosen Reichswehr wenigstens einige Flieger und Flugzeuge zu sichern, die der technischen Entwicklung des Jahres 1923 einigermaßen entsprachen. — Vor allen Dingen hatte man den Weg nach Rußland beschritten, um dort einen Erprobungs- und Schulflugplatz zu gewinnen, auf dem die so mühselig gebauten Flugzeuge erprobt und deutsche Flieger und Techniker geschult werden konnten. Eben war eine deutsche Kommission unter der Führung des Generals Hasse, streng geheim in Zivil, in Rußland gewesen. Alle Angehörigen dieser Kommission waren für die Dauer ihrer Reise krank gemeldet worden. Sie hatten andere Namen erhalten. Mein Besucher Student z. B. den Namen Seebach ... Nach der Beendigung der Verhandlungen war in Moskau eine spezielle Verbindungskommission unter der Führung eines Herrn von der Litz zurückgeblieben. Litz hieß in Wirklichkeit Oberst a. D. Thomsen und war im Weltkrieg der mir gutbekannte Stabschef der deutschen Luftstreitkräfte gewesen. Er hatte in Moskau keinerlei offizielle Verbindungen zur deutschen Botschaft. Seine Aufgabe war, die Abmachungen durchzuführen, die man mit den Russen eingegangen war. Sie bestanden im wesentlichen darin, daß der deutschen Reichswehr der Flugplatz Lippeck (Lypeck) für Erprobungs- und Schulzwecke zur Verfügung gestellt wurde. Dafür erhielt die im Aufbau befindliche Rote Luftwaffe technische Unterstützung ...“*

## *Der Aufstieg der Luftwaffe*

Aus historischer Sicht gibt es heute keinen Zweifel darüber, daß die höchsten Führungskräfte der neuen Luftwaffe keineswegs alle von der gleichen Qualität waren wie manche unteren Ränge dieses neuen Machtinstrumentes. Im Verlauf der weiteren Entwicklung sollte es sich zeigen, daß nur wenige hervorragende Köpfe innerhalb des Luftwaffen-Führungsapparates an leitender Stelle fungierten. Aber schon auf Grund ihrer Dienststellung hatten sie gegenüber dem alten Kampfgefährten Hitlers, Hermann Göring, selten die Möglichkeit, ihre Ideen und Ansichten in die Tat umzusetzen.

Hinzu kam noch, daß Hitler die neue Luftwaffe nach der „Enttarnung" nicht nur als ein militärisches, sondern vor allem als ein politisches Machtinstrument in seine weitreichenden Pläne einbezog.

Görings erster Generalstabschef, General Wewer, war eine Persönlichkeit von hoher menschlicher und soldatischer Qualifikation. Obwohl Wewer — er hatte als junger Offizier in Ludendorffs Generalstab gedient — sich nur in der Strategie des Heeres auskannte, wurde er in kurzer Zeit einer der bedeutendsten Experten der Luftkriegsführung. Es sollte auch nicht lange dauern, bis er einer der eifrigsten Verfechter der „Douhetschen Theorien" * wurde. In Verfolgung dieser strategischen Prinzipien forderte er schon im Jahre 1935 die Schaffung einer starken Bomberflotte.

Für die deutsche Luftwaffe war der Tod General Wewers ein schwerer Schlag. Im Jahre 1936 startete der General mit einer Maschine vom Typ He 70, bei der die Querruder durch eine spezielle Anlage blokkiert werden konnten, um während des Abstellens am Boden eine Beschädigung der Ruder durch Windeinwirkung zu vermeiden. Wewer startete mit den blockierten Rudern und stürzte ab, obwohl er das Unglück durch einen kleinen Druck auf den Auslösehebel am Armaturenbrett des Flugzeugs hätte vermeiden können.

---

* Der italienische Fliegergeneral Douhet hatte eine These aufgestellt, nach der ein Gegner durch luftstrategische Schwerpunktbildung und überraschendes Zerschlagen am Boden ausgeschaltet werden müsse, um in den schnellen Besitz der Luftherrschaft zu gelangen.

Der spätere Generalfeldmarschall Kesselring erwarb sich im Gegensatz zu Wewer während des Krieges auf anderen Gebieten bedeutend höhere Verdienste als im Amt des Generalstabschefs der Luftwaffe. Kesselring war ebenfalls vom Heer zur Luftwaffe gestoßen. Als Chef des Bauwesens der Luftwaffe hatte er maßgeblichen Anteil am Ausbau des deutschen Flugplatznetzes, wobei sein Blick sich allerdings mehr auf die Gegenwart als auf zukünftige Notwendigkeiten der Flugzeugentwicklung gerichtet hatte. Das zeigte sich vor allem in den späteren Kriegsjahren, als sich die vorhandenen Flugplätze für die neuzeitlichen Flugzeugtypen in den meisten Fällen als ungenügend erwiesen. Kesselrings glänzende Eignung als Heerführer stellte sich im Frühjahr 1945 auf dem italienischen Kriegsschauplatz heraus, nachdem er den Oberbefehl über alle dort kämpfenden deutschen Truppenverbände übernommen hatte. Als Stratege der Luftwaffe sollte aber auch dieser bedeutende und hochqualifizierte Truppenführer nie richtig zur Wirkung kommen.

Nach der kurzen Amtszeit des Generalstabschefs Stumpff wurde Jeschonnek Chef des Luftwaffengeneralstabes. Der Verlauf des Luftkrieges bewies dann, daß auch seine Eignung für ein Führungsamt von solch entscheidender Bedeutung als umstritten bezeichnet werden durfte. Auch Jeschonnek war ein Gegner der strategischen Luftkriegsführung. Die Tatsache, daß er die Bedeutung des Sturzkampfflugzeugs als entscheidendes Mittel des Luftkrieges ebenso überschätzte wie die Qualifikation führender Mitarbeiter, war neben anderen Mißständen mitentscheidend für das sich bereits in der Schlacht um England anbahnende Fiasko der deutschen Luftwaffe. Führende Fliegerpersönlichkeiten, darunter der berühmte Kampfflieger Oberst Werner Baumbach, brachten Jeschonneks Versagen bei der Planung der Luftrüstung sowie das grundsätzliche Fehlen eines Planes zur „strategischen Luftkriegsführung auf lange Sicht“ mit dem latenten Niedergang der deutschen Luftwaffe in den entscheidenden ersten Jahren des Krieges in einen engen Zusammenhang.

*Eine Me 110 überfliegt einen Frachter, der mit Nachschub für das Afrikakorps vollgeladen durch das Mittelmeer fährt*

*Die „Me 163", auch „Kraftei" oder „Komet" genannt, erreichte als Raketenjäger eine Höhe von 15 000 Metern in 210 Sekunden.*

*Das imposante Bild einer Luftschlacht bei Nacht mit gleißenden Lichtkaskaden*

## *Ernst Udet — Wegbereiter der Katastrophe?*

Eine der schillerndsten Persönlichkeiten aus den Anfangsjahren der deutschen Luftwaffe war der damalige Oberst Ernst Udet. Als berühmter Jagdflieger des Ersten Weltkrieges und einer der weltbesten Kunstflieger der Nachkriegszeit übernahm er das Technische Amt und später das des Generalluftzeugmeisters am 10. Juni 1936 erst nach langem Zögern. Innerhalb des Triumvirates, das sich aus ihm als dem avantgardistischen Praktiker, Generalstabschef Wewer und dem Rüstungsplaner Loeb zusammensetzte, leistete Udet für den Aufbau der Luftwaffe zunächst wertvolle Dienste, obwohl auch ihm — wie aus vielen seiner Maßnahmen zu ersehen war — die strategische Konzeption Wewers ebensowenig bedeutete wie die revolutionären Luftkriegstheorien Douhets. Wenn man bedenkt, daß Udet ebenso wie Göring den Krieg nur aus der Perspektive des Jagdfliegers kannte, war eine solche Einstellung eigentlich mehr logisch als verwunderlich.

Udet war auf eine etwas seltsame Weise in das Führungsgremium der Luftwaffe gekommen.

Im Ersten Weltkrieg war er ein Kampfgefährte Hermann Görings gewesen. In der Nachkriegszeit hatte Udet im Gegensatz zu Göring sofort wieder Fuß gefaßt, während sich der spätere Reichsmarschall zahlreichen persönlichen Schwierigkeiten gegenübersah.

Der berühmte Kunstflieger hatte seinen früheren Kriegskameraden manchmal sogar einen „laurigen Hund" genannt. Udet, der an manchen Flugtagen 10 000 bis 15 000 Mark verdiente, war im Laufe der Jahre zu einem weltmännischen Bohemien geworden, der im Ausland ebenso bekannt war wie in seiner deutschen Heimat. Niemand konnte sich damals richtig vorstellen, daß dieser freiheitsliebende Individualist jemals wieder in das starre Korsett eines Offiziers schlüpfen könne.

Trotzdem kam es so. Nach der Beilegung persönlicher Streitigkeiten zwischen Göring und Udet waren die Voraussetzungen dazu geschaffen. Göring trat an den alten Waffengefährten heran und erklärte ihm, daß er für seine Luftwaffenführung Flieger brauche und nicht nur Infanteristen.

„Ernie" Udet oder „Udlinger", wie ihn seine Freunde gern nannten, blieb dem versteckten Angebot gegenüber zurückhaltend. Er wolle lieber seine Kunstflüge machen und nach Afrika oder Amerika fahren, wann er Lust dazu habe. Göring hakte damals sofort ein und legte Udet nahe, doch nach Amerika zu fahren und zu sehen, was es für die deutsche Fliegerei zu lernen gebe.

Der „Bohemien hinter dem Steuerknüppel" hatte den Köder geschluckt. Er fuhr nach Amerika, wo man ihm sogar gestattete, eines der modernen amerikanischen Curtiss-Sturzflugzeuge zu fliegen. Udet war begeistert. Auf Anraten Görings kaufte er zwei der modernen Maschinen zur angeblichen Verwendung als Kunstflugzeuge und brachte sie mit nach Deutschland.

Der erste Flug Udets mit den Curtiss-Sturzmaschinen, den „helldivers" (Höllentauchern), wurde die eigentliche Geburtsstunde der gefürchtetsten Waffengattung des Zweiten Weltkrieges: der Stukas.

Kurze Zeit später führte Udet in Tempelhof eines der neuen amerikanischen Flugzeuge vor. Dabei ging er vor fassungslosen Fachleuten im Sturz bis auf 1000 Meter herunter. Trotzdem blieben die maßgebenden Ingenieure und Offiziere skeptisch. In seiner Enttäuschung beklagte sich Udet bei Göring. Dieser erwiderte ihm, daß ihn das nicht wundere. Man brauche einfach frisches Blut in den Ämtern. Sturzkampfflugzeuge seien großartig für die Luftwaffe. Diese könne sie aber nur bekommen, wenn Udet sich dafür einsetze.

Udet sträubte sich noch immer vor einem Eintritt in die ihm fremde Welt der militärischen Führungsbürokratie. Aber schließlich gab er doch nach und übernahm zunächst das Amt des Inspekteurs der Jagdflieger.

Der Kunstflieger, der in der ganzen Welt zu Hause war, wurde Oberst und Chef des Technischen Amtes der Luftwaffe. In der Folgezeit wurden die ersten deutschen Sturzkampfmodelle in Auftrag gegeben. Heinkel baute ein Versuchsmuster der He 118, während sich die Junkers-Werke mit der Ju 87 beschäftigten. Nach Heinkels Meinung wurde die Ju 87 später nur deshalb zum Prototyp des deutschen Sturzkampfflugzeuges, weil sein Versuchspilot Heinrich bei der entscheidenden Vergleichsvorführung beider Muster im Jahre 1936 in Rechlin die Heinkel-Maschine nicht voll ausstürzte, während der Junkers-Pilot die Ju 87 „praktisch auf den Kopf stellte".

Udet blieb trotz seiner neuen Offiziersuniform der Bonvivant von früher. Nur saß er jetzt manchmal hinter einem Schreibtisch in einem der höchsten Luftwaffenämter. Aber seine große Liebe galt immer noch dem Fliegen und ausgedehnten Besuchsreisen. Mit offenem Ledermantel und einer Zigarre im Mund entstieg er dann seiner knallrot gestrichenen „Siebel"-Kuriermaschine, in der eine reichhaltige Hausbar mit ausgesuchten Kognaksorten zu finden war.

Udet blieb jener typischen Einstellung treu, die eigentlich alle Jagdflieger gern zur Schau tragen. Er liebte den Rausch des Fliegens, den Kampf mit der Natur und die Sonnenseiten des Lebens. Im Krieg hatte er als Flieger den Sieg gesucht, der ihm um so wertvoller dünkte, wenn er nach dem Luftkampf dem besiegten Feind die Hand schütteln konnte. Er hielt nichts vom Grauen des Bombenkrieges, war möglicherweise sogar ein Feind jeglicher kriegerischen Auseinandersetzung.

Trotzdem war er der Leiter eines Amtes, mit dem der Aufschwung der Luftwaffe ebenso eng verbunden war wie ein möglicher Mißerfolg.

Es gab viele maßgebliche Stimmen — darunter auch die von Professor Heinkel —, die Ernst Udet für den späteren Niedergang der deutschen Luftwaffe mitverantwortlich machten.

Manchem mag dieses Urteil als zu hart erscheinen, da Udet als Generalluftzeugmeister trotz seiner leitenden Position innerhalb der Luftwaffenspitze niemals völlig allein entscheiden konnte. Görings Anteil am Zusammenbruch dieser einzigartigen Waffe ist ohne Frage größer gewesen. Was soll die Geschichtsschreibung von einem Mann halten, der als Oberbefehlshaber der Luftwaffe schon am 3. Juli 1939 das erste Strahlflugzeug der Welt mit einer Geschwindigkeit von über 700 Stundenkilometern vorgeführt bekam, und der nach dem erfolgreichen Flug zu dem Testpiloten sagte:

„Na, Warsitz, was halten Sie von dem ganzen Kram?"

Darauf Warsitz: „Herr Feldmarschall, ich bin überzeugt davon, daß wir in einer Reihe von Jahren überhaupt nur noch wenige Militärflugzeuge mit Propellern und normalen Motoren haben werden ..."

Göring antwortete mit jovialer Herablassung:

„Sie Optimist! Aber weil es so schön geklappt hat, gebe ich Ihnen 20 000 Mark." Dann, zu Udet gewandt: „Du weißt ja Bescheid, aus dem Sonderfonds."

Das Strahlflugzeug He 176 wurde vergessen. Dafür wurde die deutsche Motorenindustrie angewiesen, immer neue Kolbenmotoren mit höherer Leistung zu entwickeln. Aber selbst die späteren 2000-PS-Motoren in den letzten Kriegsjahren ermöglichten gerade noch die Geschwindigkeitsleistung des Strahltriebwerkes von 1939.

Nach dem Tod des Generalstabschefs Wewer und dem Ausscheiden des Rüstungsplaners Loeb war Udet auf sich allein gestellt.

Im Jahre 1941 wählte Ernst Udet den Freitod. Warum er es tat, wird nie mehr in vollem Umfange zu klären sein.

Unbewußt riß er noch einen der Großen seiner Waffe mit in den Tod: Oberst Werner Mölders.

Beim Flug zum Staatsbegräbnis Udets zerschellte die Heinkel 111, die den berühmten Kommodore des JG 51 nach Berlin bringen sollte, bei der Landung an einem Fabrikschornstein in der Nähe des Flugplatzes Breslau-Gandau.

## *Die Gliederung der Luftwaffe*

Die Schlagkraft der deutschen Luftwaffe erhöhte sich trotzdem in einem beachtlichen Ausmaß — zumindest bis zur ersten großen Machtprobe in der Schlacht um England.

Schon im Jahre 1936 erhielten die Verbände der neuen Luftwaffe im Spanischen Bürgerkrieg ihre Feuertaufe. In der „Legion Condor" errangen spätere deutsche Fliegerasse wie Mölders und Galland ihre ersten Luftsiege. Aber nicht nur diese Erfolge der deutschen Verbündeten General Francos ließen die Welt aufhorchen. Eine noch größere Sensation bedeutete das erste Auftauchen des modernen Jagdflugzeuges Me 109 am spanischen Himmel; in ähnlichem Maße auch der Einsatz der deutschen Bombenflugzeuge vom Typ Heinkel 111.

Zusammen mit der Stärke der deutschen Luftwaffe vervielfachte sich nach der „Enttarnung" am 26. Februar 1935 auch ihre Organisation. Im Jahre 1934, als die Luftwaffe von Hitler noch nicht als ein neuer Wehrmachtsteil der Weltöffentlichkeit präsentiert worden war, stellte das Reichsluftfahrtministerium unter der Führung des „Reichsministers der Luftfahrt", Hermann Göring, noch die Dachorganisation der neuen Fliegerverbände dar. Schon damals hatte der spätere Generalfeldmarschall Erhard Milch mit dem Amt des „Staatssekretärs der Luftfahrt" eine Schlüsselposition innerhalb des Luftwaffen-Führungsgremiums inne. Ihm unterstanden vor der offiziellen Gründung der Luftwaffe folgende Ämter:

Organisation und Führung (A-Amt),
Luftverkehr und Luftüberwachung (B-Amt),
Technik und Luftrüstung (C-Amt),
Verwaltung und Bauwesen (D-Amt),
Nachschub (E-Amt) und
das Personalamt (P-Amt).

Nach der Geburtsstunde der deutschen Luftwaffe blieb das Reichsluftfahrtministerium die oberste Verwaltungsbehörde der Luftfahrt und somit die Führungsspitze der Luftwaffe. Göring wurde als Reichsminister der Luftfahrt gleichzeitig Oberbefehlshaber der Luftwaffe (R.d.L. und Ob.d.L.). Als oberster Chef der Luftwaffe unterstand er zusammen mit den Oberbefehlshabern von Heer und Kriegsmarine dem Reichskriegsminister und Oberbefehlshaber der Wehrmacht. Erhard Milch war als „Staatssekretär der Luftfahrt" sein dauernder Stellvertreter.

Milch war als früherer Direktor der in den zwanziger Jahren gegründeten Deutschen Lufthansa in das RLM gekommen. Wie Hermann Göring war auch er Jagdflieger des Ersten Weltkrieges und als Hauptmann abgegangen. Er war einer der fähigsten Köpfe in der Luftwaffenspitze, hatte aber wegen zahlreicher Meinungsverschiedenheiten mit Göring und Generalstabschef Jeschonnek manche Handicaps zu überwinden.

Dem Staatssekretär der Luftfahrt, der gleichzeitig Generalinspekteur der Luftwaffe wurde, unterstanden die zentralen Behörden der Luftwaffenführung. Zunächst die Dienststelle des „Chefs der Luftwehr", die sich in das „Allgemeine Luftamt", das „Luftwaffenverwaltungsamt" und das „Luftwaffenpersonalamt" untergliederte. Danach folgte die Dienststelle des „Generalluftzeugmeisters" mit dem „Technischen Amt" und den hierzu gehörenden Erprobungsstellen der Luftwaffe sowie dem „Nachschubamt". Dem Staatssekretär für Luftfahrt waren auch das Amt „Chef des Ausbildungswesens" mit der Abteilung „Ausbildung, Vorschriften, Luftbildwesen" und die 14 Luftwaffeninspektionen unterstellt. Schließlich gehörten zu dieser zentralen Kommandobehörde noch die Ämter des „Chefs des Nachrichtenverbindungswesens" und das des „Chefs der Zentralabteilung" mit den Dienstellen „Attaché-Gruppe", „Rechtsabteilung" und „Ministerialbüro".

In taktischer Hinsicht war die deutsche Luftwaffe in Luftflotten- und Luftwaffenkommandos aufgeteilt.

Das Luftflottenkommando 1, Berlin, wurde vom Chef der Luftflotte 1 und Befehlshaber Ost geführt.

Es folgten:

Luftflottenkommando 2, Braunschweig, unter dem Chef der Luftflotte 2 und Befehlshaber Nord.

Luftflottenkommando 3, München, unter dem Chef der Luftflotte 3 und Befehlshaber West.

Luftflottenkommando 4, Wien, unter dem Chef der Luftflotte 4 und Befehlshaber Südost, und das

Luftwaffenkommando Königsberg unter dem Befehl des Kommandierenden Generals der Luftwaffe in Ostpreußen.

Jedes dieser Luftflottenkommandos bestand aus allen Gattungen der Fliegertruppe mit Ausnahme von „Heeres- und Marinefliegerverbänden, Flak und Nachrichtentruppen". Es waren mithin große Organisationseinheiten, von denen jede eine Luftwaffe en miniature darstellte.

Die Verbindung zu Heer und Kriegsmarine wurde durch je einen General der Luftwaffe beim Oberkommando der Kriegsmarine und des Heeres hergestellt. Diese Generäle waren gleichzeitig Befehlshaber der Heeres- oder Marinefliegerverbände und in Personaleinheit ihre Inspekteure. Die Luftwaffe verfügte in ihrer Gliederung noch über weitere Kommandostellen. So gab es einen „Befehlshaber des Kommandos der Luftverteidigungszone West" und die weiteren „Luftverteidigungskommandos" in Berlin, Stettin, Düsseldorf, Hamburg und Leipzig.

Im Prinzip war jedes Luftflottenkommando einer Luftwaffe en miniature vergleichbar, da es außer Heeres- und Marinefliegerverbänden über eigene Flakartillerie und Luftnachrichtentruppen verfügen konnte.

Die eigentliche Fliegertruppe war in sieben sogenannte „Fliegerdivisionen“ eingeteilt. Dazu kam noch die „Luftwaffenlehrdivision“ mit dem Sitz in Greifswald. In territorialer Hinsicht war die gesamte Luftwaffe schließlich noch in 10 Luftgaukommandos unterteilt.

Eine große Bedeutung innerhalb der Luftwaffe kam der Flakartillerie zu, die besonders in den letzten Kriegsjahren die Hauptlast der Abwehrschlachten zu tragen hatte. Die Flak-Verbände waren den Luftflottenkommandos unterstellt. Sie waren in Batterien, Abteilungen und Regimenter gegliedert und zu Anfang des Krieges hauptsächlich mit Geschützen der Kaliber zwischen 20 Millimeter und 8,8 cm ausgerüstet. Nach 1940 erhielten die Flak-Verbände auch Geschütze mit dem Kaliber von 12,8 cm. Eines dieser Geschosse wog allein 25,9 kg, während die Granaten der 8,8-cm- und 10,5-cm-Geschütze ein Geschoßgewicht zwischen 9 und 9,5 kg aufzuweisen hatten. Nach den Aufzeichnungen des ehemaligen Generals der Kampfflieger, Oberst Werner Baumbach, verfügte die deutsche Flakartillerie im Jahre 1939 über etwa 650 Batterien mit rund 2600 8,8- und 10,5-cm-Geschützen und über etwa 560 leichte Batterien mit 6700 Geschützen des Kalibers 2 und 3,7 cm sowie über rund 3000 Scheinwerfer. Im Jahre 1944 betrug der Bestand der Flak rund 10 600 schwere, etwa 19 360 mittlere und leichte Geschütze und etwa 7500 Scheinwerfer. Im Februar 1945 war die Ausrüstungsstärke der Flakartillerie sogar noch höher. In jenem Zeitabschnitt verfügte die deutsche Flak über insgesamt 31 569 Geschütze der bekannten Kaliber.

Die Luftnachrichtentruppe war ebenfalls den einzelnen Luftflottenkommandos unterstellt. Sie war in Kompanien, Abteilungen und Regimenter gegliedert. Ihre Aufgaben waren vielfältiger Natur und erstreckten sich auf das ganze Gebiet der Nachrichtenübermittlung.

## *Die Flugzeugproduktion von 1939—1945*

Die Produktion der deutschen Rüstungsindustrie vor und während des Krieges versetzte nicht nur die deutschen Nachkriegsbetrachter in Erstaunen. Es waren vor allem die Kriegshistoriker des Auslandes, die nach Erhalt der maßgeblichen Unterlagen eine kaum für möglich gehaltene Tatsache zu registrieren hatten:

Die stetig wachsende deutsche Flugzeugproduktion während jener Kriegsjahre, in denen sich die alliierte Luftkriegsführung die Zerschlagung der deutschen Flugzeugindustrie zum Hauptziel gesetzt hatte.

Die Lösung dieses Rätsels war allerdings nicht einmal allzu schwierig. Die beachtlich angeschlagene deutsche Flugzeugindustrie konnte trotz der schwersten Bombenangriffe ihre Leistung noch erhöhen, weil sie ihre Produktionsstätten dezentralisiert und die einzelnen Fertigungsbetriebe über das ganze Gebiet des damaligen Reiches verteilt hatte. Die alliierten Aufklärer brachten zwar Luftbilder zurück, auf denen die großen deutschen Flugzeugwerke regelrechte Trümmerhaufen darstellten. Aber die Tausende von „kleinen Flugzeugfabriken" wurden selten entdeckt und konnten ihre Produktion verhältnismäßig ungestört fortführen. Ganz abgesehen von der unvorstellbaren Widerstandskraft der deutschen Facharbeitskräfte, die auch in den chaotischsten Situationen immer neue Wege fanden und eine unglaubliche Leistung vollbrachten.

Eine Gegenüberstellung der Produktionsziffern vermittelt daher einen interessanten Einblick in die wirkliche Ausrüstungsstärke der Luftwaffe und der Kapazität der deutschen Flugzeugindustrie.

Während im Jahre 1939 (ab 1. 9.) nur 737 Bomber gebaut wurden, waren es im Jahre 1943 4749. Nachdem es nicht mehr gelungen war, die Luftherrschaft über dem europäischen Kriegsschauplatz zurückzugewinnen, sank die Bomberproduktion im Jahre 1944 auf 2287 Bombenflugzeuge. Im Jahre 1945 wurden überhaupt keine Kampfmaschinen mehr für den Einsatz produziert. Insgesamt wurden von 1939 bis 1944 18 235 Bombenflugzeuge von der deutschen Flugzeugindustrie hergestellt.

Die Produktion an Jagdflugzeugen weist noch weit höhere Zahlen auf.

Nachdem im Jahre 1939 (ab September) 605 Jagdmaschinen gebaut worden waren, wurden im Jahre 1941 *3744*, im Jahre 1942 *5565* und im Jahre 1944 zur Zeit des stärksten Bombenhagels über dem Reichsgebiet

*25 285 Jagdflugzeuge*

produziert. Sogar im Jahre 1945 wurden in der Zeit bis zum Kriegsende noch 4936 Jagdmaschinen der verschiedensten Typen hergestellt. Auch bei allen anderen Flugzeugen für die verschiedensten Verwendungsarten (Schlachtflugzeuge, Seeflugzeuge, Transportmaschinen usw.) weisen die Herstellungsziffern ein ähnliches Verhältnis auf.

Selbst die Produktion der berühmten und legendären „Strahlflugzeuge" lag 1944 mit 1041 Maschinen noch auf einer beachtlichen Höhe. Es handelte sich dabei um jene Flugzeuge, die jahrelang für Hitlers „Vergeltungsaktion" zurückgehalten werden mußten, obwohl sie nach Ansicht der damaligen Feindseite selbst in den Endjahren des Krieges noch von entscheidender Bedeutung hätten sein können.

Von diesen „Wundervögeln" wird in einem der folgenden Kapitel noch ausführlich die Rede sein.

## *Der „Star des Luftkampfes"*

Der „Starruhm" der Me 109 heftete sich bereits während des Spanischen Bürgerkrieges an diese bekannteste Flugzeugkonstruktion von Prof. Ing. Willi Messerschmitt. Mit Maschinen des Typs Bf 109 B und C und der späteren Ausführung E (Emil) errangen die künftigen deutschen Fliegerasse wie Galland und Mölders ihre ersten Luftsiege gegen die Flieger der „Rojos" (Roten = Fliegertruppe der Republikaner).

Im Verlauf der weiteren Jahre wurde die Me 109*) mit einer Gesamtfertigungszahl von rund 32 000 Maschinen (31 887) das meistgebaute Jagdflugzeug des Zweiten Weltkrieges.

---

*) Die Bf 109 wurde nach der Umwandlung der „Bayerischen Flugzeugwerke" (BF) in die „Messerschmitt-Werke" anstatt „Bf 109" fortan „Me 109" genannt.

Ihre Geburtsstunde schlug bereits im Jahre 1934, als Prof. Ing. Messerschmitt und Dipl.-Ing. W. Rethel sich mit den ersten Planungen beschäftigten. Damals hatte das Reichsluftfahrtministerium einen neuen Jäger-Typ ausgeschrieben, nachdem es notwendig geworden war, die veralteten Jagdmaschinen vom Typ Arado 68 und Heinkel 51 zu ersetzen. An dem Wettbewerb beteiligten sich außer den Messerschmitt-Werken auch die Firma von Professor Ernst Heinkel mit einer Neukonstruktion des Typs He 112 V-1, die Arado-Werke mit dem Prototyp Ar 80 V-1 und die Focke-Wulf-Werke mit der FW 159 V-1.

Beim Vergleichsfliegen, das im Oktober 1935 stattfand, kamen die Typen Bf 109 und He 112 in die engere Wahl. Als Motoren standen damals für beide Maschinen der 650 PS starke Jumo 210 von Junkers zur Verfügung.

Die Höchstfahrt der Konkurrenzflugzeuge lag bei rund 480 km/h. Es war dies eine Geschwindigkeit, die im Ausland großes Aufsehen erregt hatte. Besonders beim Züricher Flugmeeting von 1937, bei dem das damals modernste Jagdflugzeug, die französische Devoitine 510 trotz ihres 860-PS-Motors nicht einmal die Geschwindigkeit von 400 Stundenkilometern erreichte. Schon hier zeigte sich der Erfolg der neuartigen aerodynamischen Konstruktionsweise, da die französische Vergleichsmaschine noch mit starrem Fahrwerk geflogen war.

Nach Professor Heinkels Ansicht war die He 112 hinsichtlich ihrer Festigkeit und konstruktiven Gestaltung der Me 109 überlegen. Daß das von Heinkel entworfene Jagdflugzeugmuster vor den gestrengen Blicken der RLM-Abnehmer schließlich doch keine Gnade fand, wird — laut Heinkel — auf reine Terminnot zurückgeführt, die durch eine „zu große Freude an neuen Änderungen“ heraufbeschworen worden war.

### *Das Wettrennen um die Geschwindigkeit*

Auch Udet entschloß sich schließlich für die Me 109 und befahl den Serienbau. Die Art, wie der damalige Chef des „Technischen Amtes“ seine Entscheidung Heinkel gegenüber begründete, mag ein Beispiel für die Nonchalance sein, der sich der frühere Kunstflugmeister auch in solchen Fällen zu bedienen pflegte. Zu Heinkel sagte er, nachdem er zuvor die He 112 selbst einige Male geflogen hatte:

*„Ich bin mir nicht ganz sicher, ich finde sogar, daß Ihr Vogel etwas besser steigt und im ganzen Aufbau fester ist, namentlich im Fahrwerk ... aber wenn ich die Messerschmitt mit ihren geraden Flächen schneller und besser bauen kann als die geschwungenen Flächen bei Ihnen, bin ich dafür, das zu tun. Wir haben jetzt so einen tollen Vorsprung im Jagdflugzeugbau, daß es nicht darauf ankommt, ob die Maschine ein bißchen besser oder schlechter ist. Verkitschen Sie Ihren Vogel an die Türken oder Japaner, an die Rumänen oder wen Sie wollen. Die schlecken sich alle die Finger danach ... Die Me 109 reicht für mindestens vier Jahre. Sie bekommt jetzt noch den 1000-PS-Motor von Daimler-Benz. Damit macht sie rund 550, und mit dem nächststärkeren Motor 600 ... Jägersorgen haben wir keine mehr ...“*

Heinkel war erschüttert und skeptisch zugleich. Wie recht er mit seiner Skepsis dieser „allerhöchsten“ Zuversicht gegenüber hatte, sollte sich nur zu bald erweisen.

Doch zunächst erlebte die Schöpfung Professor Messerschmitts und seines Konstrukteur-Teams einen Siegeszug ohnegleichen. Er begann auf dem Züricher Flugmeeting im Jahre 1937 und fand eigentlich schon in der Schlacht um England sein Ende.

Udets scherzhaft-prophetisches Wort, daß die Me 109 für die nächsten vier Jahre reichen würde, sollte kaum zwei Jahre Gültigkeit besitzen. Dann war der Zeitpunkt erreicht, wo der „Star“ des Spanischen Bürgerkrieges und der Schrecken der feindlichen Jäger über Frankreich, Holland, Belgien, Norwegen, dem Balkan und den anderen Kriegsschauplätzen praktisch nur noch seinen legendären Ruhm besaß. Der „Star“ von gestern war in den Luftschlachten mit den neuen feindlichen Flugzeugmustern ein „Invalide“ von heute geworden.

Vielleicht darf man den Rüstungsplanern der Vorkriegsjahre nicht einmal einen generellen Vorwurf machen, da sie aus der Sicht ihrer Weltkriegserfahrung von 1914—18 das sensationelle neue Jagdflugzeug im Vergleich zu den Doppeldeckern der zwanziger Jahre wie ein fliegerisches Phänomen empfinden mußten. Dies mag eine Erklärung, aber keine Entschuldigung für die enorme Kurzsichtigkeit darstellen, die damals von den Verantwortlichen der Luftwaffe an den Tag gelegt wurde.

Die Me 109 war in den ersten Jahren ihres Auftauchens in der Tat ein mit Recht bewunderter Star. Nach dem Züricher Treffen der europäischen Spitzenmodelle gelang den Schöpfern des neuen Jagdflugzeuges bald noch ein weit größerer Wurf.

Das schnittige und relativ kleine Jagdflugzeug, das eine Spannweite von 9,9 und eine Länge von 8,76 Metern aufwies, wurde in Gestalt der Me 209 als Sondertyp hochfrisiert und erreichte am 26. April 1939 unter der Führung von Flugkapitän Wendel eine Geschwindigkeit von

*755,138 Stundenkilometern.*

Das bedeutete in der damaligen Zeit eigentlich alles. Aber der „fliegende Sauzahn", wie die Rekordmaschine auch genannt wurde, hatte bei jenem aufsehenerregenden Geschwindigkeitsrekord weder Waffen noch sonstigen kriegerischen Ballast an Bord. Es handelte sich um eine reine Rennmaschine, die mit dem Ziel herausgeputzt worden war, damals kaum überbietbare Effekte zu erzielen und vor allem die zu Serienaufträgen bereiten Lenker der Luftwaffengeschicke zu beeindrucken. Später, als die Me 109 selbst mit den stärksten Motoren im Einsatz nahezu 100 Stundenkilometer langsamer war als ihr stolzes Rekordvorbild, wären die deutschen Jägerpiloten in den erbarmungslosen Luftschlachten mit weit überlegenen amerikanischen Jägerpulks zumindest um einen einigermaßen ehrlichen Abglanz des „fliegenden Sauzahns" heilfroh gewesen. Im Jahre 1944 erzielten die Maschinen der Me-109-G- und K-Serie mit der damals wahrhaftig nötigen Bewaffnung von vier MG 151 oder zwei Maschinenkanonen 300 mm vom Modell MK 108 trotz des 1600 PS starken DB-605-Motors gerade noch Geschwindigkeiten über 700 Stundenkilometer. Das aber auch nur in den sogenannten „Volldruckhöhen".

Trotzdem war die Me 109 in den ersten Kriegsjahren der treue Wegbereiter glänzender Siege.

Bis das große Erwachen kam.

## *Die fehlende Variante*

Aus der heutigen Sicht ist es gleichgültig, auf welches Flugzeugmuster man sich damals hätte festlegen sollen. Logisch wäre lediglich gewesen, nicht nur auf einen Flugzeugtyp alle Hoffnungen zu setzen. Das schon auf Grund der Tatsache, daß ein Wettstreit verschiedener maßgeblicher Produktionsfirmen sicherlich keine Nachteile, sondern eher eklatante Vorteile gebracht hätte.

In der Zeit, als Udet und das RLM sich für die Me 109 entschieden, gab es nur noch einen Flugzeugtyp, der dem Messerschmittmuster ebenbürtig, wenn nicht gar überlegen war: Das Muster Professor Heinkels mit der Typenbezeichnung He 112. Von diesem Prototyp eines Jagdflugzeuges war im vorigen Kapitel schon einmal die Rede. Auch davon, daß die He 112 angeblich aus recht banalen Gründen nicht in die Serienproduktion gekommen war. Was die Planer der deutschen Luftrüstung damals wirklich veranlaßt hatte, Heinkels Muster zurückzuweisen, wird nie ganz zu klären sein. Möglicherweise war sogar die private Einstellung mancher führender Persönlichkeiten hierfür maßgebend.

Andererseits ist es von geringer Bedeutung, ob die Me 109 oder die He 112 damals den Lorbeerkranz der „Jägerkönigin" verliehen bekommen hätte.

Entscheidend wäre gewesen, die Möglichkeit einer Variante offen zu lassen. Die Gegner von damals taten es. Es gab in den schweren Luftschlachten der ersten Kriegsjahre auf englischer Seite nicht nur eine Spitfire. Es gab daneben noch die Hurricane und einige andere Jägermodelle. Und als die amerikanischen Jägerpulks in Erfüllung ihrer Begleitschutzaufgaben für die „Fliegende Festungen" am Himmel über Deutschland erschienen, schlugen sich die letzten deutschen Jäger nicht nur mit „Mustangs" herum. Sie kämpften auf einem von vornherein verlorenen Posten auch gegen „Thunderbolts" und „Lightnings" und noch einige andere Flugzeugmuster, von denen jedes einzelne seine Stärken und Schwächen aufzuweisen hatte.

## *Das „fliegerische Benehmen" der Me 109*

Da die Me 109 im Endspurt um die RLM-Gunst den Sieg errungen hatte, ist es interessant, die Leistungen der Messerschmitt-Konstruktion einmal genauer zu erläutern. Zunächst sei aus späteren Erfahrungen heraus festgestellt, daß die Me 109 hinsichtlich ihrer Bauweise tatsächlich keine überragende Festigkeit aufzuweisen hatte. Im Gegensatz zu der später in den Einsatz gekommenen „Focke-Wulf 190" hatte die Schöpfung Messerschmitts keine durchgehenden Tragflächen, sondern Flügel, die an den jeweiligen Rumpfaußenseiten befestigt waren. Das hatte logischerweise eine verminderte Sturzfähigkeit zur Folge. Bei höheren Sturzgeschwindigkeiten begannen die Tragflächen der Me 109 zu zittern und schienen jeden Augenblick bereit, „die Ohren anzulegen", wie die Flieger des 2. Weltkrieges das drohende „Abmontieren" auf ihre Weise zu bezeichnen pflegten.

Die Maschine hatte aber auch noch andere Nachteile, die besonders in ihrer Bedienung zu finden waren. So war die Me 109 beispielsweise ein „lebendiger" Beweis für das physikalische Gesetz, daß ein an einer Achse rotierender Kreisel immer das Bestreben hat, um 90 Grad nach links auszuwandern. Die Me 109 war ein solcher an einer Achse befestigter Kreisel. Dieser wurde durch die rotierende Luftschraube dargestellt, während der Rumpf als Achse angesehen werden durfte. Es konnte daher selbst Piloten mit Hunderten von Starts auf der Me 109 passieren, daß sie im Falle einer nur sekundenlangen Nichtkonzentration auf den entscheidenden Augenblick beim Start ein ruckartiges Schwenken der Maschine um 90 Grad erlebten. Dies geschah dann, wenn sie den Moment nicht beachteten, wo das Leitwerk dem Steuerdruck gehorchte und die Heckpartie sich hob. Die Folge dieser Vorliebe der Me 109 für das „Ausbrechen" waren zerstörte Hallen, verbeulte Flugzeuge oder Totalschäden und in vielen Fällen auch der Tod des Flugzeugführers.

Ein weiterer Nachteil der Me 109 war ihr schmales, nach außen gespreiztes Fahrgestell, das bei jeder Landung ein neues Gesellenstück erforderte. Schließlich war die „109" auch ausgesprochen beschußempfindlich. Schon ein Kühlertreffer genügte, um den Piloten zum

Abspringen mit dem Fallschirm zu zwingen, da sich nach dem Ausfall der Kühlung beizende Dämpfe in die Kabine zwängten, denen bald die ersten Flammen aus dem Motor folgten. Hans Joachim Marseille, der „Adler von Afrika", den der spätere General der Jagdflieger Adolf Galland einmal den „Virtuosen unter den Jägern" genannt hatte, kam nach 158 Luftsiegen auf dem afrikanischen Kriegsschauplatz ebenfalls beim Fallschirmabsprung nach Kühlertreffern an seiner Me 109 ums Leben. Auch er mußte die Kabine verlassen, weil die unerträglichen Glykoldämpfe ihm keine andere Möglichkeit gelassen hatten.

## *Die Jagd nach der Geschwindigkeit*

Niemand könnte heute sagen, wie sich die zweite Version des deutschen Standortjägers, die He 112 von Professor Heinkel im Einsatz bewährt hätte. Es scheint aber nach allen technischen und dokumentarischen Unterlagen sicher, daß sie der Me 109 vielleicht sogar einige Vorteile voraus hatte. Somit hätte dieses Jagdflugzeug zumindest eine wünschenswerte Variante dargestellt, nachdem zu jener Zeit keine anderen Flugzeugmuster in ebenbürtiger Konkurrenz zu den beiden Vergleichstypen standen.

Das Flugzeug He 112 war also im Wettstreit des Fliegens und dem des offiziellen Wohlwollens unterlegen. Aber Professor Ernst Heinkel gab nicht auf.

Schon bei jenem Gespräch mit Udet, als sein Jägerprototyp He 112 zugunsten der Me 109 abgelehnt worden war, sagte er:

„... wie wäre es, wenn ich in einem Jahr einen Jäger mit 700 (Stundenkilometern Geschwindigkeit) bauen würde?"

„Das ist unmöglich", hatte Udet erwidert, „die Motoren, die wir dafür brauchen, haben wir, wenn es gutgeht, in vier oder fünf Jahren ..."

Darauf Heinkel:

„Auf den Motor will ich lieber nicht warten. Ich bin überzeugt, daß die Möglichkeiten, die in der Verbesserung der Zelle liegen, auch jetzt noch nicht erschöpft sind."

Wie Professor Heinkel sich erinnerte, zog Udet genußvoll an seiner Zigarre, ehe er sagte:

„Na schön, verbieten kann ich's Ihnen nicht. Aber an den 700-km/h-Jäger glaube ich nicht."

Heinkel:

„Aber ich... erste Versuchsmaschine Ende 1937."

Udet lachend:

„Nie..."

## *Der „Schritt über die Schwelle"*

Der Flugzeugbauer Heinkel konnte Udets Lachen nicht vergessen. Vielleicht hatte ihn die Erinnerung daran sogar in seiner Absicht bestärkt, seine Prognose in die Wahrheit umzusetzen.

Er brachte es auch fertig!

Auf den Reißbrettern seiner Ingenieure reifte der Entwurf eines Jagdflugzeuges mit der Typenbezeichnung He 100. Die grundsätzlichen Konstruktionsarbeiten waren bereits im Jahre 1937 abgeschlossen. An den Entwicklungsarbeiten waren der spätere technische Direktor Heinkels, Professor Dr. Hertel, und die Gebrüder Günther maßgeblich beteiligt gewesen.

Heinkel hatte sich mit der Herstellung dieses Flugzeuges nicht nur eine Art von Revancheziel gesetzt. Es war auch seine Absicht, den damals bestehenden absoluten Geschwindigkeits-Weltrekord für Landflugzeuge zu brechen, den der Italiener Francesco Agello im Jahre 1934 mit einer Geschwindigkeit von 709,209 Stundenkilometern erflogen hatte. Dadurch waren die Italiener auch wieder in den Besitz des begehrten „Schneiderpokals" gekommen. Agello hatte den Rekord mit einer zweimotorigen Macchi 72 geflogen, einer Schwimmermaschine, die eigentlich nur aus einem 3150 PS starken Aggregat von zwei zusammengeschalteten Triebwerken und einer aerodynamisch völlig uninteressanten Zelle bestand. Nur die Kraft der Motoren hatte den Erfolg herbeigeführt, während das übrige Zellengerüst lediglich als Mittel zum Zweck betrachtet werden durfte.

*Kampf in der Wüste. Ein englischer Panzer ist von einer Focke-Wulf 190 in Brand geschossen worden*

*Eine englische „Hurricane“ fliegt mit abgebrochener Tragfläche an einem deutschen Bomber vorbei. Der im Luftkampf besiegte Pilot hat die Maschine verlassen (oberer Bildrand). Der Fallschirm beginnt sich bereits zu öffnen*

Heinkel ging mit seinen Konstrukteuren den entgegengesetzten Weg. Was die Italiener mit ihrem Mammuttriebwerk fertiggebracht hatten, wollte er durch Ausnutzung neuer aerodynamischer Erkenntnisse erreichen. All diese strömungstechnischen Forschungen und Erfahrungen waren bei der Konstruktion des Flugzeugtyps He 100 bereits berücksichtigt und angewandt worden.

Von seinem Entwurfbüro hatte Heinkel von vornherein eine Spitzengeschwindigkeit von 750 km/h für die neue Maschine gefordert.

Die He 100 Heinkels erhielt den Motor DB 601.

Im Gegensatz zu früheren Konstruktionen stellte allein schon das System der Ölkühlung eine sensationelle Neuerung dar. Die He 100 besaß keinen außen angebrachten Ölkühler, der bei jedem Jagdflugzeug eine Art Geschwindigkeitsbremse darstellte. Der neue Flugzeugtyp besaß eine „widerstandslose" Wasser- und Ölkühlung, wobei das Kühlwasser kurzfristig aus dem Motorkreislauf herausgenommen wurde und sich dadurch unter Dampfentfaltung entspannte. Durch dieses neue System war es bereits möglich, eine Geschwindigkeitserhöhung bis zu 80 km/h zu erreichen.

Aber diese Neuerung war nicht allein für die überragenden Flugeigenschaften der Maschine maßgebend. Auch nicht die Stärke ihres Triebwerkes. Am entscheidendsten war ohne Zweifel die aerodynamische Linienführung, die in jener Zeit bereits den Flugzeugbau späterer Jahre symbolisieren sollte.

Die erste Versuchsmaschine des neuen Typs rollte am 22. Januar 1938 an den Start. Im Gegensatz zu anderen Konstruktionen besaß die He 100 ein spurbreites Fahrwerk, das einen einfacheren Start und eine mühelosere Landung erlaubte. Die Radbeine wurden nicht nach außen in die Tragflächen, sondern — wie später bei der Focke-Wulf 190 — nach innen eingeklappt.

Es waren aber auch noch weitere Vorteile rein technischer Art zu verzeichnen. Während die He 112 noch 2885 Einzelteile aufzuweisen hatte, blieb diese Zahl im späteren Stadium auf 969 beschränkt. Im übrigen besaß die He 100 nur noch 11 543 Nietstellen (He 112 26 964). Durch ein neues, bei Heinkel entwickeltes Verfahren wurden die Nieten übrigens nicht mehr durch Preßluft, sondern durch winzige Sprengladungen eingesetzt.

*Udet fliegt Weltrekord*

Am Pfingstmontag des Jahres 1938 erschien Udet auf dem Heinkel-Flugplatz von Marienehe. Hier war der „Zauberer des Steuerknüppels“ wieder in seinem Element. Es dauerte nicht lange, bis er den Wunsch äußerte, die neue Maschine einmal selbst zu fliegen. Er dachte nur an einen reinen Probeflug und schien sich gar nicht dafür zu interessieren, daß die Meßstrecke bereits offiziell kontrolliert wurde und die Luftzeugen der FAI (Fédération Aeronautique Internationale = Internationale Luftfahrt-Vereinigung) ebenfalls anwesend waren. Ohne besonders auf die Ratschläge der Monteure einzugehen, bestieg er das Flugzeug und startete.

Der Flug begann um 16.27 und endete um 16.53 Uhr. Die Maschine mit Udet am Steuer legte die 100-Kilometer-Strecke in neun Minuten und 27 zwei fünftel Sekunden zurück, was einer Geschwindigkeit von

*634,320 Stundenkilometern*

entsprach.

Als Udet aus der Maschine stieg und die begeisterten Männer vor sich sah, erfuhr er, daß er den bestehenden italienischen Geschwindigkeitsrekord* um 80 Stundenkilometer überboten habe. Dabei war das Flugzeug nicht einmal auf der idealen Rekordflughöhe geflogen.

Einige Zeit später, am 20. August 1938, raste der 23jährige Einflieger Dieterle in Anwesenheit des französischen Generalstabschefs Vuillemin und seines Stabes mit der He 100 wie die wilde Jagd dicht über die Köpfe der hohen Gäste hinweg. Den französischen Zaungästen dieses fliegerischen Schauspiels war anzusehen, daß sie eine solche Geschwindigkeit noch nie erlebt hatten. Udet und Milch sowie andere Fachleute aus dem RLM waren ebenfalls zugegen.

Heinkel ergriff die günstige Gelegenheit und fragte Udet, was er jetzt von seiner Konstruktion denke. Udet sagte:

> *„Klappern gehört zum Handwerk. Wir müssen ihnen soviel vorklappern, daß sie sogar im Traum nicht mehr an einen Krieg gegen uns denken können. Wir wollen ja auch nichts von ihnen ...“*

---

* Es handelte sich hier noch nicht um die Überbietung des absoluten Geschwindigkeitsrekords (Kurzstrecke), sondern um den Rekord über die 100-km-Strecke, den bis dahin der Italiener Niclot gehalten hatte.

Aber Heinkel gab immer noch nicht auf. Er verbesserte die He 100. Die Maschine erhielt einen verbesserten Daimler-Benz-Motor der Type DB 601. Das Triebwerk war auf eine Leistung von 1800 PS hochfrisiert und hatte eine Drehzahl von 3000 Touren (normale Motoren drehten mit etwa 2200 Touren). Für die Funktion des Motors wurden spezieller Treibstoff und ein besonderes Öl verwendet. Außerdem wurde ein Methylalkoholzusatz beigemischt. Die Gesamtlebensdauer des Motors wurde auf höchstens 60 Minuten geschätzt.

Der neue Weltrekordflug fand am 30. März 1939 in der Nähe des Flugplatzes von Oranienburg statt. Dieses Mal wurde die He 100 von dem jungen Einflieger Hans Dieterle geflogen.

Er startete um 7.25 Uhr und landete um 7.32 Uhr, nachdem er die Meßstrecke viermal passiert hatte. Erst am nächsten Tag hatten die Meßtechniker das Ergebnis errechnet.

Die He 100 hatte eine Geschwindigkeit von

*746,606 Stundenkilometern*

geflogen. Das bedeutete, daß der absolute Geschwindigkeitsweltrekord für Landflugzeuge zum erstenmal in der Geschichte der Fliegerei von einem deutschen Flugzeug errungen worden war.

Göring sandte als Oberbefehlshaber der Luftwaffe ein Telegramm. Es enthielt allerdings keine Aufforderung, die He 100 neben der Me 109 ebenfalls auf Serie zu legen. Professor Heinkel mußte sich mit den pathetischen Worten trösten:

> *„Ein weiteres Ruhmesblatt ist in die Geschichte der deutschen Luftfahrt eingefügt. Ich danke Ihnen, Ihren Ingenieuren und der Gefolgschaft und spreche Ihnen meine volle Anerkennung aus ...“*

Aber auch die Messerschmitt-Werke taten das ihrige, um ihr Produkt weiterhin im Blickpunkt der Öffenlichkeit zu halten. Schon einen Monat nach Heinkels Weltrekord erzielte Flugkapitän Wendel mit der Me 209 die neue Rekordgeschwindigkeit von

*755,138 Stundenkilometern.*

Der große Konkurrent Messerschmitts wollte aber auch in diesem Stadium des „Luftrennens“ auf einen neuen Erfolg nicht verzichten. Er wurde lediglich durch den Ausbruch des Krieges daran gehindert.

Im übrigen hatte dieses Tauziehen zweier Flugzeugwerke um das Primat der höchsten Geschwindigkeit mehr eine sportliche als eine für die Luftrüstung entscheidende Bedeutung. Beide Maschinen wiesen Mängel und Vorteile auf. Aber beide Flugzeuge waren zu ihrer Zeit hervorragende Konstruktionen, die damals allen gegnerischen Flugzeugmustern weit überlegen waren.

Allerdings: Nach der gegenseitigen Rekordjagd hätten weder Heinkel noch Messerschmitt aus der Hand eines Frontpiloten eine Siegespalme erhalten, da die Rekordmuster Rennwagen vergleichbar waren, die im täglichen Einsatz niemals zu verwenden gewesen wären. So wie noch nie siegreiche Grand-Prix-Modelle in gleicher Bauweise und Motorleistung im Straßenverkehr zu finden waren, so konnten auch die beiden Flugzeugtypen lediglich als Symbole ihrer relativen Leistung angesehen werden. Nach der Armierung mit Waffen und der Ausrüstung mit normalen Serienmotoren mußte ein beachtlicher Geschwindigkeitsschwund von vornherein in Kauf genommen werden.

## *Deutsche Rekordflugzeuge für die Russen*

Während die Me 109 in Serie gefertigt wurde und die Anfangsmuster jenes Flugzeuges die Werkhallen verließen, von dem in den folgenden Jahren 31 887 gebaut werden sollten, wurde die He 100 bereits im „Sommerschlußverkauf" feilgeboten. Das Schicksal dieses Flugzeugtyps stellt eine der erstaunlichsten Kapriolen der Mannschaft um Hermann Göring dar.

Es hatte mit einer Anweisung Udets, die Arbeiten an der Rekordmaschine einzustellen, begonnen, und es nahm seinen Fortgang mit einer Bemerkung des Generalingenieurs Lucht, der kurz nach dem Ausbruch des Krieges gesagt hatte:

> *„Wir haben die ganze Produktion auf Me 109 eingestellt. Wir wollen keinen zweiten Jäger bauen. Und wir brauchen ihn nicht. Diesen Krieg gewinnen wir auch mit der um 80 km/h langsameren Me 109."*

So begann der Ausverkauf der He 100. Auf Anweisung des Reichsluftfahrtministeriums wurden die Flugzeuge zum Verkauf an das Ausland ausgeschrieben. Alte Kunden waren zunächst die Japaner. Als dem Professor Heinkel aber auch die Russen angekündigt wurden, fiel er verständlicherweise aus allen Wolken und in Rekordgeschwindigkeit wieder auf die Erde von Marienehe zurück.

Er erkundigte sich sogar bei Generalingenieur Lucht, ob da nicht ein Irrtum vorliege. Aber der Fluggefährte Ernst Udets räumte die Bedenken des Flugzeugbauers sofort mit der Feststellung aus:

> *„Es ist alles in Ordnung. Wir erhalten von der Sowjetunion erhebliche Mengen Rohstoffe. Die Bezahlung erfolgt zum Teil durch Rüstungslieferungen. In Ihrem Fall durch die He 100 ...“*

Die Russen kamen zu Heinkel. Sie zeigten für die verschmähte Rekordmaschine ein größeres Interesse als die Experten der Luftwaffenführung. Einer von ihnen, der sehr bescheiden und unauffällig wirkte, hieß Alexander Jakovlew. Bei dem damaligen Besuch auf Heinkels Werkflugplatz war er dreiunddreißig Jahre alt. Später erhielt er als Flugzeugkonstrukteur und Fliegergeneral sechsmal hintereinander den hochdotierten Stalinpreis (150 000 Rubel). Die Jagdflugzeuge, die er während des Weltkrieges unter der Typenbezeichnung J (Jak) 1—9 im Sinne der He 100 baute, sind deutschen Jagdfliegern und den Soldaten der Ostfront auch heute noch in unangenehmer Erinnerung. Nach dem Weltkrieg sollten die westlichen Piloten am Himmel über Korea in den Düsenflugzeugen der Jak-Typen (Jak 15—19) die konstruktiven Fähigkeiten des Russen Jakovlew ebenfalls zur Genüge kennenlernen und entsprechend verfluchen.

Aber vor ihnen fluchten die deutschen Jäger in den erbitterten Luftschlachten des Zweiten Weltkrieges, bis sie selbst dazu keine Kraft mehr hatten.

## *20. Juni 1939*

## *He 176 — erstes Raketenflugzeug der Welt*

Es besteht nicht die Absicht, der Arbeit Professor Ernst Heinkels eine besondere Würdigung zuteil werden zu lassen.

Trotzdem muß noch einmal von ihm gesprochen werden, da seine Persönlichkeit und sein Werk eng verbunden sind mit der Entwicklung der deutschen Luftwaffe. Denn schließlich war er es, der den Experten um Göring schon im Jahre 1939 ein noch viel bedeutenderes Flugzeugmuster als die He 100 angeboten hatte:

*Das erste Raketenflugzeug der Welt!*

Auch dieser Flugzeugtyp mit der sensationellen und revolutionären Antriebsart wäre für die Rüstungsplaner der Luftwaffe also schon zu einer Zeit verfügbar gewesen, wo die späteren Feindmächte sich noch mit völlig veralteten und im Verhältnis zu der modernen Me 109 fast großväterlichen Flugzeugen begnügen mußten.

Sowenig es das Ziel dieser Betrachtung sein soll, einen unter den großen deutschen Flugzeugbauern besonders hervorzuheben, sowenig ist es die Tendenz dieses Überblickes, einer neuen „wenn"-Theorie das Wort zu reden. Es soll lediglich dargestellt werden, über welche einmaligen Möglichkeiten das Reichsluftfahrtministerium vor dem Beginn des Zweiten Weltkrieges verfügt hätte, wenn auch nur eine dieser Chancen erkannt und ausgenutzt worden wäre.

Vielleicht ist es auch heute noch wenig bekannt, daß der „Urgroßvater" der pfeilschnell durch den Himmel zischenden Turbinenjäger schon am *20. Juni 1939* auf dem Flugplatz von Peenemünde einer fassungslosen Schar von Eingeweihten den Donnerschall seines Raketentriebwerkes gegen die Trommelfelle preßte.

Heinkel war bei jenem denkwürdigen Start nicht anwesend, den der 1.83 Meter große Flugkapitän Warsitz in der kaum einen Meter hohen Versuchsmaschine durchgeführt hatte. Aber noch am gleichen Tag rief Warsitz Heinkel an, wobei er sagte:

> *„Herr Doktor, ich melde Ihnen gehorsamst, gerade den ersten reinen Raketenflug mit Ihrer He 176 durchgeführt zu haben. Daß ich noch lebe, hören Sie an meiner Stimme ..."*

In die Erschütterung des Flugzeugkonstrukteurs hinein erklang wieder die Stimme des Einfliegers:

> *„... und nun schimpfen Sie nicht. Alles ist völlig reibungslos gegangen. Ich war fünfzig Sekunden in der Luft und bin völlig glatt gestartet und gelandet ... Wir haben auch Udet verständigt. Er will mit Milch und Lucht und ein paar anderen herüberkommen ..."*

Udet, Lucht, Milch und „die anderen" kamen. Vor allem Udet betrachtete die kaum fünf Quadratmeter großen Tragflächenstummel und die etwa vier Meter lange Maschine ausgesprochen mißbilligend. Mit hochgezogenen Augenbrauen stand er vor dem Ansaugloch des Raketentriebwerks. Denn immerhin war die He 176 das erste Flugzeug in der Geschichte der Luftfahrt, das keine Luftschraube besaß. Schließlich sagte er:

*„Damit wollt ihr fliegen? Da sind ja überhaupt keine Flächen dran. Das sind ja Trittbretter . . ."*

Trotzdem stieg der baumlange Einflieger Warsitz über die „Trittbretter" und setzte sich in die enge Kabine. Das Triebwerk heulte auf. Ruckartig schoß das Flugzeug über das Rollfeld. Es hob vom Boden ab und schwang sich elegant in den Himmel hinein. Fauchend grollte der Widerhall des revolutionären Aggregats zu den Zuschauern herab.

Einige der hohen Beobachter — vor allem Milch — waren begeistert. Doch dann ließ sich Udet vernehmen. Sein ganzer Tribut für diese Pionierleistung der Flugzeugkonstruktion erschöpfte sich in den Worten:

*„Das ist kein Flugzeug. Hört auf damit. Ich verbiete sofort jeden weiteren Flug."*

Heinkel und seine Ingenieure waren erschüttert. In der Folgezeit bedurfte es eines starken Wortaufwandes, um den Leiter des „Technischen Amtes" zur Zurücknahme des Flugverbotes zu bewegen. Schließlich kapitulierte Udet mit den Worten:

*„Haut ab und macht, was ihr wollt!"*

Die Männer um Heinkel machten, was sie wollten. Am 3. Juli 1939 wurde die He 176 noch einmal einer Reihe von Experten vorgeführt. Flugkapitän Warsitz erreichte an diesem Tag eine Geschwindigkeit von

*850 Stundenkilometern!*

Es war dies eine Leistung, die während des Zweiten Weltkrieges von keinem mit Kolbenmotor betriebenen Jagdflugzeug mehr erreicht wurde. Auch auf der damaligen Feindseite nicht.

Aus der He 176 wurde die He 178 entwickelt. Es handelte sich dabei um einen 7,49 Meter langen Schulterdecker von 2000 kg Gewicht. Die Spannweite betrug acht Meter. Die Maschine besaß ein Triebwerk der Type He - S - 3 - B, das von dem Physiker von Ohain konstruiert worden war. Die He 178 wurde am 28. August 1939 von Flugkapitän Warsitz zum erstenmal geflogen.

Es war ein Flug mit dem ersten Strahltriebwerk der Welt. Schon das Versuchsmuster mit einem Standschub von 450 kp erreichte eine Geschwindigkeit von über 700 Stundenkilometern.

Die schnellsten deutschen Jagdflugzeuge der Luftwaffe erzielten mit Kolbenmotor im Jahre 1944 folgende Geschwindigkeiten:

Me 109 mit DB-605-Motor von 1600 PS rund 700 km/h,
Focke-Wulf D 9 mit Jumo 213 A rund 710 km/h,
Ta (Tank) 152 C mit DB-603-L-Motor rund 747 km/h.

Aber auch diese phantastische Leistung des ersten Strahlflugzeuges der Welt konnte Udet und seine Umgebung nicht beeindrucken. Nach einer turbulenten Siegesfeier rief Heinkel morgens um 4.30 Uhr in Udets Wohnung an. Es entspann sich folgendes Telefongespräch:

*„Guten Morgen — hier ist Heinkel. Ich wollte Ihnen nur melden, daß Flugkapitän Warsitz soeben das erste Strahlflugzeug der Welt, die He 178, mit dem ersten Strahltriebwerk der Welt erfolgreich geflogen hat und nach dem Flug erfolgreich gelandet ist.“*

Heinkel erinnerte sich später, daß es am anderen Ende der Leitung zunächst still wurde. Dann erklang wieder die Stimme Udets:

*„Na fein, dann gratuliere ich. Und Warsitz auch. Aber dann laßt mich erst mal weiterschlafen.“*

Heinkel legte auf, und Udet schlief weiter.

In der Folgezeit entstand sehr oft der Eindruck, daß nicht nur Udet die Ruhe und den Schlaf liebte — bis das furchtbare Erwachen kam.

*Die Bugpartie eines viermotorigen amerikanischen Bombers vom Typ „Boeing B 17" mit den waffenstarrenden MG-Ständen*

*Die He 113, eines der von Prof. Heinkel konstruierten Jagdflugzeuge, die schon vor dem 2. Weltkrieg im Wettstreit mit den Jägertypen der Messerschmitt-Werke lagen*

## *Und Göring?*

In der Führungsspitze des 3. Reiches war Göring als Oberbefehlshaber der Luftwaffe vielleicht weniger populär als in manch anderer Hinsicht. Dies mag vor allem auf die Tatsache zurückzuführen sein, daß er als Chef dieser einstmals so stolzen Waffe im weiteren Verlauf der Kriegsjahre mit „seiner" Luftwaffe durchaus keine Lorbeeren mehr ernten konnte.

Die Frage ist schon oft gestellt worden, ob der Niedergang der Luftwaffe und die damit zusammenhängende Katastrophe von 1945 allein auf Görings Schuldkonto zu buchen sei. Ein endgültiges Urteil über die damalige Qualifikation Hermann Görings für ein solch verantwortungsvolles Amt ist einerseits nicht die Aufgabe des Verfassers, zum anderen sind bei der Würdigung der Persönlichkeit Görings sehr viele, einander des öfteren kontrahierende Komponenten zu beachten.

Hermann Göring war im Jahre 1916 zur Jagdfliegerei gestoßen. Im Mai 1917 war er Führer der Staffel 27 im Jagdgeschwader Boelcke. Ein Jahr später wurde er der letzte Kommandeur des Jagdgeschwaders I, das mit dem Namen des Fliegerhelden Manfred Freiherr von Richthofen für immer verbunden bleiben wird.

Was man auch immer über den späteren Reichsmarschall denken mag, eines bescheinigten ihm nach dem Krieg sogar seine politischen Gegner und maßgebende Persönlichkeiten des Auslandes: Daß er ein Mensch von großer Tapferkeit und ein Mann war, der sein Vaterland über alles liebte.

Schon mit fünfundzwanzig Jahren besaß Göring die höchsten Auszeichnungen des Ersten Weltkrieges. Er war außer den Eisernen Kreuzen mit dem Orden des Zähringer Löwen mit Eichenlaub und Schwertern, dem Ritterkreuz des Militär-Karl-Friedrich-Ordens, dem Hausorden von Hohenzollern mit Schwertern und nach seinem zwanzigsten Luftsieg mit dem Orden pour le mérite dekoriert worden.

Über seine Fairneß im Kampf mit seinen Gegnern gibt Görings englischer Biograph, der irische Rechtsanwalt Charles Bewley, folgenden Bericht des Kapitäns Krause-Jensen, der als Däne in der französischen Luftwaffe kämpfte:

*„... Ich war eines Tages allein auf weiter Flur mit meiner Maschine ... als ich in der Ferne ... ein deutsches Flugzeug ausmachen konnte ... Da riß die deutsche Maschine eine scharfe Kurve, überschlug sich fast und hatte mich gleich darauf vor dem MG ... und ich wußte, daß der Staffelkommandeur, Hauptmann Göring, mein Gegner war ... Leinenfetzen an den Tragflächen deuteten auf viele Treffer bei mir hin ... In einer für mich guten Situation versagte mein MG ... Ich riß am Ladestreifen — vergebens. Mein Gegner ... umkreiste mich, bemerkte mein Hämmern am MG und begriff auch meine Kampfunfähigkeit. Dann plötzlich, und das war der größte Augenblick meines Fliegerlebens, flog er dicht an mir vorbei, legte die Hand grüßend an die Kappe und drehte ab zu der deutschen Linie. Seit diesem Augenblick verehre ich die Deutschen."*

Nach dem Krieg führte Göring zunächst ein recht abenteuerliches Leben. Während sein Kampfgefährte Udet einer der weltbesten Kunstflieger wurde, nutzte Göring seine fliegerischen Kenntnisse auf eine andere Weise aus. Während eines Aufenthaltes in Schweden lernte er die bezaubernde Schwedin Carin von Kantzow kennen, die ihm auch später nach Deutschland folgte, als Göring im Jahre 1921 seine verhältnismäßig gute Position in Schweden aufgab und in die Heimat zurückkehrte.

Von da an begann sein Weg an der Seite Hitlers.

Nach der Machtübernahme — und auch schon vorher — galt Görings große Liebe der Jagd auf edles Wild in noch fast höherem Maße als seiner Luftwaffe. Als Reichsjägermeister erließ er ein Jagdgesetz, das noch heute Gültigkeit besitzt und schon damals auch von ausländischer Seite mit großem Lob bedacht wurde.

Görings Passion für die Jagd schuf nicht nur die prachtvollen Wildreservate in der Schorfheide, auf der pommerschen Halbinsel Darss, im Reinhardswald und in der Rominter Heide; seine Liebe zur Kreatur und der einsamen, unberührten Natur ließ auch jenes Jagdhaus in der Schorfheide, etwa einhundert Kilometer nordöstlich von Berlin entstehen, das später unter dem Namen „Karinhall" zum „Salon des 3. Reiches" wurde.

Der luxuriöse Pomp, den der Reichsmarschall im Lauf der weiteren Jahre auf diesem Feudalsitz entfaltete, war schon während des Krieges Gegenstand vielfältiger Kritik gewesen. Trotzdem nahm die Masse der deutschen Bevölkerung dem „Dicken“ oder „Hermann Meier“, wie er damals auch genannt wurde, seinen exklusiven Lebenswandel nicht einmal allzu übel. Außerdem wurde später bekannt, daß er diesen Aufwand mit staatlichen Mitteln, also praktisch in Vertretung der Staatsinteressen und als Repräsentant der Regierung betrieben hatte.

Noch in den ersten Jahren des Krieges war Hermann Göring eine der populärsten Persönlichkeiten der braunen Hierarchie. Über ihn kursierten die meisten Witze, und es war schon damals bekannt, daß er selbst starker, auf seine Persönlichkeit bezogener Ironiemassierung mit erstaunlicher Toleranz gegenüberstand.

Seine väterliche Jovialität trug er auch bei den Frontverbänden der Luftwaffe zur Schau. Zumindest in jenen Jahren, als seine Piloten noch keinen Grund hatten, sich über ihn zu wundern.

Später, als die Elite der deutschen Flieger in sinnlosen Luftschlachten praktisch „verheizt“ wurde und der Herr von Karinhall sich trotz der immer katastrophaler werdenden Lage um seine Passionen mehr kümmerte als um das Wohl seiner Luftwaffe, schlug die ursprüngliche Sympathie der Frontflieger für den „Dicken“ in das krasse Gegenteil um.

So, wie Göring damals Udet in eines der verantwortungsvollsten Ämter des Reichsluftfahrtministeriums eingeführt hatte — obwohl er ihn am besten hätte kennen müssen —, so wurde er als der „Schöpfer der Luftwaffe“ im Verlauf der Kriegsjahre mehr oder weniger zu ihrem Totengräber.

Selbst nach Ansicht maßgeblicher ausländischer Experten gebührt daher Göring für den Untergang der Luftwaffe ein gerüttelt Maß an Schuld. Sein englischer Biograph stellt dazu fest:

> *„... nach ihren anfänglichen bewunderungswürdigen Erfolgen vermochte sie (die Luftwaffe) — ohne daß ihre Kampfeinheiten auch nur irgendeine Schuld daran hatten — weder den Feind zu bezwingen noch das eigene Land zu beschützen. Hitler, und nicht er allein, machte Göring den Vorwurf, den Verlauf des Krieges nicht vorausgesehen und daher nicht die erforderlichen Maßnahmen ergriffen zu haben. Ihre Luftwaffe hat jämmerlich versagt.“*

Diese Tatsache wird nie zu leugnen sein. Aber warum hatte die Luftwaffe versagt?

Vielleicht war es sogar Görings Tragik, daß er als ein Mann von glühendem Patriotismus bei der Übernahme des Oberbefehls über die Luftwaffe seine Grenzen vielleicht noch schlechter gekannt hatte als Ernst Udet. Denn auch er war offenbar einer jener Flieger geblieben, die noch aus der Sicht der „Doppeldeckerstrategie" des Ersten Weltkrieges ihre Maßnahmen trafen und der neuen militärischen Entwicklung verhältnismäßig hilflos gegenüberstanden.

Es ist dies eine Ansicht, die auch bei den Frontverbänden der Luftwaffe besonders in den letzten Jahren des Krieges sehr oft geäußert wurde.

Einer der Männer, die in jener Zeit wohl den besten Einblick in die vorhandenen Möglichkeiten hatten, war Generalleutnant Adolf Galland. Aber nicht nur er fand später bittere Worte der Kritik für den Mann, der zum Nachfolger Hitlers bestimmt war und sich selbst für „des Führers treuesten Paladin" hielt. Fast alle Frontkommandeure waren wohl der Meinung des damaligen Generals der Jagdflieger:

*„... der Schöpfer der deutschen Luftwaffe, der vielleicht als einziger Angehöriger der nationalsozialistischen Führerschaft wirklich echte Popularität bei der Masse der deutschen Bevölkerung genossen hatte, zog sich aus Führung und Öffentlichkeit zurück. Das konnte nicht ohne Auswirkung auf die Truppe bleiben, die er aufgebaut hatte und zu führen behauptete. Doch es war zu spät!*

*... es konnte Göring nicht verborgen bleiben, daß sich eine Vertrauens- und Führungskrise erster Ordnung in der Jagdwaffe ... anbahnte. Wie weit er sich von ihr (der Luftwaffe) entfernt hatte ... ging aus der Art hervor, wie er die bedenkliche Lage zu beheben versuchte. Er rief die Führer der Tag- und Nachtjagdverbände ... in Wannsee zusammen ...*

*Göring tobte unbeherrscht. Er erzielte mit seiner ausfallenden Schärfe nicht die beabsichtigte anfeuernde Wirkung, sondern nur Erbitterung und Auflehnung ... Der aufrechte und mutige Oberst Lützow wurde zum Sprecher der Jagdwaffe gemacht ... eine Abordnung unter Lützow wurde von Göring empfangen ... Sie fand im ‚Haus der Flieger' in Berlin statt und nahm einen äußerst dramatischen Verlauf ...“*

Bei dieser Besprechung hatte Oberst Lützow mit schonungsloser Offenheit auf die katastrophalen Zustände der deutschen Luftverteidigung hingewiesen. Galland berichtet weiter:

*„... Lützows Vorschläge ... schlugen wie eine Bombe ein. Göring ... bezeichnete das Vorgehen der Jäger als Meuterei und verließ den Raum mit den an Lützow gerichteten Worten:*

*‚Ich lasse Sie füsilieren.'*

*Lützow wurde anschließend innerhalb von 48 Stunden aus dem Reichsgebiet gewiesen ... Er wurde Jafü (Jagdfliegerführer) Italien.“*

Görings merkwürdige Haltung den Jägerassen gegenüber ist nur so zu verstehen, daß er von den wirklichen Zusammenhängen nicht viel Ahnung hatte. Sonst hätte gerade er als Oberbefehlshaber der Luftwaffe einsehen müssen, daß nur sein Eingehen auf die ihm unterbreiteten Vorschläge noch eine Wende der katastrophalen Situation herbeiführen konnte.

Aber Görings einzige Reaktion bestand darin, den Bann über jene Männer auszusprechen, die nur eine berechtigte Sorge zu ihrem Vorgehen veranlaßt hatte.

Der Vorhang senkte sich bereits über den letzten Akt der großen Tragödie, als Göring die damals an ihn herangetragenen Wünsche doch noch erfüllte.

Aber da war es bereits zu spät!

### *FW 190 — die späte Erkenntnis*

Das Erscheinen der neuen Jagdmaschine Focke-Wulf 190 dünkte den deutschen Jagdfliegern damals wie ein Sonnenstrahl aus einem trüben, regenverhangenen Himmel.

Im Gegensatz zu der Me 109 wirkte die FW 190 wie eine bissige Bulldogge. Auch der Vergleich zwischen einer Wespe und einer Riesenhornisse wäre angebracht gewesen. Handelte es sich bei der Konstruktion Messerschmitts um ein spitznasiges Flugzeug mit einem Reihenmotor, so besaß die FW 190 mit ihrem BMW-801-Doppelsternmotor eine gedrungene Frontpartie und wirkte dadurch bedeutend kraftvoller und massiger.

Das Flugzeug war bei den Focke-Wulf-Werken schon 1938 geflogen worden. Es mußte dann aber zurückgestellt werden, so daß es erst im Jahre 1941 in den Fronteinsatz kam. Offenbar hatten die Planer der deutschen Luftrüstung zu jenem Zeitpunkt endlich erkannt, daß sie sich mit der Me 109 als alleinigem Standard-Jagdflugzeug keine besonderen Chancen mehr ausrechnen konnten. Die Schlacht um England ging damals ihrem sang- und klanglosen und nebenbei auch völlig ruhmlosen Ende entgegen, und es hatte sich in aller Deutlichkeit gezeigt, daß von einer deutschen Luftherrschaft in jenem Kampfraum überhaupt keine Rede mehr sein konnte.

So kam die Focke-Wulf 190 zu den Frontverbänden. Die neue Maschine, die auch die Bezeichnung „der Würger" trug, hatte eine Spannweite von 10,5 Metern und eine Länge von 8,9 Metern. Das Flugzeug war als freitragender Tiefdecker konstruiert und hatte ein Fluggewicht von rund vier Tonnen aufzuweisen. Im Gegensatz zu der Me 109 besaß die Focke-Wulf 190 ein breitausladendes Fahrwerk. Das Flugzeug wurde auch nicht in der Horizontal-, sondern in der Dreipunktlage — also mit dem Leitwerk am Boden — gestartet. Die FW 190 war beim Start und bei der Landung das, was die Piloten damals als „idiotensicher" bezeichneten.

Der BMW-801-D-Motor leistete 1750 PS und vermittelte der neuen Jagdmaschine eine Geschwindigkeit von durchschnittlich 700 Stundenkilometern auf Volldruckhöhe. Diese Triebwerksleistung entsprach etwa der einer modernen D-Zug-Lokomotive.

Der Tankinhalt der FW 190 betrug bei der normalen Ausführung 530 Liter, was der Maschine eine ungefähre Reichweite von 1000 Kilometern ermöglichte. Später konnte die FW 190 auch noch Zusatzbehälter mitführen. Dadurch wurde eine Verlängerung der Flugzeit auf rund drei Stunden erreicht. Die serienmäßig eingebauten Tanks waren aus mehreren Naturgummilagen gefertigt. Nach dem Eindringen eines Geschosses wurde das Schußloch selbständig abgedichtet.

Der Pilot saß in einer Vollsicht-Schiebekabine, die im Notfall durch einen Sprengsatz gelöst werden konnte. Die schräggeneigte Frontscheibe bestand aus einem Panzerglas von 40 mm Stärke. Der Führersitz war an seinem Rückenteil gepanzert. Auch der vor dem Motor liegende Ölkühler wurde durch einen besonderen Panzerring gesichert.

Das BMW-801-Triebwerk lief mit einer Drehzahl von 2700 Touren. Bei kurzfristiger Verwendung der sogenannten Notleistung erhöhte sich die Drehzahl um rund 300 Umdrehungen. Der Motor besaß einen zweigängigen Höhenlader, der bei etwa 4500 Meter Flughöhe über ein Membransystem automatisch auf die nächst höhere Laderstufe umschaltete.

Sämtliche Verstellfunktionen des Motors wurden über ein sogenanntes Kommandogerät automatisch geregelt, wenn der Flugzeugführer den Gashebel bediente. Dazu gehörten u. a.: Drehzahlregler, Einspritzmenge, Drosselklappe, Ladergetriebeumschaltung, Luftschraubenverstellung, Kühlerklappen usw. Die Maschine wurde mit rund 180 Stundenkilometern gestartet und mit etwa gleicher Geschwindigkeit gelandet.

Die Bewaffnung der FW 190 war ausgesprochen stark. Die Maschine wurde daher von feindlichen Jägern und vor allem von den Bordschützen der gegnerischen Bombenflugzeuge entsprechend gefürchtet.

Im allgemeinen war die FW 190 mit vier MG 151 vom Kaliber 20 mm ausgerüstet, die in den Tragflächen links und rechts des Rumpfes montiert waren.

Ein MG 151 hatte ein Gesamtgewicht von 126,7 kg und eine Feuergeschwindigkeit von 720 Schuß in der Minute. Neben diesen 2-cm-Kanonen waren noch zwei MG 131 vom Kaliber 13 mm über dem Motorblock der Focke-Wulf eingebaut, die durch den Drehkreis der Luftschraube feuerten.

Das MG 131, das ebenfalls elektrisch gesteuert wurde, besaß eine Feuergeschwindigkeit von 930 Schuß pro Minute. Die Treffgenauigkeit dieser Waffe lag bei einer Entfernung von 100 Metern bei 35 bis 45 Zentimetern. Interessanterweise hielt der Lauf des MG 131 bei kurzen Feuerstößen eine Gesamtschußzahl von 17 000 Geschossen aus.

Sämtliche Waffen der Focke-Wulf 190 konnten vom Piloten durch einen einzigen Druck mit Daumen und Zeigefinger betätigt werden. Der Auslöseknopf für die vier Bordkanonen war am oberen Ende des Steuerknüppels angebracht, während der Hebel für die beiden MG 131 vor der Feuerbereitschaft als eine Art Sicherung über dem Kanonenknopf lag. Zur Abfeuerung der Waffen wurde er nach vorn geklappt und wie der Abzugsbügel eines Gewehrs mit dem Zeigefinger zurückgezogen.

Eine der wirkungsvollsten Bordwaffen, die hauptsächlich im Kampf gegen die alliierten Bomber Verwendung fand, war die MK 108 mit einem Kaliber von 30 mm. Auch diese Waffe wurde in Einzelexemplaren links und rechts in der Tragfläche der Focke-Wulf, in der Me 109 und später auch in den ersten Düsenflugzeugen eingebaut.

Die MK 108 besaß ein Montagegewicht von 73—88 kg und hatte eine Feuergeschwindigkeit von 650 Schuß in der Minute. Es war errechnet worden, daß man mit dieser Maschinenkanone auf eine Schußentfernung von 500 Meter einen viermotorigen Bomber mit 88 Schuß und einer 95prozentigen Sicherheit abschießen konnte.

In den meisten Fällen genügte aber bereits ein kurzer Feuerstoß aus näherer Entfernung, wenn der angegriffene Bomber (beim Frontalangriff) z.B. in die Tragflächentanks oder in die Kanzel getroffen wurde. Die Verletzungen, die abgesprungene alliierte Flieger durch Geschosse dieser Waffe erhalten hatten, waren entsetzlich. Vor allem die Minensprenggranaten erzielten zusammen mit den Phosphorgeschossen eine furchtbare Wirkung.

Die Schußgeräusche der MK 108 dröhnten dem Piloten wie ein monoton klopfender Dampfhammer in den Ohren. Die feindlichen Bordschützen hatten der MK 108 wegen ihrer charakteristischen Schußweise daher auch den Namen „Preßlufthammer" gegeben. Lt. Colonel Chinn, ein amerikanischer Waffenfachmann, sagte über die MK 108:

> *„...glücklicherweise begannen die Produktion und die Montage in Turbinenjäger nicht früh genug. Es fielen ihr (der MK 108) ohnehin genug B-17-Bomber („Fliegende Festungen") zum Opfer..."*

Es war selbstverständlich, daß die Focke-Wulf durch dieses Zusatzgewicht an schweren Waffen einiges von ihrer Wendigkeit und Schnelligkeit verlor. Daher zogen die meisten Jäger-Piloten, die in den verlustreichen Abwehrschlachten gegen die alliierten Bomberströme eingesetzt waren, meistens auch die einfachere Bewaffnung mit

*Eine Heinkel-111-Bombenmaschine*
*aus der Sicht eines Jägers*
*über dem Londoner Themse-Knie*

*Auf diesen in der Nordsee verankerten Seenotbojen konnten abgeschossene Flieger Verpflegung, Wasser und auch Medikamente finden*

*Unten: Das zerfetzte Leitwerk eines abgestürzten englischen Kampfflugzeuges*

MG 151 und MG 131 vor. Es sei denn, sie gehörten zu den sogenannten „schweren Jägern", die lediglich die Aufgabe hatten, die Bomber anzugreifen. In jenen Tagen gab es nämlich auch „leichte Jäger", denen die Aufgabe zufiel, ihre eigenen Kameraden in den anderen Jagdflugzeugen vor den Angriffen der feindlichen Begleitjagd zu schützen — was allerdings angesichts der gegnerischen Übermacht in den wenigsten Fällen zufriedenstellend gelang.

Die Focke-Wulf 190 war wirklich — zumindest für eine gewisse Zeit — eine Art von Sonnenschein für die deutschen Jäger-Piloten des Zweiten Weltkrieges. Sie war so „gutmütig", daß reine Unfälle mit ihr eigentlich nur aut sehr mühsame Weise „gebaut" werden konnten.

Bei der Landung ertrug die Maschine Manöver, die sich kein anderes Jagdflugzeug-Muster hätte gefallen lassen. Man konnte die FW 190 bis an die Grenze der letzten „Fahrt" slippen und sie in völlig „ausgehungertem"* Zustand auf den Boden aufsetzen. Daher konnte die FW 190 auch auf verhältnismäßig kleinen Feldflugplätzen gestartet und gelandet werden.

Das Fliegen mit dieser Jagdmaschine war für ihre „Kenner" eine wahre Freude — zumindest in jenen Jahren, als das amerikanische Hoheitsgebiet noch nicht „einen Meter über dem Boden" begann — wie die Jäger von damals oft mit einer Art schmerzlichen Galgenhumors zu sagen pflegten.

Das Flugzeug hatte ein enormes Steigvermögen und zeigte im Luftkampf eine beachtliche Wendigkeit. Im Kurvenkampf war die FW 190 auf engstem Radius zu drehen. Außerdem besaß sie eine Eigenschaft, die vielleicht auf einen Konstruktionsfehler zurückzuführen war — in entscheidenden Augenblicken aber von großer Bedeutung sein konnte. Es handelte sich darum, daß die FW 190 in engen, nach links geflogenen Messerkurven nach dem Abreißen der Luftströmung plötzlich ruckartig in die entgegengesetzte Fluglage wechselte. Dieses „automatische Manöver" erfolgte so schnell, daß verfolgende feindliche Jäger-Piloten den Wechselmoment nicht mit der entsprechend schnellen Reaktion nachfliegen konnten und die FW 190 dadurch aus dem zum Abschuß nötigen Vorhalt verloren.

---

* Ausdruck der Fliegersprache für einen Flugzustand, bei dem die Maschine kurz vor dem Abkippen ist, nachdem das Geschwindigkeitsminimum unterschritten wurde.

Vielleicht war es der einzige Nachteil der FW 190, daß ihr Höhenlader nicht mit einer dreistufigen Schaltanlage ausgestattet war.

Es wurde bereits davon gesprochen, daß dieser Höhenlader in etwa 4500 Metern automatisch umschaltete. Das schaufelradartige Gebilde an der linken Motorseite wurde dabei auf eine höhere Drehzahl gebracht. Damit wurde eine noch stärkere Vorkomprimierung der in diesen Höhen immer sauerstoffarmer werdenden Luft herbeigeführt und die Funktion des Triebwerkes auf der nötigen Leistungsstärke gehalten.

Die dadurch bewirkte Kompensierung der Sauerstoffarmut der höheren Luftbezirke reichte bei der FW 190 bis zu einer Höhe von etwa 7000 Metern einigermaßen. Sie genügte aber nicht bis zu Höhen von 8500 oder 9000 Metern. Das war aber die Flughöhe der amerikanischen Bomberpulks.

Ein Angriff auf die Bomberformationen war wohl noch möglich, ebenso die Durchführung des Anflugmanövers. Was aber einem halben Selbstmord gleichkam, war ein Luftkampf mit der feindlichen Begleitjagd in diesem Höhenraum. Die amerikanischen Jagdflugzeugtypen besaßen nämlich Höhenlader, die etwa an der 7000-Meter-Grenze noch einmal auf eine höhere Ladestufe umschalteten. Dadurch waren die Piloten in den „Mustangs", „Thunderbolts" usw. ihren deutschen Gegnern beim Luftkampf in großen Höhen schon in rein technischer Hinsicht überlegen. Um es wieder einmal mit der Sprache der deutschen Jäger jener Zeit auszudrücken: „In acht- oder neuntausend Metern hängt die ‚190' beim Luftkampf ‚wie eine reife Pflaume' am Himmel."

Aber selbst mit dem Wissen um dieses technische Handicap schlugen sich die deutschen Jäger der letzten Kriegsjahre mit der Focke-Wulf 190 auf bravouröse Weise gegen eine oft hundertfache Übermacht. Die Großen unter ihnen wie Philipps, Oesau, Dahl, Hermichen, Graf, Moritz, Priller, Lützow u. a. m. erzielten mit der Focke-Wulf auch in der Hölle der Luftschlachten an den Einflugwegen der feindlichen Bomber zahlreiche Luftsiege. Viele von ihnen machten in jener Zeit mit der FW 190 auch ihren letzten Flug.

Aber nicht nur am Himmel über Deutschland waren die „Riesenhornissen" zu einer gefürchteten Erscheinung geworden. Die deutschen

Jagdflieger errangen mit diesem Flugzeugtyp auch auf den anderen Kriegsschauplätzen — vor allem im Osten — einmalige Erfolge.

Insgesamt waren vom Typ Focke-Wulf 190 während des Krieges 13 376 Maschinen gebaut worden.

In der Schlußphase des Zweiten Weltkrieges kamen auch Weiterentwicklungen der FW 190 zum Einsatz. Unter den 27 Versionen der Focke-Wulf-190-Konstruktionen waren schließlich noch die Maschinen der E-Serie, die mit dem DB-603-Standardmotor ausgerüstet waren. Die Typen der D-Serie erhielten den Motor Jumo 213 E mit einer Leistung von 1750 PS. Der Typ FW 190 D-9 „Langnase" war ein Schritt auf dem Weg zur Schaffung der Ta 152. Bei diesem Muster erreichten die Maschinen der C-Serie mit dem DB-603-L-Triebwerk eine Geschwindigkeit von rund 750 km/h.

Aber weder die Me 109 noch die Focke-Wulf 190 konnten das Verhängnis aufhalten. Die Wolken des drohenden Unheils zogen sich immer mehr über den sterbenden deutschen Städten zusammen.

## *Me 262 — die „Königin der Luft"*

Das Flugzeug, das selbst nach Ansicht der damaligen Feinde noch manches hätte wenden können, stand im Schutz abgelegener Wälder und wartete eigentlich nur auf den Augenblick, wo eine Sprengladung es in seine Einzelteile zerlegen würde.

Schon im Jahr 1942 stand die großartigste Schöpfung Professor Messerschmitts in Gestalt des ersten einsatzfähigen Turbinenflugzeuges der Welt zum Einsatz bereit:

*Die Me 262,*

jenes Flugzeug, das der erfolgreichste französische Jagdflieger des Zweiten Weltkrieges, *Pierre Closterman,* einmal die

*„Königin der Luft"*

genannt hatte. Während die deutschen Jagdflieger sich in ihren Focke-Wulf 190 und Me 109 zur letzten Treibjagd rüsteten und in einem aussichtslos gewordenen Kampf geopfert wurden, hielt Hitler die damals schnellste Jagdmaschine der Welt für seine Revancheträume als „Blitzbomber“ zurück.

Als er das sensationelle Flugzeug endlich freigab, währte der Schock auf alliierter Seite nur noch kurze Zeit. Die vernichtenden Schläge, die den alliierten Bomberpulks durch die wenigen zum Einsatz gekommenen deutschen Turbinenjäger zugefügt wurden, ließen die Welt noch einmal aufhorchen.

Aber dann verstummte auch das Grollen der Düsenaggregate zusammen mit dem tödlichen Donner der alliierten Bomberströme.

Hitler hatte seinen letzten Trumpf zu spät ausgespielt.

## *„... es ist, als ob ein Engel schiebt“*

Diese Worte sprach der damalige Generalinspekteur der Jagdflieger, Generalleutnant Adolf Galland, als er die Messerschmitt 262 persönlich erprobt hatte. Er sagte noch etwas:

*„Eine Me 262 ist mir lieber als fünf Me 109.“*

Am 22. Mai 1943 flog General Galland das revolutionierende Flugzeug zum erstenmal. Wenn man bedenkt, daß er als einer der bekanntesten Jagdflieger jener Zeit als absoluter Experte angesehen werden durfte, dann kommt dem Bericht über seinen Flug mit dem Düsenjagdflugzeug Me 262 eine besondere Bedeutung zu:

*„Am frühen Vormittag traf ich mit Messerschmitt auf dem Flugplatz Lechfeld nahe bei seinem Stammwerk in Augsburg ein ... wir fuhren hinaus zur Startbahn. Da standen die beiden Düsenjäger Me 262 ... ein ungewohnter Anblick, diese Flugzeuge ohne Luftschraube. In den stromlinienförmig verkleideten beiden Zylindern unter den Tragflächen steckten die Rückstoßtriebwerke ...*

*... die damals phantastische Geschwindigkeit von 850 km/h im Horizontalflug bedeutete einen Vorsprung von mindestens 200 km/h gegenüber den schnellsten Propellerjägern der Welt. Außerdem waren Flugzeiten zwischen 50 und 70 Minuten zu erwarten.*

*Als Kraftstoff konnte minderwertiges, dieselähnliches Öl verwendet werden statt des hoch raffinierten, immer schwer zu beschaffenden klopffesten Fliegerbenzins.*

*...nach dem ersten Auftanken stieg ich ein... ich rollte auf der 50 Meter breiten Startbahn mit immer größerer Geschwindigkeit... ich fliege zum erstenmal mit Rückstoßantrieb. Kein Motor vibriert, kein Drehmoment und keine peitschenden Geräusche der Luftschraube. Von einem pfeifenden Schall begleitet, fliegt mein ‚Turbo' durch die Luft. ‚Es ist, als ob ein Engel schiebt', sage ich später, als man mich fragt, wie's war.*

*Nach meiner Landung war ich beeindruckt und begeistert wie noch nie... wir fuhren zurück ins Werk... dort hinten auf dem Rollfeld standen die Me 262. Sie glänzten silbern in der Frühlingssonne dieses Maientages. Und wie ein ‚Silberstreifen am Horizont' erschienen sie mir auch im übertragenen Sinne. Ich bin heute noch der Ansicht, daß es kein übertriebener Optimismus war, vom Massenjagdeinsatz der Me 262 auch damals noch einen grundsätzlichen Wandel in der deutschen Luftverteidigung zu erwarten...*

Es mag bezeichnend sein für den Überblick der führenden Persönlichkeiten im RLM, daß im letzten Vorkriegsjahr nicht nur Heinkels erstes Strahlflugzeug den „Schritt über die Schwelle" hätte ermöglichen können. Auch Professor Messerschmitt erhielt bereits im Jahre 1938 den Auftrag, ein Jagdflugzeug für den Einbau von Strahltriebwerken zu entwerfen, in dem die ersten bei Junkers und BMW entwikkelten Strahltriebwerke verwendet werden konnten. Bei kritischer Betrachtung der damaligen Situation scheint es zumindest recht verwunderlich, daß man die bereits vorhandene Konstruktion Heinkels — also die He 178 — für eine Verwendung als Jagdflugzeug mit enormen Geschwindigkeitsmöglichkeiten abgelehnt hatte, während man gleichzeitig Messerschmitt mit der Konstruktion eines Strahlflugzeug-Prototyps beauftragte.

Die Messerschmitt-Werke konstruierten aber später mit der Me 262 jene Jagdmaschine, die einmal das berühmteste Flugzeug der deutschen Luftwaffe darstellen sollte. Das Endprodukt wurde — um es vorwegzunehmen — der Mittelpunkt des „größten Schildbürgerstreiches in der an Tragödien gewiß nicht armen deutschen Luftfahrtplanung des Zweiten Weltkrieges".

Im April 1941 waren bei Messerschmitt drei Versuchszellen des Strahlflugzeuges fertig, für die aber noch keine entsprechenden Strahlturbinen zur Verfügung standen. Die ersten Aggregate hatten eine zu schwache Schubkraft. Erst im Juli 1942 konnte die Erprobung des von Junkers gelieferten Turbinentriebwerks der Type Jumo 004 durchgeführt werden. Der erste Flug mit diesem Turbinenaggregat wurde am 18. Juli 1942 durchgeführt.

### *... völlig neue taktische Möglichkeiten*

Am 22 Mai 1943 schrieb Generalmajor Galland über den neuen „Wundervogel" den folgenden Bericht an Feldmarschall Milch:

> *„Das Flugzeug Me 262 stellt einen ganz großen Wurf dar, der uns im Einsatz einen unvorstellbaren Vorsprung sichert, falls der Gegner noch lange beim Kolbenantrieb bleibt. Fliegerisch macht die Zelle einen sehr guten Eindruck. Die Triebwerke überzeugen restlos, außer bei Start und Landung. Das Flugzeug eröffnet völlig neue taktische Möglichkeiten."*

Dieser Rapport wurde Göring zugeleitet. Am 23. Juli 1943 zischte die Me 262 vor seinen Augen wie ein Blitz über das Rollfeld des Testflugplatzes. Es war ein Anblick, der auch den Reichsmarschall begeisterte, und er gab seinen Enthusiasmus an Hitler weiter.

Aber der „Führer" war schon immer ein Gegner von sogenannten Defensivflugzeugen gewesen, so daß ihm die überragende Geschwindigkeit von nahezu 900 Stundenkilometern selbst in diesem Stadium des Krieges nichts Besonderes bedeutete.

Er verbot sogar mit sofortiger Wirkung die Serienherstellung des neuen Flugzeugtyps.

Die „Königin der Luft" wurde im entscheidenden Augenblick zur Rolle des schlafenden Schneewittchens verdammt.

Aber Messerschmitt und sein Konstruktionsteam ließen sich nicht entmutigen.

Es war General Galland, der in klarer Erkenntnis der Einmaligkeit dieser neuen Jagdmaschine die Verantwortlichen der Luftwaffenführung aus ihren Bunkern und zu einer neuen Flugvorführung der Me 262 scheuchte. Sogar Hitler stand dieses Mal am Rand des Insterburger Flugplatzes, als eine Me 262 V 6 von ihrem Einflieger durch den Himmel gewirbelt wurde.

Der Führer zeigte sich auch bei diesem Schauspiel recht wenig beeindruckt. Er machte sich offenbar besondere Gedanken. Diese mündeten in einer Frage an den verblüfften Messerschmitt, ob das soeben vorgeführte Flugzeug eventuell auch Bomben tragen könne.

Als Professor Messerschmitt die Frage etwas voreilig bejahte, hatte sich nicht nur das Schicksal der Me 262 endgültig entschieden. Denn Hitler quittierte die Antwort Messerschmitts mit der Bemerkung:

*„Das ist endlich der Blitzbomber!“*

In der Folgezeit wurde das schnellste Jagdflugzeug der damaligen Zeit tatsächlich als Bomber umgerüstet. Durch die zusätzliche Last verlor es nahezu 200 km/h an Geschwindigkeit.

## *Hitlers folgenschwerer Starrsinn*

Der August 1944 zog bereits ins Land. Auf den Liegeplätzen der deutschen Jagdflieger hatte sich die Kunde über den „Wundervogel“ schon geraume Zeit verbreitet. Neue Hoffnung erfüllte die Männer, die sich Tag für Tag, mit dem tausendfachen Tod vor Augen, einer stetig wachsenden feindlichen Übermacht entgegenstemmten. Sie, die den Untergang der deutschen Städte am besten verfolgen konnten und den Alptraum der Riesenbrände wie eine schwere Last mit sich herumtrugen, begannen in ihrem Opfergang wieder einen Sinn zu sehen.

Ihre Verbandsführer trugen die gleiche Hoffnung in sich. Jeden Tag erwarteten sie den Beginn der Umschulung und Umrüstung auf die neuen Turbinenjäger; bis zu jenem Tag, wo die Entscheidung Hitlers bei ihnen wie eine Bombe einschlug.

Trotzdem wurde alles versucht, Hitler doch noch umzustimmen und die verhängnisvolle Entscheidung rückgängig zu machen. Zahlreiche Asse der Jagdfliegerei versuchten es vor allem bei jenen Gelegenheiten, wenn der Herr des 3. Reiches ihnen Auszeichnungen persönlich überreichte.

Aber auch sie hatten keinen Erfolg. Hitlers Haltung wurde nur noch starrer. Er war in den Gedanken vernarrt, daß er die Niederlagen der letzten Jahre durch den Einsatz seines „Blitzbombers“ wieder ausgleichen könne. Auch Oberst Steinhoff hatte Hitler zu beeinflussen versucht, als er ihm anläßlich der Verleihung der Schwerter zum Ritterkreuz gegenüberstand.

Er erreichte ebenfalls nichts. Hitler vertrat sogar die Ansicht, daß die Me 262 als Jäger zu schnell sei. Er hatte auch noch andere, ebenso sinnlose Argumente parat. Aber nicht nur Steinhoff gegenüber. Schließlich erließ er sogar einen Führerbefehl folgenden Wortlauts:

> *„Mit sofortiger Wirkung verbiete ich, mir über das Düsenflugzeug Me 262 in einem anderen Zusammenhang oder einer anderen Zweckbestimmung zu sprechen denn als Schnellst- oder Blitzbomber.“*

Sein „getreuer Paladin“, Reichsmarschall Göring, stellte sich mit einem ähnlichen Befehl von Karinhall aus sofort an die Seite seines Herrn:

> *„Jedes Gespräch über das Thema, ob Me 262 ein Jagdflugzeug ist oder nicht, verbiete ich. Der Reichsmarschall.“*

Das zum „Blitzbomber“ verdammte Jagdflugzeug Me 262 blieb weiterhin in der Versenkung, während die deutschen Jagdflieger an manchen Tagen kaum mehr als zwanzig Maschinen einsatzklar hatten.

Wie sah dieses Flugzeug eigentlich aus, das eine um rund 200 km/h höhere Geschwindigkeit aufzuweisen hatte als die schnellsten feindlichen Jagdflugzeuge?

Es glich mehr einem geflügelten Hai als einem vergleichbaren Wesen aus der Vogelwelt. Die Me 262 war ein Jagdflugzeug, dessen Anblick selbst den deutschen Piloten des Zweiten Weltkrieges schon wegen der neuartigen Linienführung Bewunderung abrang. Von seinen Leistungen ganz zu schweigen. Der Einsatztyp der Me 262 war als erste deutsche Flugkonstruktion mit einem Bugrad ausgerüstet — mit jener amerikanischen Erfindung also, die den deutschen Luftwaffenchefs schon ihrer ausländischen Provenienz wegen ein Dorn im Auge war. Die erste Turbinenmaschine der Welt wurde aber erst nach der Verwendung dieses Bugfahrwerks auch in Start und Landung verhältnismäßig sicher und für den Piloten besser lenkbar.

Das geheimnisumwitterte Jagdflugzeug hatte eine Spannweite von 12,63 Metern und eine Länge von 10,6 Metern. Die Flügel wiesen einen Flächeninhalt von 21,7 Quadratmetern auf. Das Startgewicht der A-1-Konstruktion betrug 6210 Kilo.

Schon der Prototyp der Messerschmitt 262 erreichte beim ersten Probeflug am *18. Juli 1942* eine Geschwindigkeit von

*866 km/h in 9000 Meter Höhe.*

Mit einem neuen Walter-Flüssigkeitstriebwerk der Type R II 203 wurde im Herbst 1942 die Rekordgeschwindigkeit von

*895 Stundenkilometern*

erreicht.

Die später verwendeten Junkers-Aggregate des Typs Jumo 004-B-2 hatten eine Leistung von 890 kp (Kilopond = ist Leistungsmeßeinheit bei Strahltriebwerken im Gegensatz zu den bei Kolbenmotoren verwandten PS-Meßwerten). Das neuartige Jagdflugzeug konnte aber auch mit verhältnismäßig geringen Geschwindigkeiten fliegen, dadurch Treibstoff einsparen und seine Reichweite vergrößern. Die Gipfelhöhe der Me 262 lag bei 13 500 Metern. Im Gegensatz zu anderen deutschen Jagdflugzeugmustern jener Zeit konnte das erste einsatzfähige Strahlflugzeug rund 4000 Meter höher operieren, feindliche Jägerpulks mühelos übersteigen und mit einem eklatanten Höhenvorteil den Kampf aufnehmen. Im Jägerkampf bedeutete eine solche Ausgangsbasis für den Angriff von vorn herein eine mindestens fünfzigprozentige Vorteilschance.

Aber das war bei der Me 262 bei weitem nicht alles. Da war zunächst einmal noch die um gut 200 Stundenkilometer höhere Geschwindigkeit. Entscheidend war schließlich die Bewaffnung.

Die Einsatzflugzeuge der Me-262-Serie waren anfangs mit den gefürchteten 30-mm-Kanonen des Typs MK 108 ausgerüstet. Später erhielten die wenigen noch zum Einsatz gekommenen „Wundervögel" eine noch viel vernichtendere Bewaffnung in Gestalt der R-4-M-Raketen, von denen je zwölf an den Tragflächen aufgehängt wurden. Es war aber auch möglich, 48 R-4-M-Raketen unter den Flügeln der

Me 262 aufzuhängen. Diese Geschosse konnten vom Flugzeugführer serienweise elektrisch gezündet werden. Ihre Wirkung — die Raketen zischten dem Feindflugzeug wie die Breitseite eines Kriegsschiffes entgegen — war fürchterlich.

Die R-4-M-Rakete war bei der Deutschen Waffen- und Munitionsfabrik in Lübeck von dem Ingenieur W. Perniss entwickelt worden. Das Geschoß hatte einen Durchmesser von 5,5 cm und sternförmig angeordnete Schwanzflossen zur Stabilisierung. Die Rakete erreichte eine Geschwindigkeit von 250 Metern in der Sekunde und wurde im allgemeinen aus einer Entfernung von 1500 bis 1800 Metern vom Ziel entfernt abgefeuert. Bei dieser Distanz von den feindlichen Bombern befand sich der Pilot praktisch noch außerhalb des Sperrfeuergürtels. Das R-4-M-Projektil hatte ein Gewicht von vier Kilogramm. Es enthielt 500 Gamm des hochexplosiven Sprengstoffes Hexogen, wobei die Detonation durch einen Näherungszünder im Kopf der Rekate ausgelöst wurde.

Hatten die Bordschützen der amerikanischen „Fliegenden Festungen“ die gefürchtete Maschinenkanone 108 mit ihren 30-mm-Geschossen noch den „Preßlufthammer“ genannt, so fanden sie für die R-4-M-Raketensalven keine eigene Bezeichnung mehr. Einmal kamen diese verheerenden Angriffsmittel recht spät in den Einsatz, zum anderen war ihre Wirkung so vernichtend, daß die alliierten Bomberbesatzungen auf eine besondere Typisierung dieser teuflischen Salvengeschosse offenbar verzichtet hatten.

Das erste Debakel durch den Einsatz von R-4-M-Raketen erlebte ein amerikanischer Bomberpulk im Frühjahr 1945. Beim Angriff von sechs Me 262 wurden durch die neuartigen Raketen fünfzehn B-17-E-Bomber innerhalb weniger Minuten abgeschossen. Die Deutschen feuerten aus einer Entfernung von 1700 Meter und erlitten keine eigenen Verluste. Die Messerschmitt-Turbinenjäger waren vollkommen überraschend aufgetaucht. Noch ehe das Sperrfeuer der Bomberschützen richtig eingesetzt hatte, zischten bereits die hellen Rauchschnüre der Raketen auf den Bomberverband zu. Nach dem Angriff stiegen die deutschen Strahljäger mit immenser Geschwindigkeit auf große Höhen und verschwanden irgendwo. Unter ihnen stürzten fünfzehn brennende viermotorige Bomber in die Tiefe.

Mit den R-4-M-Raketen errangen auch Piloten von Focke-Wulf-190-Jagdflugzeugen im April 1945 noch einen einmaligen Erfolg. Vierundzwanzig FW 190 griffen einen amerikanischen Bomberpulk an und schossen ohne eigene Verluste vierzig „Fliegende Festungen“ ab.

Die Treffsicherheit der deutschen Düsenjäger wurde durch ein neuartiges automatisches Zielgerät mit der Bezeichnung EZ 42 noch um ein beachtliches erhöht. Dieses Wunderwerk der Gerätetechnik errechnete blitzschnell die entsprechenden Schußwerte und räumte dem Piloten bis dahin kaum für möglich gehaltene Trefferchancen selbst aus größeren Entfernungen ein.

Die Me 262 erhielt kurz vor Kriegsende zwei neue Triebwerke von je 1200 kp und erreichte damit eine Geschwindigkeit von rund

*1000 Stundenkilometern (980).*

Mit diesen Flugzeugen war auch wieder eine Aufklärertätigkeit über dem feindlichen Gebiet möglich geworden. Deutsche Düsenjäger erschienen noch in den letzten Kriegsmonaten über England und London, ohne daß die alliierten Jäger gegen diese an Geschwindigkeit weit überlegenen Flugzeuge auch nur die geringste Abwehrchance gehabt hätten. Sie flogen immerhin mit Schnelligkeitsgraden, die nach dem Krieg von den amerikanischen Sabre-Typen nur um ein geringes überboten wurden.

Die damaligen Machthaber des 3. Reiches brachten den „Wundervogel“ erst zum Einsatz, als die alliierte Luftüberlegenheit eine unumstößliche Tatsache darstellte. Die feindlichen Tiefflieger überwachten die deutschen Einsatzhäfen vom Morgengrauen bis zur Dämmerung, so daß die Düsenjäger bei Start und Landung von Focke-Wulf 190 oder Me 109 geschützt werden mußten. Aber auch das gelang nur in den seltensten Fällen.

Erst in jener Zeit, als die Spitzen des militärischen Führungsapparates und die hohen Parteifunktionäre sich bereits in die „Alpenfestung“ zurückzogen, donnerten die ersten deutschen Düsenjäger in geschlossenen Verbänden durch den Luftraum über dem Reichsgebiet.

Im Oktober 1944 wurde aus den beiden Erprobungskommandos von Rechlin und Lechfeld ein Turbo-Jagdverband gebildet, der als JV (Jagdverband) 44 von dem berühmten Jägeras Major Walter Nowotny geführt wurde. Von Achmer bei Osnabrück aus starteten die Turbinenjäger zu ihren ersten und bald letzten Flügen. In wenigen Wochen hatten die Piloten des Turbo-Jagdverbandes bereits eine beachtliche Abschußzahl erreicht.

Aus Nowotnys Gruppe entstand schließlich das erste Düsen-Jagdgeschwader 7, das von Oberst Steinhoff geführt wurde.

Das JG 7 war ein Verband, in dem die letzten deutschen Jägerasse das Schicksal noch einmal zu wenden suchten. Aber es war auch für sie zu spät. Ihre Kampferfolge waren trotzdem so beachtlich, daß der Oberkommandierende der strategischen Luftstreitkräfte, General Spaatz, das Auftauchen der deutschen Düsenjäger in einem Bericht nach Washington mit den düstersten Worten umriß. In der Meldung hieß es, daß

> *„... die tödlichen deutschen Düsenjäger die alliierten Verluste bei den Bombenangriffen in unmittelbarer Zukunft untragbar machen könnten ...“*

Neben der Me 262 existierte zu jener Zeit auch ein mit Strahltriebwerken fliegendes Bomben- und Aufklärungsflugzeug, das von den Arado-Werken unter der Typenbezeichnung Ar 234 hergestellt und einigen Einsatzverbänden übergeben worden war.

Die Me 262, von der bis Kriegsende 1294 Maschinen hergestellt worden waren, war nicht einmal der einzige „letzte Trumpf am deutschen Himmel“ gewesen.

## *Me 163 — 15 000 Meter in 210 Sekunden*

Neben dem ersten Turbinen-Jagdflugzeug der Welt besaß die deutsche Luftwaffe auch das erste Raketen-Jagdflugzeug der Luftfahrtgeschichte. Diese von Dr. Alexander Lippisch konstruierte Maschine trug die Typenbezeichnung

*Me 163.*

Es handelte sich dabei um ein verhältnismäßig kleines Flugzeug von 5,8 Meter Länge, das im Fliegerjargon „Kraftei“ genannt wurde. Am 10. Mai 1941 erreichte Flugkapitän Heini Dittmar bei Peenemünde mit der Me 163 zum erstenmal in der Geschichte der Luftfahrt die Rekordgeschwindigkeit von

*1004 Stundenkilometern.*

Im Gegensatz zu dem bei der Me 262 verwendeten Strahltriebwerk war die Me 163 eigentlich eine bemannte Rakete. Mit dem von Professor Walter in Kiel entwickelten Raketentriebwerk erreichte der „Komet" später in rund 210 Sekunden eine Flughöhe von etwa 15 000 Metern. Damit war der „Intercepter" oder Abfangjäger geboren, der praktisch erst „im Angesicht des Gegners" zu starten brauchte und sich wie ein Blitz innerhalb weniger Minuten auf die Einflughöhe der Feindverbände begeben konnte.

Das später in der Me 163 eingebaute Raketentriebwerk HWK 509 wurde mit einem sogenannten T- und C-Stoff im Mischungsverhältnis 3 : 1 betrieben. Von diesem hochexplosiven Treibstoff konnte die Raketenmaschine rund 2000 kg in ihren Tanks aufnehmen. Beim Start wurde der Pilot mit seiner Maschine förmlich in den Himmel hineingeschleudert. Hinter sich hörte er nur das infernalische Rauschen der Flüssigkeitsrakete.

Der Prototyp der Me 163 war bereits im Jahre 1941 fertiggestellt; aber erst Ende 1944 kamen die „Krafteier" versuchsweise zum Einsatz. Im allgemeinen benötigte die Me 163 den größten Teil ihres Treibstoffes für den rasenden Flug zur Einsatzhöhe. Für die Landung, die auf einer Kufe durchgeführt wurde, blieb nur noch eine geringe Reserve. So gingen die Piloten des „Komet" nach dem Einsatz — ihr Aktionsradius betrug etwa 80 km — zunächst im Gleitflug nach unten.

Der erste Einsatzflug einer Me 163 wurde im Herbst 1944 von Brandis bei Leipzig aus durchgeführt. Dabei gelang einer einzelnen Raketenmaschine während eines nur fünf Minuten dauernden Angriffes die Vernichtung mehrerer Feindmaschinen. Später schoß der Kommandeur der Me-163-Staffel, Hauptmann Olejnik, im Alleingang über thüringischem Gebiet bei einem Flug drei viermotorige Bomber ab. Die Raketenjäger wurden zum Ende des Jahres 1944 als Objektschutz für die Leuna-Werke eingesetzt. Flugzeuge dieses Typs waren auch in Stargard zur Sicherung des Hydrierwerkes Pölitz bei Stettin stationiert.

Von der Me 163 wurden bis Kriegsende 364 Maschinen hergestellt.

## *He 162 — der „Volksjäger“*

Der letzte Flugzeugtyp, der während des Zweiten Weltkrieges auf deutscher Seite mit einer der revolutionären neuen Antriebsarten ausgestattet war, stammte von den Heinkel-Werken und war unter der Typenbezeichnung He 162 als „Volksjäger“ bekannt geworden.

Diese Konstruktion Professor Heinkels war ein Flugzeug, mit dem praktisch das „letzte Aufgebot“ ausgerüstet werden sollte — die Hitlerjugend. Erst in den turbulenten letzten Kriegsmonaten schienen die Lenker der Geschicke des 3. Reiches die einmalige Bedeutung der neuen Jagdmaschinen mit ihrer überlegenen Geschwindigkeit erkannt zu haben. Auch die He 162 wurde zu dieser Zeit in das hektische Produktionsprogramm einbezogen, das jetzt mit allen Mitteln vorangetrieben werden sollte.

Aber die Würfel waren bereits gefallen.

So wurde auch die He 162 wie ihre Artgenossen in Gestalt der anderen Turbinen- und Raketenflugzeuge nur noch ein Anschauungsobjekt für die einmarschierenden alliierten Soldaten und ein Ausstellungsstück in Görings und Hitlers Raritätenkabinett der verkannten Möglichkeiten.

Bei diesem mit einfachsten konstruktiven Mitteln erdachten und hergestellten Jagdflugzeug war die Strahlturbine wie ein gewaltiges Ofenrohr auf der Rumpfoberfläche hinter dem Pilotensitz angebracht worden. Es handelte sich auch hierbei um ein Junkers-Aggregat von 810 kp Schubleistung.

Professor Heinkel hatte den Bauauftrag erst am 8. September 1944 erhalten und bereits am 24. September mit der Konstruktion begonnen. Am 6. Dezember 1944 waren die Arbeiten schon so weit fortgeschritten, daß Flugkapitän Peters den ersten Start durchführen konnte. Zwei Monate später — im Februar 1945 — wurden bereits die ersten Maschinen für den Fronteinsatz zur Verfügung gestellt.

Die He 162 hatte eine Spannweite von 7,2 Metern und erreichte in einer Höhe von 6000 Metern eine Geschwindigkeit von 840 Stundenkilometern. Die Reichweite betrug in 1000 Meter Höhe rund 650 Kilometer. Für den Einsatz war der „Volksjäger“ zunächst mit zwei

MG 151 vom Kaliber 20 mm und später mit den 30-mm-Maschinenkanonen ausgerüstet.

Insgesamt wurden in den letzten beiden Kriegsmonaten noch rund 150 bis 200 He-162-„Volksjäger" hergestellt.*

Die deutsche Flugzeugindustrie produzierte während der letzten Kriegsjahre rund 2000 (1988) Strahl- und Raketenflugzeuge der Typen Ar 234 (214), Me 262 (1294), Me 163 (364) und He 162 (116).

## *Strahl- und Raketentriebwerke*

Es wurde bereits davon gesprochen, daß das Prinzip des Strahltriebwerkes den deutschen Flugzeugbauern bereits vor dem Zweiten Weltkrieg bekannt war. Aber nicht nur deutsche Techniker waren auf diese neuartige Antriebsart aufmerksam geworden. Auch in anderen Ländern hatten sich Wissenschaftler und Forscher bereits mit der revolutionären Antriebsmethode beschäftigt. Allerdings waren es deutsche Konstrukteure gewesen, denen zuerst die verhältnismäßige Perfektionierung dieser neuen motortechnischen Idee gelang.

Rein äußerlich gesehen bestand ein solches Strahltriebwerk aus einem länglichen, zylinderartigen Gebilde, in dessen Inneren eine Vielfalt von verwirrenden Details zu finden war. Grundsätzlich handelt es sich bei einem Strahl-, Turbinen- oder Düsentriebwerk um folgendes Prinzip:

Ein axiales Kompressorgebläse wird von einer von Verbrennungsgasen angetriebenen Turbine in Umdrehungen versetzt und fördert so Luft in Verbrennungskammern. In einem weiteren Brennraum wird eingespritzter Brennstoff in ein Gasgemisch verwandelt. Die so erzeugten Gase gelangen in eine konische Düse, in welcher die Energie der Gase in Schub — also in eine beachtliche Kraft — umgesetzt wird.

Um es noch genauer auszudrücken: Ein mehrstufiges Turbogebläse verdichtet angesaugte Luft auf etwa vier Atmosphären und preßt den bereist erwärmten Luftstrom in eine oder mehrere Brennkammern.

---

* Die Zahlenangaben differieren zwischen 116 (Baumbach) und 198 (Ploetz).

Der dort eingespritzte Treibstoff verwandelt sich in ein Gasgemisch, das durch die Schubdüse mit hoher Geschwindigkeit ins Freie entweicht. Die Reaktionsbewegung der ausströmenden Abgase erzeugt jene immense Kraft, die das Flugzeug vorwärts schleudert.

Interessant mag noch sein, daß für die damaligen deutschen Düsenaggregate relativ minderwertige Treibstoffe verwendet werden konnten, die bis dahin eigentlich nur für Heizzwecke Verwendung fanden.

Im Gegensatz zum Strahltriebwerk werden beim Raketentriebwerk die ungeheuren Kräfte (z. B. bei der V-2 rund 650 000 PS) durch chemische Funktionen ausgelöst.

So wurde z. B. die von Professor Hellmut Walter entwickelte Flüssigkeitsrakete mit hochkonzentriertem Wasserstoffsuperoxyd als Sauerstoffträger und Kaliumpermanganat als Katalysator zur Reaktion gebracht. Im Prinzip wurden also zwei sich „feindliche" Stoffe zusammengeführt, die nach ihrer Vermengung eine explosionsartige Kraft von großer Stärke erzeugten. Der ausgestoßene Druckstrom wirkte wie eine gigantische Schleuder, die das Raketenflugzeug vorwärts schnellte.

Auch die „Wunderflugzeuge" hatten den Ausgang des Krieges nicht mehr beeinflussen können. Während die letzten Jagdflieger in den überfüllten Gefangenenlagern den fliegerischen Kapriolen ihrer Feinde von gestern zusahen, begannen die Sieger von 1945 mit der Auswertung der reichen technischen Beute, die ihnen in die Hand gefallen war. Die sensationellen Flugzeugtypen in Gestalt der Me 262, Me 163 und Arado 234 wurden Vorbilder für die Überschalljäger einer neuen Epoche der Luftfahrt.

Viele Jagdflieger von damals sitzen heute ebenfalls in den modernen Düsenmaschinen.

Der Kampf, den sie während des Zweiten Weltkrieges führten, wird sich nie mehr wiederholen.

Sie waren die letzten, die noch in Propellerflugzeugen durch den Himmel über den Kriegsschauplätzen flogen.

★

WALTER DAHL

*Ein in Brand geschossener amerikanischer „Liberator"-Bomber kurz vor dem Absturz*
*Unten: Focke-Wulf 190 mit Zusatztank. Diese Maschinen wurden am häufigsten gegen die amerikanischen Bomber eingesetzt und waren beim Gegner sehr gefürchtet*

## WALTER DAHL

Kommodore der Rammjäger

*„Rabazanella", riefen die Sturmjäger einander zu, bevor sie zum Sturmangriff und Rammstoß auf die amerikanischen „Fliegenden Festungen" ansetzten.*

Eine trügerische Stille lag über dem Fliegerhorst von Ansbach. Auf den Feldern des benachbarten Landes hingen weißliche Nebelschwaden wie riesige Leintücher.

In dem wabernden Dunst, den die Sonne noch vergeblich zu zerteilen versuchte, wirkten die dunkelgekleideten Mechaniker schemenhaft und unwirklich. Trotz der frühen Morgenstunde arbeiteten sie bereits an den Jagdflugzeugen, die weitab vom Rollfeld in ihren Splitterschutzboxen standen. Die kraftvollen, gedrungenen Konturen der Focke-Wulf 190 glichen mit ihren bulligen Sternmotoren und den weit aus den Tragflächen herausragenden Läufen der MG 151 (20-mm-Kanonen) geheimnisvollen Fabelwesen.

Rings um den Jägerflugplatz lagen die Menschen noch in einem unruhigen Schlaf. Erst vor wenigen Stunden waren die Sirenen verstummt, die das Zeichen der Entwarnung gegeben hatten. In den Häuservierteln der großen Städte schwelten noch die Flammen des nächtlichen Bombenangriffs. Als sich ein neuer Sommermorgen aus dem Dunkel der Nacht herausschälte, wehte der Dunst der Brände wie der makabre Odem des Todes über das aus unzähligen Wunden blutende Land.

Manchmal sehen die fröstelnden Warte hinüber zu den Flugplatzgebäuden, wo die Piloten der IV. Sturmgruppe des Jagdgeschwaders z. b. V. einem neuen Einsatztag entgegensehen. Es konnte nur noch wenige Stunden dauern, bis der Himmel über dem Reichsgebiet wieder vom Dröhnen unzähliger Bombermotoren erfüllt sein würde.

Die Sonne hat ihren Kampf mit dem Dunst inzwischen beendet. Dampfend zischen die nebelartigen Gebilde in die Höhe und verschmelzen mit dem seidigen Blau des Himmels, der sich in makelloser Schönheit über das Land gebreitet hat.

Der gewaltige Apparat der Luftverteidigung ist bereits in voller Funktion. Schon um 6.13 Uhr geht die Meldung vom Start amerikanischer Bomberverbände über Fernschreiber und Telefone. Um 7.15 Uhr wurden die feindlichen Bomberpulks über Holland beobachtet.

Dann kommt der Zeitpunkt, wo auch in den Flugzeugführerunterkünften von Ansbach die Ordonnanzen von Zimmer zu Zimmer laufen.

„Aufstehen — Fünfzig-Minuten-Bereitschaft! — Aufstehen — Fünfzig-Minuten-Bereitschaft . . ."

Im Gefechtsstand der 7. Fliegerdivision in Schleißheim jagt eine Meldung die andere. In den Mammutbunkern der Jägerleitzentralen sind bereits sämtliche Plätze besetzt. Auf den großen Milchglasscheiben symbolisieren bunte Leuchtpunkte den Einflugweg der amerikanischen Bomber und der begleitenden Jäger.

Offiziere mit fahlen, übernächtigen Gesichtern rufen die einzelnen Einsatzhäfen:

„Dreißig-Minuten-Bereitschaft!"

Die Warte nehmen die letzten Überprüfungen an den Maschinen der Sturmgruppe vor. Motoren werden angelassen und nach kurzem Probelauf wieder abgestellt. Feuerwehrfahrzeuge rumpeln über das Rollfeld, gefolgt von Sankras. Waffenwarte klettern von den Tragflächen der Jagdflugzeuge, Eisenleitern werden weggeschoben, Oberwerkmeister geben letzte Anweisungen. Am westlichen Platzrand scheucht ein einarmiger Flakleutnant die aus Hitlerjungen bestehende Besatzung eines 2-cm-Vierlingsgeschützes über das Gras.

Die Mechaniker lassen die Hände sinken, als in den großen Platzlautsprechern die Stimme des Gefechtsstandsprechers aufklingt. Monoton und blechern schallen die Worte über den Flugplatz:

„Feindlicher Bomberverband im Anflug aus dem holländischen Raum mit weiterer Flugrichtung auf das Reichsgebiet . . . Fünfzehn-Minuten-Bereitschaft!"

Vor dem Kommandogebäude tauchen die ersten Piloten auf; junge Gestalten in braunen Lederkombinationen und mit Gesichtern, die der Krieg bereits alt gemacht hat. Die letzten Zigaretten werden geraucht. Die Sohlen der Pelzstiefel erzeugen schlurfende Geräusche. Banale, sinnlose Worte werden gewechselt, während sich die Blicke der Männer immer wieder auf den westlichen Horizont richten.

„... verflucht wolkenlos heute ... Egal, es hilft doch alles nichts ... Da, dort drüben, der ‚Alte'... Mann, wie es in zwei Stunden wieder aussehen wird ... Da wird wieder ein Haufen von ‚Dicken' (Viermotorigen) am Himmel sein ... Aber wenn man vorhin den alten Dahl hörte, hätte man meinen können, es stehe nichts anderes als ein Spaziergang bevor."

Ein Oberfeldwebel ist unter den Männern. Er hört die Gespräche der anderen Piloten, ohne die Worte bewußt in sich aufzunehmen. Auf seiner Lederjacke schimmert das Deutsche Kreuz in Gold im Licht der Morgensonne. Er denkt im Augenblick nur wenig an den bevorstehenden Einsatz. Erinnerungen wallen in ihm auf. Der Name des Majors, den die Kameraden vorhin nannten, steht im Mittelpunkt.

Dahl! ... Rußland ... Stalingrad ... der Flughafen von Pitomnik ... der Panzerangriff auf den Flugplatz ... es war alles anders damals, aber der Tod hat offenbar überall das gleiche Gesicht.

Die Gespräche der Männer verstummen schlagartig. Aus dem Lautsprecher erklingt wieder die monotone Stimme:

„... Drei-Minuten-Bereitschaft!"

„Kommt!" sagt der Oberfeldwebel.

Major Dahl verläßt das Kommandogebäude. Auch er trägt bereits die Einsatzbekleidung. Er wird das Geschwader selber führen.

In kleinen Gruppen nähern sich die Piloten den Maschinen. Ihre Blicke sind auf die gedrungenen Motoren der Focke-Wulf-Jagdflugzeuge gerichtet. Es sind Maschinen mit einer zusätzlichen Panzerung. Eine 6-mm-Panzerplatte ist hinter dem Motor vor dem Führersitz angebracht, 40-mm-Panzerglas auf den seitlichen Kabinenscheiben, Panzerungen am Rumpf entlang des Pilotensitzes, 9-mm-Panzerplatten hinter dem Sitz ...

Ein leichter Wind wirbelt kleine Staubwolken über den Asphalt des Hallenvorfeldes. Der Oberfeldwebel läuft jetzt neben Major Dahl.

Aus der Ferne hallt der klagende Klang einer Alarmsirene über das Land.

Oberfeldwebel Suhr wirft seine Zigarette weg. Sein Blick wandert kurz über die Piloten rings um ihn herum. Jeder von ihnen hat das Gelöbnis unterschrieben:

> *„... verpflichte ich mich, bei jedem Luftkampf, der zur Feindberührung mit viermotorigen Bombern führt ... mindestens einen Bomber abzuschießen oder zu rammen ...“*

Oberfeldwebel Suhr blickt zu Dahl hinüber. Der Major wendet ebenfalls den Kopf. Ein mattes Lächeln huscht über sein Gesicht. Er nimmt jetzt die Mütze ab und steckt sie unter seine Lederjacke. Dann klappt er die FT-Muscheln der Kopfhaube auseinander.

Der Oberwerkmeister kommt auf ihn zu. In zackiger Haltung macht er seine Klarmeldung. Das Hackengeknalle kommt dem Oberfeldwebel wie ein blödsinniger Witz vor.

Noch einmal gleitet der Blick des Majors über die Gruppe der Piloten. Dann hebt er grüßend die Hand und wendet sich seiner Maschine zu.

Im Lautsprecher beginnt es wieder zu knacken.

„Sitzbereitschaft ... Sitzbereitschaft!“

Der Oberfeldwebel klopft seinem 1. Wart kurz auf die Schulter, ehe er an der linken Rumpfseite der FW 190 hochklettert. In der Kabine läßt er sich auf den Sitz fallen und langt nach den Anschnallgurten. Die „190“ Dahls steht etwa zehn Meter entfernt. Auch der Major sitzt bereits in seiner Maschine. Wie oft hatte ihn Suhr vor den vielen Feindflügen in Rußland und an der Südfront schon so neben sich gesehen!

Der Oberfeldwebel hat ein schales Gefühl im Mund, als er durch die Frontscheibe zu den Hitlerjungen hinübersieht, die neben ihrem Geschütz stehen und zu den Jagdmaschinen herübergaffen.

Dann kommt der Startbefehl. Die Kabinendächer werden zugekurbelt. Die Piloten des Stabsschwarmes sehen zu der „190“ des Kommodore hinüber. Die Atemmaske hängt rechts neben seinem Gesicht an einer Halterung der Kopfhaube. Er hebt jetzt die Hand.

Da drückt auch Oberfeldwebel Suhr auf den Starter. Der Rotor beginnt zu summen. Mit kraftvollen, polternden Stößen springt der

Motor an. Suhrs Blick huscht kurz über die Triebwerkanzeigen. Dann tritt er auf die Seitenruderpedale und bremst den Motor auf ein atü. Die Magneten zeigen keinen Tourenabfall.

Dahls „190“ setzt sich in Bewegung. Die Warte sind zur Seite getreten und winken den davonrollenden Maschinen nach.

Eine brütende Wärme umgibt den Oberfeldwebel. Einige Meter hinter Dahl dirigiert er seine Maschine zum Start. In breiter Phalanx schwenken die Focke-Wulf 190 der Sturmgruppe in die Startbahn ein. Der Kommodore hebt den rechten Daumen. Das Zeichen wird weitergegeben. Dann setzen sich die Laufräder in Bewegung. Vor langen Staubwolken huschen die Jagdmaschinen über das Rollfeld. Sie tänzeln und hüpfen, kommen frei und schwingen sich in den Himmel hinein. Unter den Rümpfen hängen längliche, bombenförmige Gebilde. Es sind Zusatztanks mit einem Inhalt von 300 Liter Treibstoff.

Mit sieben Metersekunden Steigen gewinnt der Sturmverband Höhe.

Oberfeldwebel Suhr hat sich halb seitlich hinter Major Dahl gesetzt. Sein FT ist eingeschaltet. Pausenlos werden neue Standortmeldungen durchgegeben. Für den Sturmverband ist Funkstille angeordnet. Die Piloten sitzen schweigend in ihren Kabinen. Die Erde wird ferner und ferner. Das Licht der Sommersonne hat das Land unter den Flugzeugen mit bunten Farben überzogen. Die 14-Zylinder-BMW-801-Motoren drehen auf 2400 Touren.

Eine Mädchenstimme klingt aus den Kopfhörern wie ein ferner Gruß aus einer anderen Welt.

„Dicke Autos (Bomber) jetzt in Hanni (Höhe) 8000 im Anflug auf Quadrat Dora-Gustav vier bis sieben mit Spitzen in Gustav-Heinrich acht bis neun. Dicke Autos sind begleitet von Indianern (Feindjägern). Achten Sie auf Indianer ... Ende.“

Die dunkle Mädchenstimme hat die Gedanken der Männer in eine bestimmte Richtung gelenkt. Sie beginnen die Erde, die hinter ihnen zurückgeblieben ist, zu vergessen. Sie suchen schon jetzt nach dem dunklen Schweif der Abgase, auf dem sich die silbern schimmernden Silhouetten der Bomber im Sonnenlicht abheben werden. Ihre Augen kreisen aber auch weiter hinauf zu den Höhen des Himmels auf der Suche nach den weißen Balken der Kondensstreifen, die den Standort der feindlichen Begleitjäger anzeigen.

Der Sturmverband fliegt in engaufgeschlossener Formation. Links und rechts haben sich andere Jagdgruppen angegliedert. Etwa 1000 Meter über den schweren Jägern ziehen die Me 109 des Höhenjagdschutzes durch den Himmel.

Plötzlich klingt die Mädchenstimme wieder aus den Kopfhörern:

„Sie müssen dicke Autos sehen ... Achten Sie auf Indianer!"

Der Oberfeldwebel erkennt, daß der Körper Major Dahls nach vorn ruckt. Fast im gleichen Augenblick sieht auch er den endlosen Strom der Feindbomber aus dem Horizont herausquellen. Hoch darüber ziehen Hunderte von Mustangs, Lightnings und Thunderbolts ihre Kreise. Bald kreuzt sich ihr Flugweg mit dem der deutschen Höhenjagd. Todesmutig wirft sich das kleine Häuflein der Me-109-Piloten dem vielfach überlegenen Feind entgegen.

Die Höhenjäger erfüllen wenigstens für den Augenblick ihre Aufgabe. Wieder einmal halten sie die feindlichen Begleitjäger von ihrer eigentlichen Sicherungsaufgabe ab und machen den Sturmgruppen den Weg zu den Pulks der B-24-Liberator-Bomber frei.

Die Stimme Major Dahls schallt jetzt über das FT:

„An alle — an alle! — Pauke, Pauke — Rabazanella!"

„Rabazanella!" kommt es im Chor zurück.

Die Rechte des Oberfeldwebels klammert sich fester um den Griff des Steuerknüppels. Er klappt den Abzugsbügel für die beiden MG 131 nach vorn und wirft noch einen schnellen Blick auf die Schauzeichen der Waffenkontrolle.

Der Höhenmesser steht genau auf 8000 Meter. Dahls Focke-Wulf ist jetzt etwa zwanzig Meter entfernt. Die Maschinen der IV. Sturmgruppe des Jagdgeschwaders 3 haben sich für den bevorstehenden Angriff weit auseinandergezogen.

Die „Fliegenden Festungen" schwimmen vor ihnen wie riesige Libellen im Blau des Himmelsgewölbes. Breite weiße Kondensbalken quellen aus ihren Motoren nach hinten. Das Sonnenlicht bricht sich in tausendfachen Reflexen auf den Glaskanzeln der Bomberriesen. Zuckende Blitze wabern vor den Kanonenmündungen der Bug-MG. Die Silhouetten der Bombenflugzeuge wachsen jetzt mit enormer Geschwindigkeit in den Leuchtkreis der Visiere.

Der Oberfeldwebel wirft noch einen letzten Blick nach links. In Sekundenschnelle erfaßt er die Sturmgruppe des Hauptmanns Moritz, der mit seinem Verband bereits auf Schußentfernung an die amerikanischen Bomber herangekommen ist.

An Suhrs Kabine peitschen bereits die Geschoßgarben der feindlichen Bordschützen vorbei. Die Entfernung zu Dahls Maschine hat sich noch nicht verändert.

In jenem Augenblick, als auch der Oberfeldwebel auf einen der frontal anfliegenden Feindbomber zu feuern beginnt, zucken grelle Flammenbündel durch den Himmel. Die gleißenden, rötlichen Lichterbälle stehen dort, wo die Maschinen von Hauptmann Moritz gerade durch einen Liberator-Pulk jagen.

Alles geht jetzt so schnell, daß jede Sekunde Unaufmerksamkeit einem Selbstmord gleichkäme. Die vor Suhrs Frontscheibe fliegende „Liberator" gewinnt immer riesigere Ausmaße.

Den Kopf halb über den Unterrand der Frontscheibe geduckt, drückt der Oberfeldwebel den Kanonenknopf durch. Die Distanz zu dem feindlichen Bomber ist schon so gering, daß die auf gelben Lichterbahnen dahinzischenden Geschosse nur noch eine Flugbahn von Sekundenbruchteilen zurückzulegen haben. Eine ganze Serie von Kanonengeschossen prasselt in die linke Tragfläche des Feindbombers. Dann wächst das Flugzeug vor der Focke-Wulf wie ein riesiges Scheunentor in die Höhe.

Suhr reißt den Steuerknüppel ruckartig nach hinten. Während er dicht über das doppelte Leitwerk der „Liberator" wegzischt, sieht er links von sich die Maschine Major Dahls. Hinter der Focke-Wulf des Kommodore lodern schaurige Flammen aus der Bugpartie eines von Geschossen durchsiebten Feindbombers.

„An alle ..." Der Major gibt seine Befehle noch im Feuerbereich der feindlichen Heckschützen. „Links sammeln zu neuem Angriff."

Der Oberfeldwebel wischt sich den Schweiß aus den brennenden Augen und schiebt die dunkle Splitterschutzbrille weiter nach oben. Der von Dahl vernichtete Bomber fällt trudelnd nach unten. Fallschirme blähen sich am Himmel auf. Zur Linken rasen die Sturmjäger von Hauptmann Moritz wie wütende Berserker durch einen zweiten Liberator-Pulk. Gebannt verfolgt Suhr das erregende Schauspiel.

Der amerikanische Verband ist nach dem ersten Angriff der Sturmjäger völlig auseinandergeplatzt. Die Maschinen schwirren nach allen Richtungen auseinander. Dicht hinter den hohen Leitwerken kleben die Focke-Wulf der Sturmjäger wie tödliche Kletten. Feuerstöße donnern durch den Himmel. Der Oberfeldwebel erkennt mindestens ein Dutzend brennende Viermotorige, während er zusammen mit Dahl und den anderen Maschinen des Stabsschwarmes in einer weit ausholenden Fallkurve auf einen anderen Bomberverband eindreht.

Pausenlos schallen jetzt die Abschußmeldungen über den Äther. Hoch über dem Flugweg der Bomber liegen die Höhenjäger immer noch in einer wilden Kurbelei mit der amerikanischen Begleitjagd. Manchmal ist die dunkle Mädchenstimme wieder zu hören.

Aber der höllische Tanz ist noch nicht zu Ende. 8000 Meter tiefer leuchtet die Erde wie ein riesiges Relief. Die Männer um Major Dahl wissen zu diesem Zeitpunkt nicht einmal, über welchem Landstrich sie ihren Kampf austragen. Erst später werden sie erfahren, daß es im Luftraum über Oschersleben war. Weit unter ihnen hüllt sich die sommerliche Erde jetzt in Flammen. Wie kleine Scheiterhaufen leuchten die Feuertürme der Aufschlagbrände zum Himmel hinauf.

Der Major führt seinen Verband bereits zum zweiten Angriff. Oberfeldwebel Suhr fliegt wieder in der gleichen Position. Während rings herum der Himmel zu brennen scheint, rasen die vier Sturmjäger des Geschwaderstabes weit vor den anderen Jagdmaschinen einer anderen Phalanx geflügelter Riesen entgegen.

Dahl feuert dieses Mal aus verhältnismäßig großer Entfernung. Trotzdem zerfetzen bereits die ersten Salven die lange Bugkanzel einer „Liberator".

Dann kommt wieder jener Augenblick, wo der an der linken Motorpartie lichterloh brennende Bomber an Suhrs Kabine vorbeihuscht.

Eine Sekunde noch ... eine zweite ... eine unsichtbare Faust scheint nach der Focke-Wulf zu greifen, als sie von einer starken Preßwelle erfaßt wird. Dahl bleibt in der gleichen Fluglage, die gedrungene Motorpartie leicht nach vorn geneigt. Voraus kommen die Umrisse weiterer Feindbomber ins Visier ...

Ein neuer Angriff wird angesetzt. Feuerstöße züngeln durch den Himmel. Ein Bomber torkelt zur Seite, neigt die Kanzel nach unten und rast in steilem Sturz der Erde entgegen. Fallschirme hängen wie weiße Blumen vor dem seidigen Blau des Firmaments.

Das Herz klopft wie verrückt in der Brust des Oberfeldwebels. Aber der Major neben ihm fliegt weiter, einem anderen Pulk entgegen. Von oben her zischt eine „Mustang“ in die Tiefe, eine lodernde Brandfahne hinter sich herziehend. Zur Linken, jetzt schon weiter rückwärts, kleben die Sturmjäger des Hauptmanns Moritz auf der Fährte der letzten Bomber des von ihnen gesprengten Pulks. Nur noch wenige Viermotorige kreisen an dieser Stelle des Luftraumes durch den Himmel.

Plötzlich gellt ein vielstimmiger Schrei aus den Kopfhörern:

„Indianer von oben ...“

Der Oberfeldwebel hatte die in steilem Sturz befindlichen amerikanischen Jagdmaschinen schon einige Sekunden vorher erkannt. Aber die Begleitjäger kommen bereits zu spät.

Während ein erbitterter Luftkampf beginnt, prasseln unten auf der Erde die Flammen aus den Trümmern von 57 viermotorigen Bombern. Nach der Luftschlacht liegen auch noch die weithin verstreuten Wrackteile von 24 alliierten Begleitjägern und fünf Focke-Wulf 190 der Sturmgruppe auf der Erde.

Die Kehle des Oberfeldwebels ist wie ausgedörrt, als er zusammen mit Major Dahl auf dem Flugplatz von Quedlinburg zur Landung ansetzt.

Die auf den Liegeplätzen herumhüpfenden Warte erinnern ihn daran, daß die Männer die Luftschlacht offenbar vom Flugplatz aus beobachten konnten.

Als der Stabsschwarm auf die Mechaniker zurollt, kommen sie von allen Seiten herbeigelaufen. Der Oberfeldwebel hat kaum den Motor abgestellt, als gleich drei erregte, freudestrahlende Gesichter neben ihm auftauchen.

Erst jetzt weicht der krampfartige Zustand aus Suhrs Körper. Er läßt sich von den Warten auf die Schultern klopfen und nimmt ihre Glückwünsche entgegen. Dann geht er zu Dahls Maschine hinüber.

Der Major wischt sich gerade über sein schweißnasses Haar. Sein Gesicht wirkt ernst und verschlossen, während er eine Rotte von FW 190 beobachtet, die gerade zur Landung ansetzt.

„Gut gemacht, Suhr", sagt er dann, ohne den Oberfeldwebel anzusehen. „Kümmere dich ein bißchen um unseren Haufen."

„Jawohl!"

Die Focke-Wulfs sind inzwischen gelandet. Am Horizont tauchen weitere Maschinen auf. Hoch am Himmel sind noch Bomberpulks zu sehen. Der Mund des Majors wird immer schmaler. Ohne noch etwas zu sagen, entfernt er sich in Richtung der Flugplatzgebäude.

Der Oberfeldwebel schlägt eine andere Richtung ein. Er läuft zu einem Baum, der in der Nähe einer Halle steht. Dort zieht er seine Lederjacke aus und wirft sich ins Gras. Der Luftraum über dem Flugplatz ist immer noch erfüllt vom Dröhnen zahlreicher Flugmotoren. Eine lähmende Müdigkeit kriecht jetzt in die Glieder des Fliegers. Er schließt die Augen und verschränkt die Hände unter dem Kopf, während er sich an den düsteren Gesichtsausdruck Dahls erinnert. Suhr hatte ihn noch nie so gesehen. Auch damals nicht, als Major Lützow auf dem Feldflugplatz von Hostyirne die Worte sprach:

*„Meine Herren, mit dem heutigen Tage beginnt der Krieg gegen die Sowjetunion."*

Das Dröhnen der Flugmotoren klang anders als an diesem Tage, höher und heller. Auch Suhr saß in der engen Kabine einer Me 109 an jenem 22. Juni 1941. Es war morgens um 2.50 Uhr, als sie starteten. Bis zur Demarkationslinie blieben die Positionslichter an den Maschinen ausgeschaltet. Dann flogen sie in den Morgen des ersten Kriegstages hinein. Um 4.01 Uhr trafen sie die Bomber, die zum Angriff gegen den Flugplatz von Lemberg gestartet waren.

Im Verband des JG 3 flog auch Oberleutnant Walther Dahl. Er errang im Morgengrauen des 22. Juni seinen ersten Luftsieg über eine Rata. Aber er kam nicht mehr mit seiner Maschine zum Feldflugplatz zurück. Ein anderer roter Jäger hatte ihm schwere Motortreffer beigebracht. Erst nach einigen Tagen erschien der Totgeglaubte nach einem tollkühnen Marsch durch die feindlichen Linien wieder auf dem Flugplatz des Geschwaders.

Dann ging es weiter. Es sah nicht so aus, als ob der Pechvogel Dahl jemals zu den Großen der Jagdfliegerei gehören würde. Er trug seit dem 24. Juli 1941 lediglich das EK II, als er Adjutant von Hauptmann Gollobs II. Gruppe im JG 3 wurde.

In jenen Tagen flog Oberleutnant Dahl Einsätze im Kampfraum von Kirowograd, Uman, Shitomir, Kiew, Krementschug, Tscherkassy, Dnjepropetrowsk, Nikolajew und Cherson. Am 14. September 1941 hatte er zehn Luftsiege errungen und erhielt das EK I. Es geschah zu einer Zeit, in der die Gruppe Dahls den Luftraum über dem Kampfgebiet von Jochnow, Wjasma, Briansk und Orel absicherte.

Am 3. Oktober 1941 startete Oberleutnant Dahl im Gruppenverband zu einem Einsatz gegen Moskau. Die Flugzeuge gerieten in eine wahre Hölle aus Tausenden von Flakgeschossen und -splittern. Mit einer von Einschlägen durchsiebten Maschine landete Dahl auf dem Feldflugplatz von Setschinskaja.

Nach dem 15. Oktober 1941 flogen die Maschinen der Gruppe durch den Luftraum über der Halbinsel Krim. Zu jener Zeit hatte Walther Dahl 17 Luftsiege errungen.

Im weiteren Verlauf des Krieges wurde das JG 3, das nun den Namen „Udet" trug, wie eine „Feuerwehr" von einer Front zur anderen geworfen.

Im Frühjahr 1942 schillerte das Mittelmeer unter den Tragflächen der Jagdflugzeuge. Von den sizilianischen Feldflugplätzen Sciacca und San Pietro aus flog auch Walther Dahl gegen die britische Kronkolonie Malta und daneben zahlreiche Tiefangriffe gegen alliierte Geleitzüge.

Als die Katastrophe von Stalingrad sich bereits abzuzeichnen begann, war Dahl wieder bei seinem alten Geschwader in Rußland. Hauptmann „Fürst" Wilke war jetzt sein Geschwaderkommodore.

An einem eisigen Tag im Dezember 1942 landete Dahl auf einer Erdfläche in der Nähe von Stalingrad, um das Gelände auf seine Eignung als Flugplatz zu überprüfen. Das Landstück mit dem Namen Pitomnik wurde der Flugplatz von Stalingrad. In der Zeit der entscheidenden Wende sollte dieser Feldflugplatz sich in die Schleuse eines unsäglichen menschlichen Elends verwandeln, als die Verwundeten der 6. Armee den Schnee von Pitomnik mit ihrem Blut tränkten.

Walther Dahl trug zu jener Zeit nach seinem 50. Abschuß das Deutsche Kreuz in Gold. Zu Beginn des sowjetischen Durchbruchs kämpfte er mit seinen Kameraden am Himmel über Stalingrad, um die sowjetische Sturmwalze aufhalten zu helfen.

Aber die rote Flut war nicht mehr zu stoppen.

Oberfeldwebel Suhr richtet sich auf. Über dem Flugplatz ist es still geworden. In der Nähe arbeitet eine Gruppe von Mechanikern an den Flugzeugen der Sturmgruppe. Von den Piloten ist nichts mehr zu sehen. Auch Major Dahl ist noch nicht aufgetaucht.

Dahl!

Der Oberfeldwebel läßt sich wieder zurücksinken. Er zieht die Pelzstiefel aus und schleudert sie zur Seite.

Neue Erinnerungen überkommen ihn.

Weihnachten 1942!

Der Platz von Morosowskaja. Versorgungsflughafen von Stalingrad! Die Maschinen am Platzrand trugen dicke Eiskappen. Das Klirren des Frostes hing in der Luft. Während in den Kirchen der Welt die Botschaft vom Frieden auf Erden verkündet wurde, holte der Tod in den Ruinenfeldern von Stalingrad zum letzten Schlag aus.

An jenem Weihnachtsabend saßen sie in einem der zahlreichen Erdbunker um einen kleinen Ofen, als auf dem Flugplatz die Hölle losbrach. Granaten orgelten über das verschneite Rollfeld. Niemand wußte, was eigentlich los war. Die Männer rannten hinaus in die Winternacht. Auf den Abstellplätzen standen einige Maschinen in Flammen.

Plötzlich kam die Meldung durch, daß russische Panzer den Flugplatz angriffen. Kurz darauf tauchten sie auch schon am Platzrand auf. Ein Start in dieser Hölle krepierender Granaten wäre ein Wahnsinn gewesen. Dahl wußte, was zu tun war. Er rannte zum Muni-Bunker und stopfte sich die Taschen mit Handgranaten voll. Sein erster Nahkampf gegen einen T 34 wäre beinahe sein Tod geworden. Aber es gelang ihm, den Panzer mit einer geballten Ladung im letzten Augenblick zu vernichten. Er wehrte sich mit seinen Männern so lange, bis eigene Panzer in den Kampf eingriffen.

Oberfeldwebel Suhr wischt sich über die Stirn, auf der die Schweißtropfen nicht mehr versiegen wollen. Dann zündet er sich eine neue

Zigarette an und lauscht dabei auf das Knurren seines Magens. Aber er verspürt trotzdem keinen Hunger. Schon der Gedanke an irgendeine Art von Essen verursacht ein Gefühl von Übelkeit.

Langsam kehren seine Gedanken in die Wirklichkeit zurück.

Reichsverteidigung!

Tag für Tag die schweren Einsätze gegen die amerikanischen Bomberströme. Flüge in den Rachen des Todes, aus dem es schon für viele Kameraden keine Wiederkehr mehr gab.

Rammjäger! War das nicht schon etwas wie das letzte Aufgebot?

Die Ereignisse des 17. August 1943 ziehen an der Erinnerung des Oberfeldwebels vorüber. Es war der Tag von Schweinfurt. Die erste Bewährungsprobe wurde zu einem beachtlichen Sieg. Aber die Gegner hatten daraus gelernt. Der Oberfeldwebel wendet den Kopf zur Seite, als er die hastenden Schritte auf dem Hallenvorfeld hört. Niemand hätte ihm zu erklären brauchen, was es mit dieser Unruhe auf sich habe.

Fluchend angelt er nach seinen Pelzstiefeln.

Als er um die Ecke der Halle biegt, sieht er in einiger Entfernung Major Dahl und die Piloten des Stabsschwarmes stehen.

Der Kommodore winkt Suhr zu sich heran.

„Es ist wieder soweit!"

Suhr nickt.

Das Gesicht des Majors hat wieder den harten, angespannten Ausdruck. Der gelbe Fliegerschal liegt lose um seinem Hals. Darüber hängt das Ritterkreuz an seinem halb geöffneten Hemdkragen.

Eine Viertelstunde später sitzen die Piloten wieder in ihren Maschinen. Kaum 45 Minuten Pause lagen zwischen den beiden Einsätzen.

Walther Dahl rollt als erster zum Start. Man hatte vor diesem Einsatz nicht einmal eine Einsatzbesprechung für nötig befunden. Das Rudel der anderen Focke-Wulf-Maschinen folgt dem Kommodore über das helle Band der Ringstraße. In flimmernden Wellen löst sich die Hitze vom Gras des Rollfeldes.

Eine Minute vergeht noch, bis die Maschine Major Dahls als erste von der Erde abhebt und sich in die Höhe schwingt.

*

Am 13. September 1943 war am Himmel über dem Reichsgebiet wieder einmal die Hölle los.

Über 1000 Bomber und Begleitjäger zogen mit dumpfdröhnenden Motoren ihrem Ziel entgegen. Schon in früher Morgenstunde lief die Abwehrmaschinerie auf vollen Touren.

Auf dem Flugplatz der Sturmgruppe war bereits 15-Minuten-Bereitschaft befohlen worden.

Die Einsatzbesprechung war schon geraume Zeit beendet. Auf den Liegeplätzen standen die Mechaniker und warteten auf den Zeitpunkt des Einsatzbefehls.

Nur wenige Worte wurden gewechselt.

Eine gespenstische Stille hatte sich über das große Flugfeld gebreitet. Die Sonne leuchtete von einem wolkenlosen Himmel herab. Es war windstill. In den Zweigen der Bäume hing welkes, gelblich gefärbtes Laub. Der Wind des Vortages hatte es über die Rollfeldstraßen gewirbelt und an den Stacheldrahtzaun der Flugplatzbegrenzung gedrückt.

Eine einzelne Gestalt ging an den Maschinen vorbei. Überall, wo der Major auftauchte, hoben die Warte die Hände zum Gruß. Es war wie eine stumme, glanzlose Parade, als Walther Dahl an den startbereiten Flugzeugen vorüberging. Er trug bereits die dunkelbraune Lederweste und die mit langen Reißverschlüssen versehenen Einsatzhosen über den Schäften der Pelzstiefel.

Die Piloten der Gruppe standen vor einem niedrigen Gebäude. Es war wie immer. Letzte Gespräche, unsicheres, gezwungenes Lachen. Die letzte Zigarette. Für viele vielleicht die letzte überhaupt in diesem Leben, das dann kaum mehr als zwanzig Jahre gewährt hatte.

Oberfeldwebel Suhr lehnt an der Wand des Hauses. Er zerquetscht seine Zigarette mit der Sohle des Pelzstiefels, als es in der Lautsprechermuschel neben der Halle zu krächzen beginnt.

Auch Dahl blickt auf das graue, blecherne Maul, das auf einem halbhohen Mast montiert ist.

„Startbereitschaft... Startbereitschaft“, schallt es quäkend über den Platz.

Der Major sieht den Männern entgegen, die jetzt auf ihn zukommen. Er blickt in blutjunge Gesichter, die fahl und erregt wirken. In das Schlurfen der Pelzstiefel mischt sich jetzt das kraftvolle Dröhnen eines anspringenden Flugmotors.

Es gibt nichts mehr zu besprechen. Alles, was erläutert werden konnte, ist gesagt. Dahls Blick kreist noch einmal über die Männer hinweg, die in regungsloser Haltung vor ihm stehen.

Dann wendet er sich wortlos um und geht auf seine Maschine zu.

Das gewohnte Routinespiel der letzten Startvorbereitungen beginnt.

Dann rutschen die Warte von den Tragflächen. Batterien werden an einzelne Maschinen geschoben. Die Sprühdosen von Feuerlöschern richten sich gegen die Auspuffstutzen der Motoren. Die Kabinendächer schließen sich.

Aus der Blechmuschel kommt noch einmal die krächzende Stimme:

„Startbefehl ... Startbefehl ...“

Vom Gefechtsstand her zischen Leuchtkugeln in die Luft. Die bunten Lichterbögen senken sich gegen das Gras des Rollfeldes.

Major Dahl sieht zu Suhr und zu den anderen Maschinen des Stabsschwarmes hinüber. Dann blickt er kurz auf die wuchtigen Läufe der 30-mm-Bordkanonen, die vor einiger Zeit in die FW 190 der Sturmgruppe eingebaut worden waren. Es sind Waffen mit einer verheerenden Schußwirkung.

Das FT ist bereits eingeschaltet. Das Knistern des Netzgeräusches dringt aus den Hörmuscheln.

Die Motoren springen nacheinander an. Die Nadeln der Instrumente beginnen zu vibrieren. Noch ein tastender, prüfender Griff über den Anschluß des Sauerstoffgerätes. Die Sonne drückt eine dumpfe Wärme in die Kabinen. Erste Schweißtropfen lösen sich von den Stirnen.

Der Major scheint die vielen Augenpaare, die jetzt auf ihn gerichtet sind, förmlich zu spüren. Noch einmal wendet er den Kopf. Suhrs Gesicht wirkt ausdruckslos und starr unter dem braunen Lederrand der Kopfhaube.

Dutzende von Piloten warten jetzt auf Dahls Zeichen. Wenn er den Befehl zum Lösen der Bremsklötze gibt, werden sie ihm folgen. Wie eine Vision huscht der Gedanke an die jungen, gläubigen Gesichter an

Dahl vorbei. Die neuen Piloten wissen noch nichts von dem grauenhaften Elend auf dem Flugplatz von Pitomnik, von den Flügen über die verschneite Steppe rings um den Don, von den Einsätzen über der Krim, gegen Malta und in Apulien. Ihr Kampf begann in keiner Zeit der Siege. Er begann über zerstörten deutschen Städten, über den roten Feuerwolken der Vernichtung und zu einer Zeit, wo sie sich mit ihrer Verpflichtung freiwillig in das letzte Aufgebot eingereiht hatten.

Dahls linke Hand liegt auf dem Griff des Gashebels. Der Motor scheint einen Strom von Kraft über diesen kleinen stählernen Hebel in den eigenen Körper zu leiten.

Nacheinander schwenken die Maschinen in die Startrichtung ein. Noch einmal blickt Dahl an der stählernen Wand der Flugzeuge entlang, ehe er das Zeichen zum Start gibt.

Seine Maschine beginnt zu rollen. Suhrs Focke-Wulf ist etwa zehn Meter entfernt.

Die Tachometernadel beginnt zu wandern. Die Geschwindigkeit wird immer größer. Trotzdem bleibt die gepanzerte Maschine mit ihrer schweren Zuladung an Treibstoff und Waffen länger als normal an der Erde kleben.

Über dem Flugplatz nimmt der Major das Gas zurück, um den nachfolgenden Piloten Gelegenheit zum Aufschließen zu geben.

Dann geht er zum Steigflug über.

Auch an diesem Tag ist der Himmel wolkenlos bis in die höchsten Höhen hinein. In rasantem Steigflug führt der Kommodore den Sturmjägerverband auf die befohlene Kampfhöhe. An einem bestimmten Punkt werden sie auf die Me 109 des Höhenjagdschutzes treffen.

Fünf Minuten nach dem Start klingt die vertraute Mädchenstimme wieder auf. Vor Tagen hatte der Major die Luftnachrichtenhelferin zum ersten Male in dem großen Bunker der Jägerleitzentrale gesehen. Ein zierliches, hübsches Mädchen war vor ihm gestanden.

„Meteor an alle Kraniche ... Meteor an alle Kraniche ... fliegen Sie auf zwo ... sieben ... vier ... dicke Autos haben Grenze erreicht ... achten Sie auf Indianer ... ein Indianerverband auf Hanni 4000 im direkten Anflug auf Kraniche ...“

Die Backenmuskeln Dahls spannen sich, als er diese alarmierende Meldung vernimmt. Sollte es an diesem Tag wieder passieren, daß der

*So sahen die deutschen Jäger amerikanische Bomberpulks beim Frontalangriff. Wenige Augenblicke später verwandelte sich der Himmel in eine Hölle gnadenloser Vernichtung*

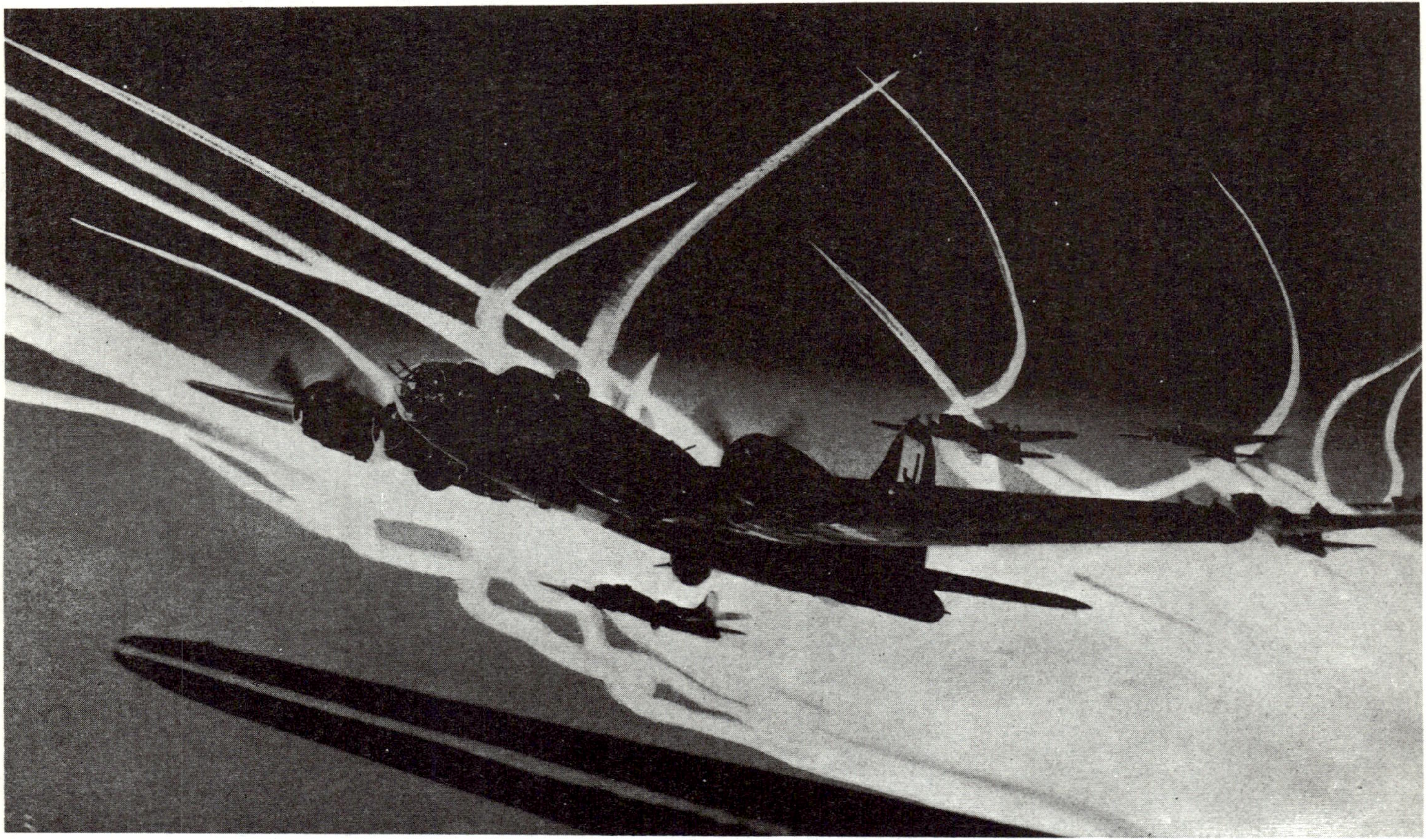

*Amerikanische „Fliegende Festungen" über dem Reichsgebiet. Darüber*

Sturmverband schon vor der Begegnung mit den Bombern von einem Mustang-Pulk in Empfang genommen würde?

Der Blick des Kommodore kreist jetzt unverwandt durch den Himmel. Er atmet auf, als die Höhenmessernadel die 4500-Meter-Marke erreicht hat.

Aber die Feindjäger sind noch nicht zu sehen.

Der Major zuckt unwillkürlich zusammen, als die Stimme der Sprecherin wieder an sein Ohr klingt:

„Indianer sind nach eins... sieben... acht abgedreht... dicke Autos bleiben weiterhin auf Kurs... Frage Viktor."

Niemand hört die Bestätigung des Piloten, der jetzt sein „Viktor" (Verstanden) zu der Leitstelle hinunterruft. Er allein hat das Y-Gerät an Bord, das selbständig Funkstrahlen aussendet und der Leitstelle die Peilung des eigenen Jägerverbandes ermöglicht. Die Anweisungen der Zentrale werden über einen automatischen Sender an die anderen Maschinen weitergeleitet.

Dahl rückt sich im Sitz zurecht. Sein Instinkt sagt ihm, daß es nicht mehr lange dauern kann.

Schon wenige Augenblicke später dringen hart hervorgestoßene Laute an sein Gehör:

„Da sind sie..."

Der Kommodore nickt nur. Sein Blick ist auf den dunklen Strich am Horizont gerichtet. Nur Sekunden vergehen noch, bis aus dem grauschwarzen Band der Abgase silberne Blitze aufzucken. Und dann strömen sie wieder durch den Himmel. Pulk hinter Pulk.

Mit Hunderten von Stundenkilometern jagen die Sturmjäger dem Triumphzug des Todes entgegen. Hoch über den Bombern stehen die Kondensstreifen der Begleitjäger wie Sichelbalken vor dem satten Blau des Himmels. Ganze Trauben von feindlichen Jagdflugzeugen ziehen über den „Boeing"-Verbänden dahin. Plötzlich lösen sie sich aus ihrer Formation und drehen nach steilem Sturz in nördliche Richtung ab.

Die „Me's", denkt der Major. Das Treffen mit den eigenen Höhenjägern hatte sich in aller Stille vollzogen. Denn jedes unnötig gewechselte Wort hätte die Schwärme der Mustangs, Thunderbolts und Lightnings nur noch schneller auf die Spur der deutschen Sturmjäger gebracht.

Die Nadel des Höhenmessers steht auf 8200 Metern, als Major Dahl den Befehl zum Angriff auf einen links außen fliegenden Bomberpulk gibt.

Sein Oberkörper neigt sich automatisch nach vorn, während seine Sinne auf den Moment konzentriert sind, wo aus den MG der „Fliegenden Festungen" die Mündungsfeuerblitze hervorbrechen werden.

Zum letztenmal vor dem entscheidenden Augenblick gleitet der Blick des Kommodore kurz über die ihn begleitenden Maschinen. Er fliegt dem Gruppenverband etwa ein Dutzend Meter voraus.

Die Entfernung zu dem aus Gegenkurs heranstürmenden Bomberpulk nimmt mit rasender Geschwindigkeit ab.

Der Daumen des Majors liegt auf dem Auslöseknopf der Bordkanonen. Alles geht jetzt so schnell, daß der Verstand sich weigert, die einzelnen Stationen des Geschehnisablaufes zu registrieren.

Aus Suhrs Maschine lösen sich glutende Feuerstriche.

Dahl hat den Kanonenknopf noch nicht durchgedrückt. Die frontal auf ihn zujagende „Boeing" wächst immer größer ins Visier. Die Schützen der vorderen Heckstände feuern aus allen Rohren. Aber auch aus den MG-Ständen der anderen Bomber züngeln zuckende Blitze. Die Maschinen des Sturmverbandes preschen jetzt durch eine Wand aus Tausenden von Geschossen.

In etwa zweihundert Meter Entfernung von den feindlichen Bombern prasselt eine Serie von Einschlägen in Dahls linke Tragfläche.

Da drückt auch er den Kanonenknopf durch. Mit polternden Stößen schleudern die 30-mm-Kanonen ihre Geschosse gegen das riesenhaft aufwachsende Ziel.

Mit stockendem Atem reißt Dahl den Steuerknüppel nach hinten. In Sekundenbruchteilen verschwindet die breit ausladende Silhouette des Feindbombers unter den eigenen Tragflächen. Der Körper des Majors spannt sich in der Erwartung des infernalischen Krachens, das er schon einmal erlebte. Vor Tagen erst, als er sich mit leergeschossenen Kanonen auf eine viermotorige Bombenmaschine geworfen hatte.

Doch es geschieht nichts. Wenigstens im Augenblick nicht. Nur eine starke Preßwelle schleudert die FW 190 wie einen Spielball in die Höhe.

Der Kommodore kennt diese Hölle, in der die Möglichkeit eines Zusammenstoßes so nahe liegt wie eine verirrte Kanonengarbe, die plötzlich die eigene Maschine zerfetzt. Er reißt seine FW 190 in eine steile Kurve. Während er dieses blitzschnelle Manöver einleitet, sieht er die von ihm beschossene „Boeing" in engen Spiralen abstürzen.

Er spürt keinen Triumph. Auch die Erregung ist noch nicht an die Oberfläche gedrungen. Sein Blick wandert wieder durch den Luftraum. Es ist ein Blick auf den Schauplatz einer gnadenlosen Schlacht.

Während Dahl nach unten wegschert, hinter sich die Maschine von Oberfeldwebel Suhr, spiegelt sich in seinen Augen ein wahres Inferno. Er sieht mindestens fünf Viermotorige, die bereits aus den Pulks ausgeschert sind und sich der Erde entgegenneigen. Rings um die brennenden Kampfmaschinen stürzen dunkle Gebilde in die Tiefe. Es sind menschliche Körper, die kurz zuvor noch vom Prasseln der Flammen umgeben waren.

Dahl kurvt immer noch um den Bomberpulk herum. Seine Augen weiten sich, als er den Zusammenstoß zweier „Fortress" beobachtet, die in der nächsten Sekunde von einer grellen Explosionswolke umhüllt werden.

Daran vorbei jagen zwei Focke-Wulfs. Sie legen sich jetzt auf die linke Tragfläche und kommen auf Dahls Maschine zu.

Plötzlich sieht der Major zehn Lightnings aus dem Himmel stürzen. Die spitzen Glaskanzeln gegen den Schauplatz des Luftkampfes gereckt, fliegen die doppelrumpfigen Feindjäger in langer Kolonnenformation der Tiefe entgegen.

Der Warnschrei des Majors gellt über den Äther. Er neigt die Motorpartie seiner „190" nach unten, den Blick unverwandt auf die heranstürmenden Begleitjäger gerichtet. Hoch über ihnen befinden sich Schwärme von Mustangs und Thunderbolts noch immer im Luftkampf mit den deutschen Höhenjägern.

Die Spitzenmaschine des Lightning-Verbandes zischt, aus allen Rohren feuernd, kaum zwanzig Meter an Dahl vorbei. Die anderen Lightnings folgen, als ob sie durch eine unsichtbare Kette miteinander verbunden wären.

Ein dumpfer Laut löst sich aus Dahls Kehle, als er eine lichterloh brennende Focke-Wulf sieht, von der jetzt eine Tragfläche abbricht.

Der Major verliert auch in dieser Situation nicht die Nerven. Dafür flog er schon zu oft in diesem Getümmel aus Hunderten von Jagdflugzeugen und in Luftkämpfen, bei denen Freund und Feind angesichts des rasenden Durcheinanderschwirrens meistens die gleichen Chancen hatten.

Die Lightnings ziehen jetzt von unten herauf in einer langen Schleife wieder in die Höhe. In Sekundenschnelle schätzt Dahl die Entfernung zu innen ab. Blitzschnell wägt er die Chancen. Suhr und zwei andere Flugzeugführer des Stabsschwarmes fliegen neben ihm. Die anderen Maschinen der Gruppe jagen durch das Gewimmel der Feindjäger.

Plötzlich erkennt Dahl einen Bomberpulk, der in höchstens zweitausend Meter Entfernung seitlich frontal anfliegt.

Der Schlachtruf der Sturmjäger dringt fast automatisch über die Lippen des Kommodore. Dumpf hallen die Worte aus dem Wulst der Atemmaske und leiten den Schall weiter zu den kleinen Ovalen des Kehlkopfmikrophons.

Die Bomber werden größer und größer. Hinter Dahls Leitwerk zieht die erste Lightning in die Höhe. Der Major kümmert sich nicht mehr darum. Der Angriff auf die Viermotorigen muß gelingen, ehe die Feindjäger auf Schußentfernung heran sind. Dann wird man weitersehen.

Gedanke reiht sich an Gedanke, Impuls an Impuls. Die Glieder arbeiten wie die Hebelarme eines Roboters. Das grausige, furchtbare Handwerk der Vernichtung ist schon längst in Fleisch und Blut übergegangen. Die Sinne registrieren nicht einmal das Vibrieren der Nerven. Pausenlos rinnen Schweißtropfen über die Stirn.

Die Umrisse der benachbarten Maschinen wirken wie Schatten in den Augenwinkeln.

Erfahrung und die Routine aus unzähligen Luftkämpfen werden zu einer unsichtbaren, lenkenden Hand.

... noch fünfhundert Meter ... rechts und links feuern sie bereits ... noch eine Sekunde warten ... jetzt!

Mit donnerndem Grollen schallen die Rückstöße der Waffen durch das Dröhnen des Motors. Neue Einschläge prasseln in die Tragflächen. Aber die Maschine fliegt weiter, als ob sie unverwundbar wäre.

Die Garben aus Dahls Maschine fressen sich in das Zentrum einer „Boeing“-Bugkanzel. In der winzigen Spanne weniger Sekunden, die noch vor dem Wegziehen über den Feindbomber verbleiben, sieht der Kommodore die Feuerblitze in der Kanzelmitte. Dahinter zeichnen sich die Umrisse menschlicher Körper ab.

Plötzlich neigt sich die Leitwerkspartie der „Boeing“ in die Höhe. Fast in der gleichen Sekunde reißt Dahl den Steuerknüppel nach hinten. Das riesige Seitenleitwerk ragt wie ein Schwert des Todes vor seiner Maschine auf. Für Augenblicke scheint es, daß sich die Motorpartie des Deutschen in die hohe Leitwerksflosse hineinbohren werde. Die Luftschraubennabe der Focke-Wulf 190 ist jetzt fast senkrecht gegen den Himmel gerichtet. Jeder Muskel am Körper des Majors ist gespannt.

...jetzt... jetzt muß es geschehen!

Aber der Tod löst seine Hand noch einmal von der deutschen Jagdmaschine. Der Schweiß fließt in Bächen vom Körper Walther Dahls, als er weiter in den Himmel hineinstürmt, umwoben vom feurigen Gitterwerk unzähliger Leuchtspurgeschosse.

Nur Suhr ist noch neben ihm. Der Kommodore blickt zurück. Die von ihm angegriffene „Boeing“ ist in Flammen gehüllt. Aus der seitlichen Notluke springen Menschen in das weite Nichts hinein.

Vor dem Bomberpulk tobt immer noch der Luftkampf. Eine Focke-Wulf fällt brennend aus dem Getümmel der durcheinanderschwirrenden Maschinen.

Ein Fluch löst sich aus der Kehle des Majors. Unter den Tragflächen zeichnet sich die Silhouette einer großen Stadt ab. Ein Rauchzeichen steht darüber wie ein Zeigefinger des Todes.

Die Männer, die durch die Hölle der Leuchtspuren fliegen und sich verzweifelt gegen die feindliche Übermacht stemmen, kämpfen nicht nur um ihr Leben. Sie tun es auch nicht, um zu Sieg und Ehren zu kommen. Denn wenn sie zur Erde hinuntersehen, erkennen sie die Brände über der großen Stadt.

Auch Walther Dahl sieht den roten Feuerschein.

Gedanken jagen durch sein Hirn. In Sekundenschnelle überlegt er, ob er sich zusammen mit Suhr in den Jägerkampf hineinstürzen soll.

Doch dann sieht er eine einzelnfliegende „Boeing“, die sich aus irgendeinem Grunde von ihrem Verband gelöst haben muß.

Die viermotorige Kampfmaschine fliegt nach Westen. Ihr hohes Leitwerk steht genau vor Dahls Frontscheibe.

Unter den beiden Focke-Wulfs zischen jetzt die Bomben aus den Schächten der „Fliegenden Festungen“ gegen die große Stadt.

Dahl hat den Gashebel bis zum Anschlag nach vorn geschoben. Die Konturen der „Fortress“ werden größer und größer. Aus 1000 Meter Entfernung drückt der Major den Kanonenknopf durch.

Aber die Waffen bleiben stumm.

Noch einmal schlägt Dahl auf die Waffenauslösung. Doch auch diesmal bleibt der polternde Widerhall der Bordwaffen aus. Die schwarzweißen Schauzeichen am Armaturenbrett sind verschwunden. Die Waffen funktionieren nicht mehr.

Der feindliche Bomber ist jetzt vielleicht noch 800 Meter entfernt. Die Distanz schmilzt immer mehr in sich zusammen. Aus dem Heckstand züngeln die Flammenblitze der MG. Auch der Schütze auf dem oberen Stand hat das Feuer eröffnet.

Der Major hat in diesen Augenblicken den Kameraden in der Rottenfliegermaschine vergessen. Auch die „Lightnings“ in seinem Rücken. Nur ein Gedanke hat noch reale Gestalt. Die Worte des Gelöbnisses der Rammjäger drängen sich in das Bewußtsein.

Dahl schließt die Hand fester um den Griff des Steuerknüppels. Er neigt den Kopf weiter nach vorn, als die Geschoßgarben des Heckschützen dicht über die Kabine hinwegzischen. Es sollten die letzten Salven sein, die der junge Amerikaner in den Himmel hineinjagte.

Eine eiskalte Entschlossenheit hat von dem Kommodore der Rammjäger Besitz ergriffen. Die feindliche Bombenmaschine neigt sich jetzt leicht auf die eine Tragfläche. Sämtliche vier Motoren laufen noch. Nirgendwo ist ein Defekt zu sehen.

Die Seitenflosse wächst wie ein Turm vor der Maschine des Majors in die Höhe. Suhr ist etwas zurückgeblieben. Er feuert nicht. Offenbar ahnt er, zu was sich der Kommodore entschlossen hat.

Der Gashebel von Dahls Maschine steht immer noch auf Vollast. Die Distanz verringert sich jetzt mit enormer Geschwindigkeit. Höchstens noch hundert Meter trennen ihn vom Heck des Bombers.

Die Feuerstöße des feindlichen Schützen sind verstummt, als ob er von einem panischen Entsetzen gepackt worden sei. Der Major fliegt jetzt auch im toten Winkel des oberen Heckstandes.

Noch ein letzter Atemzug. Die blau-weißen Sterne auf den Tragflächen werden riesengroß. Für Augenblicke wird die Focke-Wulf durch eine Luftschrauenböe der Bombermotoren aus der Spur geworfen. Aber der Major fängt die Maschine sofort wieder ab.

Dann ist die riesige Haiflosse des Leitwerkes vor der Frontscheibe. Dahl lehnt sich zurück. Mit weitgeöffneten Augen blickt er auf die gläserne Kanzel. Eine Sekunde später erzittert die Jagdmaschine in allen Fugen. Die dreiblättrige Luftschraube zerfetzt das Halbrund des Heckstandes. Ein gräßliches Knirschen und Krachen setzt ein. Schlagartig verstummt das Dröhnen des Motors. Der Oberkörper des Kommodore wird weit nach vorn geworfen.

Die Focke-Wulf neigt sich über die linke Tragfläche. Wie ein tödliches Reptil hat sie sich unterhalb des Bomber-Leitwerkes festgebissen. Teile der Höhenflosse platzen ab und wirbeln durch die Luft. Das große Bombenflugzeug beginnt zu wanken.

Plötzlich bewegt sich die „Boeing“ ruckartig nach vorn. Es geschieht in jenem Augenblick, als der Major das Kabinendach absprengt. Dicht unter dem zerborstenen Leitwerk der „Fliegenden Festung“ stemmt er sich über den Kabinenrand.

Dann wird sein Körper nach hinten gewirbelt. Seine Hand umklammert den großen Zuggriff des Fallschirms. Himmel und Erde beginnen um ihn zu kreisen. Ein kühler Luftzug preßt sich wie ein Brett gegen sein Gesicht. Die Kopfhaube ist zusammen mit der Atemmaske in der Maschine zurückgeblieben, die immer noch am Heck des torkelnden Feindbombers hängt.

Der Major beginnt zu zählen. Trotz der Nähe des Todes verliert er für keine Sekunde die Beherrschung. Er weiß, daß es sein Ende wäre, wenn er in dieser sauerstoffarmen Luftzone den Fallschirm öffnen würde.

Rings um seinen stürzenden Körper ist der Himmel von einem infernalischen Grollen erfüllt. Das Donnern der Bordwaffen vermischt sich mit dem dunklen Klang der Flugmotoren. Jagdflugzeuge huschen in einiger Entfernung vorbei. Unter Dahls Körper zischt eine Geschoßgarbe auf einer grellen Lichtbahn durch den Himmel.

Auf etwa viertausend Meter Höhe zieht Dahl den Fallschirmgriff. Schmerzhaft pressen sich die Schenkelgurte unter der Wucht des Entfaltungsstoßes in sein Fleisch. Sekundenlang schwebt der Major mit hängendem Kopf an den langen Halteseilen.

Als er zur Seite blickt, sieht er die von ihm gerammte „Boeing" der Erde entgegenstürzen. Dicht dahinter wirbelt seine Focke-Wulf wie ein welkes Blatt in die Tiefe.

Dahl starrt noch auf den riesigen Flammenpilz, der sich über der Aufschlagstelle des viermotorigen Bombers gebildet hat, als Suhrs Focke-Wulf keine fünfzig Meter von ihm entfernt in einer steilen Messerkurve vorbeirast...

Ein neuer Frühling war heraufgezogen. Es war der furchtbarste Frühling in der jüngeren Geschichte Deutschlands.

Das Grauen des tausendfachen Todes schwebte noch über den toten Städten, deren zerstörte Häuser ihre Ruinenwände anklagend gegen den Himmel reckten.

Der Zweite Weltkrieg war zu Ende gegangen.

Tausende von deutschen Soldaten zogen über die Landstraßen, einem unbestimmten Ziel entgegen. Hunderttausende versuchten in den riesigen Drahtkäfigen der Gefangenenlager zu begreifen, daß sie ihre Jugend einem Phantom geopfert hatten.

Am Rand der Autobahn lagen zwei Männer im Gras. Ihrer Bekleidung war anzusehen, daß sie einmal zum Fliegenden Personal der Luftwaffe gehört hatten.

Irgendwo in der Nähe lag das bayerische Städtchen Teisendorf. Über den beiden Männern schwirrten Vögel durch die Luft. Ihr Gezwitscher ging im Dröhnen der amerikanischen Fahrzeugkolonnen unter, die pausenlos in beiden Richtungen vorbeifuhren.

Einer der beiden Männer war Walther Dahl. Die Fahrzeuge auf der Autobahn verschwammen vor seinem Blick. Hoch oben am Himmel turnten amerikanische Jagdflugzeuge herum.

Dahl schloß die Augen. Bilder zogen durch seine Erinnerung, die für immer unvergessen bleiben würden. Da war jener furchtbare 13. Februar 1945, als er mit seinem Verband gegen die 1000 Bomber stürmte, die im Stadtgebiet von Dresden die schaurigste Tragödie des Zweiten Weltkrieges heraufbeschworen hatten.

Was dann folgte, war nur noch ein letztes, verzweifeltes Aufbegehren — bis zum bitteren Ende.

Dahl fuhr auf, als in der Nähe ein Jeep hielt. Ein Offizier und einige amerikanische Militärpolizisten kamen über die Wiese.

Ende Mai 1945 stand Oberst Dahl in einem Sonderlager für Luftwaffen-Offiziere vor einem britischen Vernehmungsoffizier.

Vor ihm lag die Personalakte Dahls. Der Captain warf einen forschenden Blick auf den Deutschen, ehe er sich mit den einzelnen Daten über die vor ihm stehende „high-ranking-person" beschäftigte. In sauberer Maschinenschrift waren die einzelnen Angaben über diesen Deutschen verzeichnet, der einmal Kommodore der gefürchteten „Rammjäger" gewesen war:

„... geboren am 27. März 1916 in Lug/Rheinpfalz ... Leutnant am 18. Januar 1938, am 1. Oktober 1940 Oberleutnant, Hauptmann am 1. März 1943, zum Major befördert am 1. Januar 1944, Oberstleutnant am 1. November 1944 und Oberst am 30. April 1945 ...

... Auszeichnungen ... das Ritterkreuz am 11. März 1944, Eichenlaub am 14. 3. 1945 ...

600 Feindflüge und 128 Abschüsse."

# ADOLF GALLAND

## Vom Staffelkapitän zum General der Jagdflieger

Die Menschen in den Dörfern und Städten heben die Köpfe. Sie ducken sich unwillkürlich vor dem grollenden Gewitter, das aus östlicher Richtung über sie hereinbricht. Als das röhrende Geräusch etwas abklingt, sehen sie die merkwürdigen Flugzeuggebilde hoch am Himmel. Sie werden jetzt immer kleiner und verlieren sich schließlich im seidigen Blau des Horizontes.

Die Männer, die in den vielbestaunten Flugzeugen sitzen, haben die Erde und die Menschen unter sich bereits vergessen. Sie denken auch nicht daran, daß das ohrenbetäubende Grollen ihrer Turbinen ihnen praktisch hinterhereilte und daß die Menschen unter ihnen es erst hören konnten, als diese herrlichen Rennpferde des Himmels sich bereits wieder in kleine Punkte verwandelt hatten.

Die Gesichter der beiden, dem übrigen Jägerverband vorausfliegenden Piloten sind unkenntlich geworden, seit die Sauerstoffmasken vor ihren Gesichtern hängen. Sie sitzen in Flugzeugen, die wie überdimensionale Haie anmuten, und auch die hohen Seitenruder haben eine starke Ähnlichkeit mit der Rückenflosse dieses gefährlichen Raubfisches. Unter den schmalen Tragflächen der grünlich gespritzten Düsenflugzeuge hängen zylindrische Gebilde. Es sind jene sensationellen Turbinenaggregate, von denen die Flugzeuge mit bald 900 Stundenkilometern durch den weiten Himmel getrieben werden.

Erst vor wenigen Minuten waren die zwei Messerschmitt 262 zusammen mit einigen anderen Maschinen auf der bombenzerwühlten Startbahn von München-Riem gestartet, ehe sie sich vor langen Flammenschweifen in den Himmel hineingeschwungen hatten.

Das Grollen der Turbinenaggregate hallt auch jetzt noch wie das Echo eines fernen Unwetters zur Erde hinab. Mit spielerischer Leichtigkeit steigen die schnittigen Jagdmaschinen von einer 1000-Meter-Grenze zur anderen.

Die pfeilschnell dahinhuschende Rotte gehört zu dem letzten Düsenjägerverband der deutschen Luftwaffe, der in der Nähe von München stationiert ist und inzwischen unter der Bezeichnung „Jagdverband 44" das Gala-Ziel der alliierten Tiefflieger geworden war. Denn diese superschnellen Jagdflugzeuge erwiesen sich schon nach ihrem ersten Auftauchen als die Todfeinde der amerikanischen Bomberpulks, was den Oberbefehlshaber der 8. US-Luftflotte bereits zu der Bemerkung von der „tödlichen Gefahr der deutschen Düsenjäger" veranlaßt hatte.

Die beiden Düsenjägerpiloten, die jetzt in fünftausend Meter Höhe eine leichte Nordkurve beschreiben, sind nur zwei von den zahlreichen deutschen Fliegerassen, die mit ihren einmaligen Erfolgen der deutschen Führung Tag für Tag die Kläglichkeit ihres rüstungsplanerischen Versagens vor Augen führen. Sie gehören zu jenem Verband von Jägerexperten, der sich aus zwei Obersten, einem Oberstleutnant, drei Majoren, fünf Hauptleuten, acht Leutnanten und einer Reihe hochdekorierter Unteroffiziersdienstgrade zusammensetzt. Das Ritterkreuz gehört bei ihnen sozusagen zum Dienstanzug.

Der Führer ihres Verbandes ist ein Generalleutnant. Vor geraumer Zeit war er wegen der sensationellen Flugzeuge, die der Feindseite schon lange ein mächtiger Dorn im Auge sind, bei seinem Oberbefehlshaber Hermann Göring in Ungnade gefallen. Es war geschehen, weil man in ihm den Anführer jener „Meuterer" gesehen hatte, die in klarer Erkenntnis der Kriegssituation den Einsatz der Düsen-Jagdmaschinen gefordert hatten, um wenigstens dem Sterben der deutschen Städte Einhalt gebieten zu können.

Der Generalleutnant hatte seine fliegerische Laufbahn einmal als Staffelkapitän in einem Jagdgeschwader begonnen. Jetzt, im März 1945, war er als Generalleutnant wieder Staffelkapitän geworden.

Er sitzt hinter dem Steuer der einen Düsenmaschine und sucht den „Marauder"-Verband, der vor einiger Zeit im Anflug nach Osten gemeldet worden war.

Sein Name ist weit über die Grenzen des Reiches hinaus bekannt geworden.

Er heißt Adolf Galland.

Auf seiner Lederjacke schimmern die goldenen Generalsschulterstücke im Licht der Sonne, deren greller Schein die flache Kabine des Turbinenjägers erfüllt. Unter den Tragflächen hängen 48 kleine Raketen. Sie wirken wie Spielzeuge. Aber wenn sie durch einen einzigen Knopfdruck auf ihre Reise geschickt werden, entfachen sie mit ihren 500-Gramm-Hexogen-Ladungen eine wahre Hölle in den feindlichen Bomberpulks.

Tausende von Metern unter den Turbos windet sich jetzt das helle Flußband des Lechs durch das Land.

Plötzlich läuft ein Zittern durch die Maschine des Rottenfliegers. Es geschieht etwa in jenem Augenblick, als Adolf Galland die frontal heranfliegenden amerikanischen „Marauder"-Bomber ebenfalls erkennt.

Mit wenigen Griffen schaltet der General die 30-Millimeter-Bordkanonen MK 108 und die Raketenauslösung ein.

Sein Blick bleibt dabei auf die sechzehn zweimotorigen Bomber gerichtet, die ihren Kurs auch jetzt noch beibehalten.

Alles vollzieht sich nun mit immenser Schnelligkeit. Vor den Augen Gallands pendelt das Gyroskop des automatischen Visiers EZ 42. Die Entfernung zu den Bombern nimmt mit jeder weiteren Sekunde ab. Denn in jeder Sekunde legen die Maschinen mit den fauchenden Strahltriebwerken rund 250 Meter zurück.

Der General blickt durch das Visier. Die feindlichen Bomber scheinen förmlich auf die deutschen Turbos zugeschleudert zu werden, so unendlich schnell verringert sich jetzt die Distanz.

1000 ... 700 ... 600 Meter!

Ein Ruck geht durch die Zelle des Turbos, als sich eine Serie von 24 Raketen aus den Rosten unter der Tragfläche löst. Mit pfeifendem Zischen rasen die Projektile vor dünnen, grauen Rauchschweifen gegen die Phalanx der Bomber.

In Sekundenschnelle werden die Raketen zu tödlichen Lanzen. Giftigrote Blitze quellen inmitten des Bomberverbandes in die Höhe. Eine „Marauder" gerät sofort in Brand, während andere Geschosse dieser einzigen Raketensalve das Heckteil einer zweiten Bombenmaschine zerfetzen.

Der General neigt das Steuer nur leicht nach hinten. Sofort hebt sich der spitze Bug des Turbinenflugzeuges steil gegen den Himmel. Mit höchster Geschwindigkeit fliegt die Me 262 über die brennend abstürzenden Feindbomber, auf die sich jetzt die nachfolgenden Düsenmaschinen des JV 44 stürzen.

Es dauert nur wenige Sekunden, bis die Piloten des „Marauder"-Verbandes ihr Konzept endgültig verloren haben. Der Rottenflieger des Generals ist verschwunden. Allein fliegt Galland weiter durch den Himmel. Sein Blick kreist unverwandt durch den Luftraum, und vielleicht denkt er in diesen Augenblicken an den Tag vor kaum einem Jahr, als amerikanische Jäger ihn und einen Rottenflieger in einer FW 190 wie die Hasen gehetzt hatten.

Es würde ihnen jetzt nicht mehr gelingen. Wenigstens so lange nicht, wie dieses phantastische — allen Feindjägern um rund 200 Stundenkilometer Geschwindigkeit überlegene — Flugzeug sich in seinem Element befand.

Der Angriff des Turbo-Verbandes ist beendet. Unten auf der Erde beobachten Tausende von Menschen das unglaubliche Schauspiel. Sie verfolgen den Sturzweg der brennenden Bomber, die wie riesige Fakkeln an den weißen Halbmonden der Fallschirme vorbeiheulen. Sie sehen aber auch die hellen Silberpfeile, die mit unvorstellbarer Geschwindigkeit aus dem Himmel stürzen und das orkanartige Grollen ihrer Strahltriebwerke zur Erde hinabschicken.

Phantomen gleich donnern die Düsenmaschinen nach Osten. Voraus fliegt die Me 262 des Generals. In der Nähe von München-Riem tauchen die drei Fahrwerke aus den Halterungen seiner Maschine. Mit pfeifendem Heulen schweben die Düsenflugzeuge der Startbahn entgegen, die mit ihren unzähligen Bombenkratern einem narbenbedeckten Gesicht ähnelt. Die Blicke der Piloten kreisen suchend in die Runde. Aber an diesem Tag haben die amerikanischen Jäger kein Empfangskomitee gestellt. Der Himmel ist frei von feindlichen Flugzeugen.

Vor den zerstörten Hallen stehen die Warte und winken die heranrollenden Maschinen ein.

Dutzende von Augenpaaren richten sich auf die Maschine des Generals. Er stemmt sich gerade über den Kabinenrand, den unvermeidlichen Zigarrenstummel bereits wieder im Mund. Sein Gesicht wirkt ernst, fast düster. Zwischen den Revers seiner Lederjacke sind die Brillanten über dem Eichenlaub und den Schwertern zum Ritterkreuz zu sehen. Er klopft seinem ersten Wart kurz auf die Schulter und geht dann auf die anderen Piloten zu. Viele berühmte Namen sind darunter. Bald ist der Generalleutnant von den erfolgreichsten deutschen Jagdfliegern umringt. Fast jeder hat bereits über 100 Luftsiege errungen.

Steinhoff, Lützow, Barkhorn, Krupinski, und wie sie alle heißen mögen ...

Plötzlich bemerkt der General in der Nähe der Halle eine einsame Gestalt. Schon wenige Augenblicke später geht er auf den Offizier zu. Erfreut streckt er ihm beide Hände entgegen.

„Du, Heiner? Wie kommst denn du hierher auf diesen Schießplatz?"

„Reiner Zufall."

Sie schütteln sich die Hände und sehen sich an. In ihren Blicken steht eine unausgesprochene Frage. Sie kannten sich schon zu einer Zeit, als der General noch die Schulterstücke eines Oberleutnants trug. Damals, in Spanien, bei der Legion Condor. Auch in Deutschland waren sie wieder zusammen, als der Krieg begann und der Generalleutnant von heute noch als Staffelkapitän seine ersten Luftsiege errang.

Damals, am 12. Mai 1940.

Das Licht der Maisonne schillert auf dem Wasser des Albert-Kanals, über dessen heißumkämpfte Brücken jetzt deutsche Truppen nach Belgien hineinfluten. Hoch über den Steilwänden der schnurgeraden Wasserstraße ist eines der erregendsten Kapitel in der Geschichte des Krieges zu Ende gegangen. Zwischen den zerstörten Bunkern von Eben Emael liegen noch die Lastensegler der deutschen Fallschirmjäger, die im Morgengrauen des 10. Mai 1940 das gewaltige Sperrfort zwischen Maas und Albert-Kanal im Handstreich genommen hatten.

Die Landser auf den breiten Vormarschstraßen winken manchmal zu den zwei Messerschmitt-Maschinen hinauf, die gerade die Brücken von Vroenhoven und Veldwezelt überfliegen, die langen Motorschnauzen auf das alte belgische Städtchen Hasselt gerichtet.

Aus einer steilen Kurve heraus sehen die beiden Piloten hinunter zu der Allee am Rand des Albert-Kanals, wo die Rohre hunderter von Flakgeschützen sich drohend gegen den Himmel recken. Die zwei Me 109 fliegen über ausgebrannte Flugzeuggerippe und verkohlte Fahrzeuge nach Südwesten. Tausende von deutschen Soldaten sehen den schnittigen Flugzeugen nach, die in tollen Kapriolen durch den morgendlichen Himmel turnen.

Die Piloten gehen zum Steigflug über, als leere Straßen die Nähe der Front ankündigen. Mit singenden Motoren schrauben sie sich in den Himmel hinein, der sich in makelloser Schönheit über das weite Land spannt.

In der Rottenführermaschine sitzt ein junger Offizier, auf dessen Oberlippe ein dunkler, buschiger Schnurrbart sprießt. Auf seiner Uniformjacke unter der gelben Fliegerkombination trägt er das Goldene Spanienkreuz mit Brillanten.

Die zwei Messerschmitt-Jäger befinden sich im Raum von Lüttich. Die Nadeln der Höhenmesser stehen jetzt auf 4000 Metern.

Plötzlich legt sich die Maschine Hauptmann Gallands auf die linke Tragfläche. Einige kurze Worte über das FT lassen den Rottenflieger zur Seite schwenken.

1000 Meter unter den beiden Deutschen fliegen acht Hurricanes. Auf ihren Tragflächen leuchten die belgischen Hoheitsabzeichen.

Die gegnerischen Piloten fliegen sorglos weiter, während Galland und sein Katschmarek sich nach einer weiten Schleife auf ihre Fährte heften.

Der Hauptmann hat den Gashebel weit nach vorn geschoben. Die Entfernung zu den feindlichen Jagdmaschinen nimmt immer mehr ab. Der Kommandeur in der Rottenführermaschine verspürt keine Aufregung. Er kennt diese Sekunden vor der großen Entscheidung noch aus jener Zeit, als er am Himmel über Spanien mit den „Rojos" (Roten) zu tun hatte.

Er feuert aus einer verhältnismäßig großen Entfernung. Trotzdem sitzt die Garbe im Ziel. In weiten Spiralen stürzt die belgische Hurricane der Erde entgegen, während die restlichen Maschinen nach allen Seiten auseinanderschwirren.

Die beiden Deutschen ziehen wieder in die Höhe. Schon wenige Sekunden später sitzt Galland auf der Fährte einer anderen Feindmaschine.

Zum zweitenmal innerhalb kurzer Zeit beugt er sich gegen das Visier. Die Hurricane füllt bereits den ganzen Zielkreis aus. Schon nach der ersten Garbe wird das gegnerische Jagdflugzeug zur Seite gewirbelt. In steilem Sturz geht es nach unten und zerschellt auf der Erde.

Der Hauptmann hört jetzt die jubelnde Stimme seines Rottenfliegers in den Kopfhörern. Aber er empfindet keinen Triumph.

Sie fliegen zurück über das belgische Land. Allmählich verschwinden die Feuertürme der Aufschlagbrände am Horizont. Der Blick des Kommandeurs huscht über die endlosen Straßen, auf denen die deutschen Kolonnen feindwärts marschieren. Aber seine Gedanken sind noch bei dem vorangegangenen Luftkampf. Kampf? War das denn ein Kampf gewesen? Hätte er die Gegner vor dem Abschuß nicht am liebsten gewarnt, damit sie sich wenigstens wehren konnten?

Es waren leichte Siege gewesen, die beiden ersten Abschüsse des Hauptmanns Adolf Galland, und er wußte es. Am Nachmittag dieses 12. Mai 1940 hatte er noch einen dritten Luftsieg errungen.

Diese Erfolge waren der Beginn einer fliegerischen Karriere ohnegleichen.

Der Krieg mit Frankreich ging zu Ende, und die „Schlacht um England" begann. Zu jener Zeit war Galland, der am 18. Juli 1940 außer der Reihe zum Major befördert worden war, bereits Angehöriger des Jagdgeschwaders 26 „Schlageter" und Kommandeur der III. Gruppe.

In harten, erbitterten Luftschlachten mußte auch er erkennen, daß der Traum von der deutschen Luftherrschaft über der britischen Insel sich nicht mehr verwirklichen würde. In zahllosen Luftkämpfen mit einem tapferen, gleichwertigen Gegner errang er weiterhin Sieg um Sieg.

Auch an diesem 24. September 1940 hat sich der Himmel über Südengland wieder in einen Hexenkessel aus unzähligen wild durcheinanderkurvenden Flugzeugen verwandelt. Spitfires, Hurricanes und

ADOLF GALLAND (r.)

*Me 262, die „Königin der Luft". Dieses erste einsatzfähige Düsenflugzeug der Welt war in den letzten Kriegsjahren der Schrecken der damaligen Gegner und allen anderen Jagdflugzeugen weit überlegen*

Messerschmitt-Jäger jagen in einer schweren Luftschlacht durch die großen Höhen.

Eine deutsche Rotte stößt über der Themsemündung in die Tiefe. Nebeneinander neigen sich die Messerschmitt-Maschinen auf die Tragflächenspitzen und kurven einem Schwarm englischer Jäger entgegen.

In der vorausfliegenden Me 109 sitzt der Kommodore der „Abbeville-Boys".*

Auf dem Leitwerk seiner Maschine, die jetzt in halber Rückenlage zu einer engen Kurve eindreht, sind 39 Abschußstriche verzeichnet.

Die dunklen, buschigen Brauen Gallands senken sich über die Augen, als er nach einem blitzschnell durchgeführten Luftkampftrick hinter eine englische Jagdmaschine gerät und sie aus kurzer Entfernung in Brand schießt.

Kurz darauf jagt seine „Me" an der brennend nach unten trudelnden Hurricane vorbei. Rings um den Major und seinen Rottenflieger tobt ein erbitterter Luftkampf. Tausende von Metern weiter unten dreht sich die Erde mit dem breiten Mündungsschlauch der Themse wie ein Kreisel um die kurvenden Flugzeuge.

Die Stimme des Rottenfliegers geht in dem turbulenten Wortgewirr unter, das aus den Kopfhörern schallt.

Galland löst sich vom Schauplatz des Luftkampfes, als ihn ein Blick auf die Borduhr erkennen läßt, daß die Zeit zum Rückflug über den Kanal gekommen ist. In kurzen Abständen schallt seine Stimme über den Äther. Allmählich wird es ruhiger im FT. Die einzelnen Maschinen schwirren von allen Seiten heran und schließen auf.

Einige Zeit später fliegt der Geschwaderverband über das Wasser des Kanals. Im Tiefflug donnern die Maschinen über die Dünen der französischen Küste und stoßen hinunter gegen die Flanken der Hügel.

Als die Maschine des Kommodore mit wackelnden Tragflächen über das Rollfeld fliegt, vollführen die Warte auf den Liegeplätzen einen Freudentanz, der dem 40. Abschuß ihres Kommodore, Major Adolf Galland, gilt.

★

---

* Diesen Beinamen hatten die Jagdflieger der RAF dem Jagdgeschwader 26 gegeben.

Auf dem Flugplatz von München-Riem ist es still geworden. Das fauchende Heulen der Turbinenaggregate ist verstummt. Traktoren haben die wertvollen Maschinen vom Platz gezogen und sie zu gutgetarnten Boxen am Rand eines benachbarten Waldes gebracht.

Galland und der hochgewachsene Major sitzen in einem Kübelwagen. Sie blicken auf den Flugplatz hinaus, von dem sich flirrende Hitzewellen lösen. Weit in der Ferne ist das Brummen von Flugzeugmotoren zu hören. Als der Wagen über eine schmale Landstraße fährt, zischen zwei Focke-Wulf im Tiefflug über das Land.

Ein nachdenkliches, schmerzliches Lächeln huscht über Gallands Gesicht, während er den beiden Jagdmaschinen nachsieht.

Me 109 . . . Focke-Wulf 190! Vielleicht waren auch diese beiden Piloten vor kurzem noch Teil eines kleinen Haufens von Jägern gewesen, die einen Angriff auf die endlosen amerikanischen Bomberpulks durchgeführt hatten. Ein Teil jener Verlorenen, denen Galland schon seit einigen Jahren die weitüberlegene Düsenmaschine verschaffen wollte.

Wie hatte er doch gesagt, als er dieses revolutionäre Flugzeug am 22. Mai 1943 zum erstenmal geflogen hatte: „Es ist, als wenn ein Engel schiebt.“

Aber alle Bemühungen waren umsonst gewesen. Für seine Jägerpiloten, die Tag für Tag am Himmel über Deutschland regelrecht verheizt wurden, sollte die Me 262 — dieses im Augenblick weitaus schnellste Jagdflugzeug der Welt — ein Wunschtraum bleiben. Weder Hitler noch Göring hatten die große Chance erkannt — bis es zu spät gewesen war.

Gallands Blick kreuzt sich mit dem des Majors an seiner Seite. Und wieder scheinen die beiden Männer eine kurze, stumme Zwiesprache zu halten.

Der Major kennt die einzelnen Stationen im Fliegerleben seines Freundes fast auswendig. Am 7. Juni 1939 das Spanienkreuz mit Gold und Brillanten. Am 1. Oktober 1939 Hauptmann und Gruppenkommandeur im JG 27. Am 18. Juli 1940 außer der Reihe zum Major befördert und Kommandeur der III./JG 26. Und dann, nach seinem 50. Luftsieg, am 1. November Oberstleutnant. Schon am 1. August 1940 war ihm das Ritterkreuz verliehen worden, und am 21. Juni

1941 hatte er als erster Soldat der Wehrmacht und Kommodore des JG 26 das Eichenlaub zum Ritterkreuz erhalten. Dann war er weiter auf der Leiter seiner Karriere nach oben geklettert. Nachdem er am 8. Dezember 1941 wegen besonderer Tapferkeit zum Oberst befördert worden war, hatte er am 28. Januar 1942 als zweiter Soldat der Wehrmacht die Brillanten zum Ritterkreuz in Empfang nehmen können.

Der Major erinnert sich gut an die Zeit, als der Mann an seiner Seite Inspekteur der Jagdflieger und somit ihr Waffengeneral wurde. Er hat das Gefühl, daß die Männer in den Jagdgeschwadern der Luftwaffe von Galland mehr halten als von ihrem Oberbefehlshaber.

Der Major kennt seine rastlose Arbeit nur zu gut, aber auch seine stetigen Bemühungen, die Mauer der Dilettanten in den höchsten Kommandostäben einzurennen und seine Piloten von Gejagten wieder in Jäger zu verwandeln. Er weiß auch um die vielen Eingaben, die von ihm an das RLM und somit an Göring gemacht worden waren, sowie die zahlreichen Warnungen und Beschwörungen — die so selten auf fruchtbaren Boden fallen sollten.

Der Major kennt den General an seiner Seite auch noch von seiner Kampfzeit am Kanal. Er erinnert sich noch gut an die sarkastischen Worte, die er damals an Göring richtete, als dieser die Frontverbände besuchte: „Eine Spitfire ist mir lieber als fünf Me 109."

Zusammen mit dem unvergessenen Oberst Mölders war er im Lauf der Jahre ein Idol seiner Waffe geworden und als General der Jagdflieger ihr unermüdlicher Fürsprecher.

Aber auch er war an der unverständlichen Einsichtslosigkeit der höchsten Führung gescheitert.

26. April 1945.

Der Himmel ist mit zahlreichen Wolkenschichten bedeckt.

Manchmal tauchen zwischen den wabernden Dunstfetzen pfeilschnell dahinhuschende Flugzeuge auf, deren fauchendes Dröhnen wie urweltlicher Donner zur Erde hinunterschallt.

Tausende von Metern unter den sechs Me 262 schimmert das blaue Band der Donau im Licht der Aprilsonne.

Plötzlich zeichnen sich die Umrisse eines „Marauder"-Pulks vor den weißen Schleiern einer Wolkenschicht ab.

Eine dunkle, vertraute Stimme erklingt in den Kopfhörern der fünf anderen Piloten. Sie gibt den Befehl zum sofortigen Angriff.

Es sollte der letzte Angriffsbefehl sein, den Adolf Galland während dieses Krieges als Verbandsführer erteilt hatte.

Mit rasender Geschwindigkeit nähern sich die sechs Turbos dem amerikanischen Bomberpulk. Unzählige Blitze züngeln aus den MG-Ständen. Leuchtspurstriche flitzen durch den Himmel.

Der General drückt aus etwa 800 Meter Entfernung auf die Auslösung der Raketen. Aber der gewohnte Ruck in der Maschine bleibt aus. Die Geschosse haben sich nicht gelöst.

Die Bomber kommen immer näher. Aus kürzester Entfernung drückt Galland den Kanonenknopf durch. Das rhythmische Hämmern der vier 3-cm-Kanonen grollt durch die Kabine. Die Geschoßgarben liegen sofort im Ziel. Aus der beschossenen „Marauder" löst sich ein hoher Feuerturm. Kurz darauf bricht die Maschine in einer grellen Explosion auseinander.

Die Turbos sind bereits über dem Pulk und den brennenden Bombern, die hilflos durch den Himmel kreisen.

Der General führt die kleine Gefechtsgruppe zum zweiten Angriff. Aus einer weiten Schleife heraus kurven die Me 262 erneut auf den „Marauder"-Verband ein.

Der General fliegt voraus. Ein Bomber wächst in sein Visier. Zum zweitenmal innerhalb weniger Minuten schleudern die 30-mm-Kanonen ihre vernichtenden Geschosse gegen den feindlichen Pulk. Riesengroß wächst die beschossene „Marauder" jetzt vor der Frontscheibe des Generals auf.

Ein Zug am Knüppel, und das Strahlflugzeug jagt in steilem Steigwinkel über die Bomber hinweg. Kurz darauf neigt es sich auf die Tragfläche und schwenkt erneut gegen die feindlichen Bomber ein.

Plötzlich prasselt etwas wie ein Steinschlag auf die Maschine Gallands herab. Instinktiv reißt er den Kopf herum.

Er blickt direkt in die MG-Mündungen einer amerikanischen „Mustang".

Geschosse pfeifen an seinem Körper vorbei. Er spürt einen schweren Schlag an seinem rechten Knie. Splitter zerfetzen die Instrumente am Armaturenbrett. Von den Turbinen lösen sich die Verkleidungsbleche.

Mit einer schnellen Abwehrbewegung bringt der General die Turbomaschine aus dem Feuerbereich. Es ist keine Sekunde Zeit für überflüssige Gedanken. Auch nicht für die Überlegung, daß diese Mustang sich völlig überraschend an die gedrosselt fliegende Me 262 herangeschlichen hatte, während der Blick Gallands noch auf den vorhin angeschossenen Bomber gerichtet war.

Der Mustang-Pilot hat sich von der Fährte der schwer zerschossenen Turbomaschine gelöst. Der General gibt Höhe auf und fliegt im Tiefflug dem Einsatzhafen entgegen.

Die Turbinen rucken an ihren Halterungen, als ob sie jeden Augenblick herausbrechen wollten. Aber der Flugplatz ist bereits erreicht. Galland fährt Fahrwerke und Landeklappen aus.

Plötzlich sieht er die amerikanischen Thunderbolts über dem Flugplatz. Aber er muß hinunter. Es gibt keine andere Möglichkeit mehr.

Mit über 240 Stundenkilometern berühren die Laufräder die Piste. Zusammengeduckt wartet der General auf den Augenblick, wo eine Geschoßgarbe auf ihn herabprasseln wird.

Die Thunderbolts sind im Augenblick offenbar mit anderen Zielen beschäftigt, so daß die Me 262 ungeschoren ausrollen kann. Der General humpelt zu einem Deckungsloch. In ohnmächtiger Verzweiflung hört er das Rattern der amerikanischen Bordwaffen. Geschosse klatschen rings um das Deckungsloch gegen die Erde.

Nach dem Ende des Angriffs steht Galland wieder vor seiner zerschossenen Maschine. In der Ferne verklingt das dunkle Dröhnen der amerikanischen Jäger.

Der große Flugplatz wirkt leer und verlassen. Am Rollfeldrand lodern Brände gegen den Himmel.

Am 3. Mai 1945 prasselten auf dem Flugplatz von Salzburg die Flammen aus den Turbinen-Jagdflugzeugen des JV 44.

Der Krieg war zu Ende.

Generalleutnant Adolf Galland hat das bittere Ende überlebt. Nach der Entlassung aus englischer Gefangenschaft ging er nach Argentinien, wo er seine wertvollen fliegerischen und ausrüstungstechnischen Erfahrungen der argentinischen Luftwaffe zur Verfügung stellte.

Heute entfaltet Adolf Galland seine im Krieg so oft bewährte Initiative in einem eigenen Unternehmen.

## ERICH HARTMANN

### Vom Pechvogel zum erfolgreichsten Jagdflieger der Welt

Der Motor der Me 109 ist nur noch wenige Meter von der großen Wiese entfernt. Sekunden später berühren die Laufräder die Erde. Die Maschine kippt kurz auf ein Fahrwerk, taumelt zurück, wird zur Seite gewirbelt und rotiert über die Erde. Ein berstendes Krachen ertönt. Der Pilot in der Kabine wird wie in einer Zentrifuge hin und her geschüttelt.

Dann wird es still. Nur das Brodeln des heißen Motors ist noch zu hören.

Die Kabine wird geöffnet. Der junge Jägerpilot zieht die Kopfhaube ab. Aschblondes Haar kommt zum Vorschein. Er wirft die Haube auf die Erde und stößt einen Fluch aus.

Für Sekunden schließt der Leutnant die Augen. Über ihm ist der Himmel erfüllt vom Dröhnen zahlreicher Jagdmaschinen. Der Luftkampf, an dem er vorhin teilgenommen hatte, ist immer noch in vollem Gang.

Es war der erste Luftkampf des jungen Leutnants gewesen. Mittlerweile war er zur größten Pleite seines bisherigen Fliegerdaseins geworden. Der Traum vom ersten Luftsieg war also vorbei. Der „alte Fuchs" von Oberfeldwebel, der ihn während des Einsatzes wie eine Kükenmutter unter seine Fittiche genommen hatte, war eigentlich nur noch für ihn dagewesen. Bis jene verfluchte russische „Jak" auftauchte. Der Leutnant schüttelt den Kopf. Natürlich war er der lockenden Zielscheibe nachgeflogen und hatte viel zu früh geschossen. Umsonst! Die Geschosse waren wirkungslos vorbeigezischt.

Die Stimme des Oberfeldwebels scheint plötzlich wieder aufzuklingen:

„Ruhe, Herr Leutnant, nur Ruhe ..."

Ruhe! Wo ein Russe hinter dem Leitwerk saß! Die ganze Zeit über. Jede Flugbewegung hatte der Bursche nachgeflogen.

Und nun diese zerdepperte Maschine! Ein wunderschöner, vollkommener Bruch. Das würde etwas geben. Aus. Vorbei der Traum von Luftsiegen! Wahrscheinlich würde man in der nächsten Zeit die Decke einer Arrestbude von unten her betrachten ...

Der Leutnant stemmt sich aus der Kabine. Mit unsicheren Knien geht er über die Wiese. Es ist nicht einmal weit bis zu dem eigenen Flugplatz.

Irgendwo steht der Kommodore, Major von Bonin. Sein Gesicht spricht Bände. Am Platzrand schwebt die Maschine des Rottenführers zur Landung an.

Der Major sagt nicht viel:

„Eine schöne Pleite mit Ihnen!"

Dann ist der Oberfeldwebel da. Der Blick, den er dem blonden Leutnant zuwirft, ist alles andere als freundlich.

„So ein Quatsch!" sagt er. „Wo ich doch die ganze Zeit hinter Ihnen her war und mir die Seele aus dem Leib gequatscht habe ..."

Der blonde Leutnant hieß Erich Hartmann. Der Oberfeldwebel mit seinen über fünfzig Abschüssen betreute ihn auch bei den nächsten Feindflügen. Alle wußten, daß der junge Leutnant fliegen konnte. Aber sie hatten auch den Eindruck, daß er sich für den Anfang ein bißchen zuviel zumutete.

Die tadelnden Worte des Majors machten Hartmann allerhand zu schaffen. Denn immerhin war er zu dem erfolgreichsten Jagdgeschwader der Luftwaffe versetzt worden. Zu jenem Geschwader, das Mölders einmal geführt hatte.

Die Mahnungen seines Rottenführers schwirrten bei jedem weiteren Feindflug durch das Hirn des jungen Fliegers:

„... aufpassen, wenn Sie hinter einer IL 2 sitzen ... Die Kerle schießen saftig nach hinten ... Und immer ruhig ... Bleiben Sie in meiner Nähe, wenn der Teufel los ist ..."

Der Leutnant hielt sich aber nur ungefähr an die gutgemeinten Mahnungen.

Auch an jenem Tag, als er nach der nächsten Pleite glaubte, der Himmel müsse über ihm einstürzen.

Vor Leutnant Hartmanns Gesicht hängt die Sauerstoffmaske. Tausende von Metern unter dem deutschen Jägerverband schimmert das silberne Band der Wolga im Licht der Sommersonne. Weit im Süden stehen die schneebedeckten Gipfel des Kaukasus.

Die russischen Schlachtflugzeuge fliegen wie eine dicht aneinandergedrängte Herde von Osten her gegen die HKL.

„Aufpassen!" schallt die Stimme des Oberfeldwebels aus Hartmanns Kopfhörern.

Er nickt nur und rückt sich in seinem Sitz zurecht. Auch jetzt wandern die Worte des neben ihm fliegenden Oberfeldwebels wieder durch sein Denken, während er auf den russischen IL-2-Verband starrt, der gerade nach Süden abschwenkt und Höhe aufgibt.

Wenige Augenblicke später kommt der Befehl zum Angriff. Hartmann drückt den Knüppel nach vorn. Mit hohem Singen preßt sich der Fahrtwind an die Zelle der Maschine. Die Flugzeuge der Kameraden schwirren jetzt nach allen Seiten auseinander.

Der Leutnant kommt sich plötzlich recht verloren vor. Wie eine Vision huscht die Erinnerung an die letzte Bruchlandung durch sein Hirn. Aber es bleibt keine Zeit mehr für besondere Überlegungen. Der Augenblick der Entscheidung ist schon gekommen.

Aus der Maschine des Oberfeldwebels lösen sich bereits die ersten Garben.

Erich Hartmann beginnt ihn und seine Warnungen zu vergessen. Er sieht eine der IL 2 vor sich und jagt einen sinnlosen Feuerstoß hinaus. In Sekundenschnelle taucht die russische Schlachtmaschine nach unten weg. Hartmann sofort hinterher. Er unterfliegt den roten „Schlächter" und setzt sich unter seinen Rumpf. Dann wandert die Frontpartie des Feindflugzeuges durch sein Visier. Die Kanonengarben fressen sich in den Rumpf der IL 2. Von der Unterseite des Schlachtflugzeuges wabert eine dunkle Rauchfahne nach hinten.

Hartmann ist wie fasziniert von diesem ersten Erfolg. Alle Mahnungen weichen in weite Fernen zurück. Er nimmt das Gas heraus und hängt sich hinter die Maschine mit den großen, roten Sternen auf

ERICH HARTMANN

*Erich „Bubi“ Hartmann, der erfolgreichste Jagdflieger der Welt, nach der Rückkehr von einem Flug*

*Unten: Über Hunderte von Metern sind die Überreste eines abgeschossenen Bombers auf der Erde verstreut*

Rümpfen und Tragflächen. Dann feuert er wieder. Die faustdicken Warnungen sind jetzt völlig vergessen. Das wird der erste Luftsieg sein. Noch ein Feuerstoß. Der „Schlächter" ist jetzt genau vor seiner Windschutzscheibe.

Plötzlich verspürt Hartmann einen furchtbaren Schlag in der Maschine. Unwillkürlich drückt er den Knüppel nach vorn. Die Me 109 jagt jetzt der Erde entgegen. Wo ist die Front? Was ist mit dem Motor? Herrgott, er qualmt ja . . . Du bist getroffen — schon wieder getroffen!

Erich Hartmann läßt die Maschine weiterstürzen. Er hat die russische Maschine vergessen, die er vorhin in Brand geschossen hatte und die jetzt in engen Spiralen der Erde entgegenstürzt.

Vor den Augen des jungen Leutnants tanzen die Nadeln der Instrumente. Der Ladedruck läßt nach, auch die Tourenzahl. Flehentlich richtet sich der Blick des Unglücklichen dorthin, wo bald das Oval des Feldflugplatzes auftauchen muß.

Es reicht nicht mehr. Die schwer zerschossene Maschine klatscht gegen die Erde. Der Kopf Hartmanns wird gegen das Armaturenbrett geschleudert. Feurige Sterne tanzen vor seinen Augen. Er kommt sich wie ein Betrunkener vor, als einige deutsche Landser ihn aus der Kabine zerren und auf die Beine stellen.

Der Major sagt überhaupt nichts mehr, als sie Hartmann mit einer schweren Gehirnerschütterung zum Flugplatz zurückbringen.

Dafür sagt der Stabsarzt etwas. Es ist auch nicht viel:

„Lazarett!"

Ein bleigrauer Himmel wölbt sich über das Land zwischen Wolga und Don.

Der deutsche Jägerverband fliegt in 8000 Meter Höhe. Tief unten liegt die Stadt, in der die Soldaten der 6. Armee einen verzweifelten Kampf zu bestehen haben:

Stalingrad!

In einem der deutschen Jagdflugzeuge sitzt ein junger Leutnant, der an diesem Tag den Grundstein für eine Siegesserie ohnegleichen legen wird.

Erich Hartmann blickt auf die Rückseite der Kabine, die mit zahlreichen Eisblumen bedeckt ist. Auf den Tragflächen hängen weiße Kristalle, die auch der Fahrtwind nicht wegzuwischen vermag.

Plötzlich hängt ein Verband russischer Jak-Jäger vor dem trüben Blau des Winterhimmels.

In Sekundenschnelle haben sich die beiden feindlichen Gefechtsverbände vereinigt. Das lauernde Kreisen, das jähe Herabstoßen, das blitzschnelle Erfassen einer Chance — alles, was zu dem hektischen Tanz eines Luftkampfes gehört, nimmt jetzt wieder seinen Lauf.

Der Höhenmesser steht immer noch auf 8000 Meter, als Erich Hartmann den Kampf mit einer einzelfliegenden Jak aufnimmt.

Ein überraschendes Flugmanöver bringt ihn auf etwa fünfhundert Meter hinter den roten Jäger. Aber der erste Feuerstoß verfehlt sein Ziel, der Russe „taucht". Erich Hartmann bleibt auf seiner Fährte.

Aus einem steilen Aufschwung heraus kommt der russische Jäger wieder hinter das Leitwerk des Leutnants.

Doch in diesen Augenblicken scheint in dem jungen Flieger etwas zu zerbrechen, was bisher wie eine Last in ihm gelegen hatte. Er fliegt jetzt wie eines der großen Asse des Luftkampfes. Die russische „Jak" rast nun von der Seite her auf die „Me" zu. Nur wenige Meter trennen die beiden Jagdmaschinen, als sie aneinander vorbeizischen.

Hartmann setzt alles auf eine Karte. Er legt die Me 109 in die halbe Rückenlage, läßt sie stürzen und sitzt kurz darauf hinter der feindlichen Maschine.

Sekunden später jagt er jenen Feuerstoß hinaus, der seinen ersten wirklichen Luftsieg herbeiführt. Der rote Jäger wird von den Garben gepackt. Meterlange Flammen hüllen die russische Maschine ein, ehe sie in rasendem Sturz der Erde entgegenheult und irgendwo unter einem hohen Feuerturm zerschellt.

Der kaum einundzwanzigjährige Leutnant blieb der bescheidene, sympathische Junge, den sie überall im Geschwader „Bubi" nannten.

Der Bann war gebrochen. Erich Hartmann errang einen Sieg nach dem anderen. In wenigen Wochen hatte er bereits zwanzig russische Jagdmaschinen abgeschossen.

Wenn man den Jäger von Afrika, Hans Joachim Marseille, einmal den „Stern des Südens“ genannt hatte, so wurde der nunmehrige Oberleutnant Hartmann der leuchtende Jägerstern am Himmel über Rußland.

Schon im August 1943 hatte er 78 Gegner im Luftkampf besiegt. Aber die Reserven der russischen Kriegsführung schienen auch an Jagdflugzeugen unerschöpflich. Trotz der schweren Verluste tauchten immer wieder große Schwärme roter Jäger über den Schauplätzen des Krieges auf.

Für Erich Hartmann kam die Zeit, wo er selbst seine großen Vorbilder bald weit überflügeln sollte.

In der Kabine herrscht eine kaum mehr erträgliche Hitze.

Oberleutnant Hartmann hat die Kopfhaube ein Stück nach hinten geschoben. Strähnen seines blonden Haares hängen ihm wirr in die Stirn. Pausenlos läuft der Schweiß gegen den Oberrand der Atemmaske, deren Zuführungsschlauch bei jeder Kopfbewegung wie ein dünner Rüssel hin und her zuckt.

In einiger Entfernung fliegt eine Me 109 mit einem großen Eichenlaubkranz auf der Seitenruderflosse. Vor einer Viertelstunde, als die Sauerstoffmasken noch neben den Kopfhauben der Piloten baumelten, war das markante Gesicht des Kommodore mit der ausgeprägten Nase noch deutlich zu erkennen. Sein Name ist Hermann Graf!

Der deutsche Jägerverband fliegt weiterhin nach Osten. Unten auf der Erde stemmen sich die Männer der Infanterie gegen einen übermächtig gewordenen Feind.

Die Erinnerung an die Katastrophe von Stalingrad begleitet die Männer in den Kabinen der Jagdflugzeuge auch bei diesem Einsatz.

Der feindliche Jägerverband mutet zunächst wie eine Reihe kleiner dunkler Punkte an, die sich nun mit immenser Geschwindigkeit vergrößern.

Die Stille in den Kopfhörern der Deutschen findet schlagartig ein Ende. Auch Oberleutnant Erich Hartmann hört die kurzen Befehle des Kommodore.

Kurz darauf löst er sich mit seiner Staffel aus dem Gefechtsverband. Er zieht den Knüppel nach hinten, während er über die „109" seines Rottenfliegers zu den anderen Maschinen hinüberblickt.

Sie lösen sich jetzt in Schwärme auf und gehen zur Gefechtsformation über. In weit auseinandergezogener Reihe kreuzen sie den Flugweg der russischen Jäger in einer Überhöhung von vielleicht 500 Metern.

Schon wenige Augenblicke später beginnt Erich Hartmann seine Jagd durch den sommerlichen Himmel.

Seine Maschine ist kaum auf den Feindverband eingekurvt, als auch schon die Mündungsfeuerblitze vor seinen Bordwaffen aufzüngeln.

Der Feldwebel in der Rottenmaschine vergißt in diesen Sekunden die Schwärme der roten Jäger, die jetzt überall durch den Himmel schwirren. Fassungslos blickt er auf eine brennende „Mig", die schon nach dem ersten Feuerstoß des Oberleutnants mit abgebrochener Tragfläche in die Tiefe taumelt.

Die Maschine Hartmanns wühlt sich jetzt wie ein tödlicher Pfeil in das Rudel der Feinde.

Der Sekundenzeiger der Borduhr hat den Kreis auf dem dunklen Zifferblatt noch nicht beendet, als eine zweite russische Jagdmaschine von den Kanonengeschossen des Oberleutnants zerfetzt wird.

Das dritte Opfer der wilden Jagd ist eine „Jak", die sich nach einem langen Feuerstoß Hartmanns in ihre Einzelteile auflöst.

„Hast du es gesehen?"

„Jawohl, Herr Oberleutnant!"

Hartmanns Me 109 befindet sich immer noch im Sturz. Sein Katschmarek fliegt etwa zwanzig Meter hinter ihm.

Plötzlich reißt Hartmann seine „Me" in die Höhe. Aus dem Steigflug heraus feuert er auf eine „Jak", die vorher noch in horizontalem Flug etwa zweihundert Meter über der deutschen Rotte durch den Himmel gezogen war.

Der Feldwebel duckt unwillkürlich den Kopf, als sich der Motor der russischen Jagdmaschine unter dem konzentrischen Beschuß löst und in die Tiefe stürzt. Die motorlose „Jak" scheint für Augenblicke in der Luft stillzustehen, ehe sie über das Leitwerk kippt und nach unten trudelt.

Hartmanns Me 109 liegt wieder in einer Messerkurve. Der Feldwebel hinter ihm beginnt die Abschüsse zu zählen. Er hat sie kaum beisammen, als der Oberleutnant sich hinter eine „Mig" hängt, die eine Me 109 verfolgt. Er feuert diesmal aus verhältnismäßig großer Entfernung.

Sekunden später hat er den fünften Luftsieg dieses Einsatzes errungen. Der rote Jäger bäumt sich in die Höhe und kippt flammenumhüllt nach der Seite weg.

Erst jetzt löst sich Erich Hartmann aus dem Luftkampf, als ob er sich eine kurze Atempause gönnen wolle. In weiten Kreisen fliegt er durch den Himmel, den Blick auf die wild durcheinanderkurbelnden Jagdflugzeuge gerichtet.

Wenige Augenblicke später fliegt eine russische Jagdmaschine hinter einer stürzenden „109" her. In blitzschneller Reaktion legt Hartmann seine „Me" auf den Rücken. Alles geht so schnell, daß der Feldwebel das Manöver nicht einmal mitfliegt. Trotzdem sieht er, wie die Garben das Leitwerk des Russen zersägen. Der sowjetische Pilot dreht seine Maschine auf die Seite. Sekunden vergehen noch, ehe sich die Kabine löst und der sowjetische Pilot aus dem brennenden Flugzeug springt.

Erst jetzt schert der Feldwebel wieder auf Hartmanns Maschine zu. Der Oberleutnant blickt zu ihm herüber. Er winkt kurz mit der Hand, leitet dann eine halbe Rolle ein und stürzt der Erde entgegen.

Am Abend dieses Tages hatte Erich Hartmann zehn russische Jäger im Luftkampf besiegt.

Der Kommodore steht am Start und sieht den abfliegenden Maschinen nach. Vor wenigen Minuten war noch Hartmanns hageres Gesicht vor ihm gewesen. Es hatte fremd gewirkt unter dem braunen Lederrahmen der Kopfhaube. Der Major hatte die Abschußstriche auf dem Leitwerk nicht zu zählen brauchen. Er kannte ihre Zahl auswendig.

Es waren genau 89 Luftsiege.

Beim Überfliegen des Rollfeldes hatte auch Erich Hartmann noch einmal zu der einsamen Gestalt hinuntergesehen, die inzwischen zusammen mit dem Feldflugplatz schon lange außer Sicht gekommen war.

Während die Maschine in steilem Winkel den großen Höhen entgegensteigt, denkt Hartmann an die Gespräche, die er vor kurzem noch mit einigen Kameraden führte. Sie hatten sich eigentlich nur um eine Zahl gedreht:

Um die Zahl von 100 Luftsiegen!

„Wann wirst du es schaffen, Bubi? Heute noch?"

Hartmann zieht die Gurte fester. Der Höhenmesser steht auf der 4000-Meter-Marke. Die Kabine ist erfüllt vom kraftvollen Dröhnen des Motors. Die Erde wird immer ferner. Eine dünne Schichtwolkendecke hängt im Osten.

In 5000 Meter Höhe zieht Hartmann die Atemmaske vor das Gesicht. Im FT ist es still. Links und rechts fliegen die Maschinen der Staffel.

Auch an diesem Tag ist er einer der ersten, der die Feinde erkennt.

Der Messerschmitt-Verband fliegt bereits jenseits der Front. Die roten Jäger kommen aus frontaler Richtung. Sie teilen sich jetzt und schwirren nach allen Seiten auseinander.

Sofort gibt Hartmann den Befehl zum Auflösen des Formationsfluges. Fast gleichzeitig reißt er seine „Me" nach links.

Aus schmalen Augenschlitzen heraus beobachtet er drei „Jak", die aus leichter Überhöhung herabstürzen. Dicht hinter dem Oberleutnant und seinem Rottenflieger kurven sie ein.

Blitzschnell drückt Hartmann seine Maschine nach unten. Die erste „Jak" fliegt dicht über seine Kabine. Aus ihren Bordwaffen zischen lange Feuerstriche.

Im Bruchteil einer Sekunde wittert Hartmann seine Chance. Er preßt den Auslöseknopf der Kanonen durch und läßt die Feindmaschine durch eine kurze Garbe fliegen.

Als ihm einige Worte aus den Kopfhörern entgegenschallen, blickt er nach hinten. Ein schnelles Lächeln lichtet den Ernst auf seinem Gesicht. Eine Weile lauscht er auf die lauten Stimmen der Männer, die ihn zum 90. Abschuß beglückwünschen. Vor ihm stürzt das abgeschossene russische Jagdflugzeug mit einer langen Brandfahne in die Tiefe.

Plötzlich hört er eine andere Stimme. Gellend und durchdringend hallt sie aus Hartmanns Kopfhörern. Ehe sein Verstand noch die Worte bewußt erfaßt, reißt er die Maschine zur Seite.

Aber es ist bereits zu spät.

Dutzende von Geschossen wühlen sich in den Motor. Ein beizender Brandgeruch dringt in die Kabine. Für Augenblicke starrt Hartmann fassungslos auf die rotgelben Flammenzungen, die aus dem Motor herauslecken.

Da erkennt er, daß es für ihn nur noch einen Ausweg gibt.

Er löst die Kabine und stemmt sich in die Höhe. Sofort greift der Fahrtwind nach seinem Körper und schleudert ihn am Leitwerk vorbei. Himmel und Erde beginnen um den Fallenden zu kreisen. Unzählige Gedanken wallen auf.

Ein schmerzhafter Ruck geht durch den Körper Erich Hartmanns, als sich der Fallschirm über ihm öffnet. Hoch über der weißen Seidenglocke kurven die Jagdmaschinen weiter durch den Himmel. Hartmann wendet den Kopf, als er das vertraute Geräusch einer Me 109 hört.

Es ist sein Rottenflieger, der jetzt in steiler Messerlage um ihn kreist. Der Unteroffizier winkt noch einmal, ehe er wieder zum Steigflug übergeht.

Hartmann blickt nach unten. Die Erde kommt immer näher.

Plötzlich erkennt er die roten Sterne auf den Aufbauten einiger Lastwagen, die am Rand einer Straße halten.

Daneben stehen Russen, die mit vorgehaltenen Maschinenpistolen auf ihn warten.

Tage vergingen. Tage mit bangen Stunden für die Männer, die Erich Hartmann bei seinem letzten Einsatz begleitet hatten. An einem Abend stand er wieder vor ihnen. Müde und verdreckt, mit zerschlissenen Hosen, aber sein jungenhaftes Lächeln auf dem erschöpften Gesicht.

Fassungslos hörten die Männer die Geschichte seiner Flucht. Es war ihm gelungen, seine russischen Bewacher zu überrumpeln und in einen großen Wald zu entkommen. Tagelang hatte er sich durch das feindliche Hinterland geschlichen, bis er die HKL wieder erreicht hatte.

Kurze Zeit später stieg Hartmann in eine neue Maschine. Seine nächsten Feindflüge wurden zu einem Triumphzug ohnegleichen. Im Luftraum über Dnjepropetrowsk schoß er in kurzer Zeit fünf russische Jäger ab. Der verhängnisvolle Tag, an dem er seinen 100. Abschuß erzielen wollte, war schon halb vergessen.

Es war Oktober geworden. Ein neuer Winter schickte seine Vorboten über das russische Land. Jeder neue Tag brachte für Erich Hartmann eine Fortsetzung seiner unglaublichen Erfolgsserie.

Am 29. Oktober 1943 überreichte ihm Major Graf nach 150 Luftsiegen das Ritterkreuz.

Hartmann flog weiter und errang Sieg um Sieg. Ähnlich wie Hans Joachim Marseille genügte auch ihm nur ein kurzer Feuerstoß zur Vernichtung einer feindlichen Maschine.

Im Februar 1944 hatte er bereits 200 Luftsiege errungen. Er war noch nicht zweiundzwanzig Jahre alt, als ihm am 2. März 1944 als 420. Soldaten der deutschen Wehrmacht das Eichenlaub zum Ritterkreuz verliehen wurde.

Vier Monate später, am 4. Juli 1944, wurde dem Geschwader in einem Fernschreiben mitgeteilt, daß Erich Hartmann als 75. Soldaten der Wehrmacht die Schwerter zum Eichenlaub verliehen worden seien.

Zu jener Zeit hatte Hartmann bereits 239 Gegner im Luftkampf besiegt. Am 18. Juli 1944 war die Zahl seiner Luftsiege auf 250 angestiegen.

Aber der Siegeszug dieses jungen Jägers war noch nicht zu Ende.

Nach seinem 296. Abschuß begann sein Motor zu streiken. Hartmann landete die bockende Maschine, stieg in eine andere „Me“ und gesellte sich wieder zu seinen Kameraden. Als der Luftkampf beendet war, konnte Erich Hartmann seinen 300. Luftsieg anwackeln. Die Männer des Bodenpersonals hatten ein großes Spruchband ausgebreitet, auf dem Hartmann noch vor der Landung den Glückwunsch zum 300. Abschuß lesen konnte.

Als der Krieg zu Ende ging und sich die Gefangenenlager der Alliierten mit Hunderttausenden deutscher Soldaten füllte, flog Komodore Graf mit seinen Männern vom JG 52 einen von Amerikanern besetzten Flugplatz an. Zum letzten Male fegte auch Erich Hartmann an diesem Tag im Tiefflug über einen Flugplatz und über staunende Amerikaner hinweg.

Aber die Flucht vor den Russen hatte keinen Sinn gehabt.

Die erfolgreichsten Jagdflieger der deutschen Luftwaffe, unter ihnen Erich Hartmann, wurden an die Russen ausgeliefert. Eine fürchterliche Leidenszeit begann für den jungen Major, der am Ende des Krieges 352 Gegner im Luftkampf besiegt hatte und der mit den Brillanten zum Ritterkreuz des Eisernen Kreuzes ausgezeichnet worden war.

Nach zehn Jahren russischer Gefangenschaft kehrte Erich Hartmann wieder in die Heimat zurück. Er hatte seine Liebe zur Fliegerei trotz aller Qualen und Entbehrungen nicht verloren.

Heute ist Erich Hartmann Kommodore eines Jagdgeschwaders der Bundeswehr.

★

## HELMUT LENT

### Schützenkönig der Deutschen Bucht

*„Er ist der bisher unerreichte und erfolgreichste Nachtjäger dieses Krieges. Nicht nur sein gutes Auge und sein fliegerisches Können von überragender Qualität, sondern nicht weniger seine intensive Arbeit in dieser Spezialkampfweise haben ihn zu diesen einmaligen Erfolgen gebracht. Neben diesen heldischen Qualitäten war er auch in seinen menschlichen Eigenschaften nicht weniger rühmenswert. ‚Mehr sein als scheinen' wurde auch sein Wahlspruch. Und diejenigen, die ihn kennen, werden es bezeugen: Es gab keinen liebenswerteren Menschen, keinen zuverlässigeren Kameraden und besseren Erzieher und Vorgesetzten seiner Männer."*

Der Divisionskommandeur
am Grabe von Oberstleutnant Helmut Lent

Der Schnee wirbelt in langen weißen Fahnen über die Inselerde des Flugplatzes Westerland auf Sylt. Nacheinander lösen sich die Me-110-Zerstörer der I./ZG 76 und der II./ZG 77 aus dem Schnee des Rollfeldes, um dann mit dröhnenden Motoren in den Himmel hineinzuziehen.

Erst vor kurzer Zeit war die beschauliche Ruhe auf dem Inselflugplatz durch einen überraschenden Alarm unterbrochen worden. Auf dem Ostseeflughafen Barth bei der I./ZG I, auf Sylt und auf den Einsatzflugplätzen des Jagdgeschwaders Schumacher hatte die Nachricht vom Anflug eines britischen Kampfverbandes in Richtung Wilhelmshaven wie eine Bombe eingeschlagen.

Die Maschinen des Zerstörergeschwaders fliegen bereits über der freien See. In rasantem Steigflug schrauben sie sich auf Höhe. Eiskristalle glitzern im Licht der Sonne auf Rümpfen und Tragflächen. Die schnittigen Bugpartien der Me 110 sind nach Südwesten gerichtet. In nördlicher Richtung ziehen einige Me-109-Schwärme durch den winterfahlen Himmel. Wie spielende Riesenlibellen schwirren sie durch das trübe Blau des Luftraumes, während die Zerstörergruppen noch im geschlossenen Verband fliegen.

Manchmal blickt auch der junge Leutnant in der Kabine einer Schwarmführermaschine hinunter auf die mit Eisschollen gesprenkelte Oberfläche der Nordsee. Seine Gedanken kehren immer wieder zu dem gleichen Punkt zurück: Sollte die Meldung über den Einflug einer britischen Bombergruppe denn wirklich stimmen?

Der enge Verbandsflug bereitet dem Leutnant keine Schwierigkeiten. Sein Name ist Helmut Lent. Während er auf die endlose Wasserwüste tief unter der Zerstörermaschine hinuntersieht, denkt er an die bisherigen Kriegsereignisse. Am 1. September 1939 hatte es begonnen. Krieg mit Polen! Schon am 2. September der erste Abschuß. Unwillkürlich huscht der Blick des Leutnants über die Tragfläche, auf der die Warte einige Einschüsse der polnischen Flak mit roten Rändern ummalt hatten.

Und jetzt Krieg mit England! Seit dem 3. September!

Lent schüttelt kurz den Kopf. Einige Strähnen seines hellen Haares haben sich unter der Kopfhaube hervorgeschoben. Er sieht kurz nach hinten und begegnet dem Blick des Funkers. Das Heck-MG deutet im Augenblick auf zwei Me 109, die in rasantem Sturz auf den Zerstörerverband zukommen.

Dann spiegelt sich die weite Verlassenheit des Meeres wider in den Augen des Leutnants. Der Himmel ist noch voller Friede. Es scheint fast unmöglich, daß irgendwo feindliche Bomber in Sicht kommen könnten. Die Nadeln der zahlreichen Instrumente vibrieren auf ihren Normalwerten. Die beiden Luftschrauben rotieren unter silbernen Kreisen. Rechts und links Maschine an Maschine; Eisblumen hängen auf den Kanzelscheiben.

Der Verband steigt immer noch. Piloten und Funker greifen nach den Atemmasken. Die Variometernadeln klettern.

Der Leutnant streckt die Beine aus. Für Augenblicke löst er sie von den Seitenruderpedalen.

Der Höhenmesser zeigt jetzt fünftausend Meter an. Feindbomber! Wo sind sie denn? Man müßte sie doch schon sehen können. Ein ganzer Verband? Wie das wohl aussehen mag?

Auf einmal sind sie da. Eine Phalanx kleiner grauer Punkte schält sich aus dem trüben Blau des Himmels. Für Sekunden blickt Lent wie gebannt auf die schmalen Silhouetten in nördlicher Richtung. Er ist von dem unerwarteten Anblick so überrascht, daß er zunächst nicht einmal auf die erregten Laute in den Kopfhörern achtet.

Die Sekunden rinnen dahin. Jede scheint sich zu einer Ewigkeit auszudehnen. Die Jäger stoßen bereits wie wütende Geier auf die Feindbomber herab. Lent versucht, die Kampfmaschinen zu zählen. Er bringt es nicht fertig. Es sind zu viele. Dreißig, vierzig vielleicht.

Ein Befehl des Verbandsführers kommt über das FT. Sofort legt der Leutnant die Me 110 in eine leichte Linkskurve und schert aus der Gefechtsformation aus. Die Piloten seines Schwarmes folgen ihm in seitlich gestaffelter Kolonnenform.

Mit geweiteten Augen blickt Lent auf die Armada der britischen Vickers-Wellington-Bomber. Dunkle Abgaswolken hängen hinter ihren Motoren.

Lents Schwarm liegt jetzt in einer starken Rechtskurve. Die Bugpartien drehen aus seitlich-hinterem Winkel auf die Leitwerke der Feindmaschinen ein. Mit einer mechanischen Bewegung betätigt Lent die Schaltung der Waffen. Rote Kontrollampen leuchten auf.

Einer der Bomber wächst bereits riesengroß ins Visier. Aus dem Heckstand lösen sich glutende Feuerstriche, die in Sekundenschnelle an den Tragflächen der Me 110 vorbeizischen. Dann hallt das polternde Echo der Bordwaffen durch die Kabine. Lent beugt sich nach vorn, als er die wabernden Blitze der Einschläge in der linken Motorenpartie der „Wellington" erkennt. Seine Bordwaffen feuern immer noch. In den Kopfhörern des Leutnants ist der erregte Atem des Bordfunkers zu vernehmen. Der Gefreite hockt wie gelähmt auf seinem Sitz und starrt mit fahlem Gesicht auf den heranrasenden Bomber.

Der Bug der Me 110 scheint sich jeden Augenblick in die Flanke der „Wellington" hineinbohren zu wollen. Ruckartig zieht Lent das Steuer nach hinten. Leuchtspurgarben huschen an der Kabine vorbei. Von oben her stürzen Jägerschwärme gegen den Pulk der Feindbomber.

Die Stimme des Bordfunkers überschlägt sich fast vor Erregung.

„Herr Leutnant — er brennt — er wackelt — er stürzt ab!"

Lent bringt kein Wort heraus. Also war es doch wahr gewesen! Ein Feindbomber neben dem anderen!

Die Zerstörermaschine neigt sich nach rechts, während die brennende „Wellington“ aus dem Verband ausschert und trudelnd dem Meer entgegenstürzt.

Plötzlich steht ein greller Feuerblitz vor dem Himmel. Er umhüllt eine Me 109, die sich in einer schaurigen Explosionswolke in ihre Einzelteile auflöst.

Wenige Augenblicke später ist der feindliche Bomberverband gesprengt. Überall stürzen abgeschossene Maschinen dem Meer entgegen. Darüber jagen die Zerstörer zusammen mit den Messerschmitt-Jägern in engen Kurven durch den Luftraum.

Der Bordfunker spricht erregte, abgehackte Wortfetzen ins Mikrophon, während Lent seine Me 110 in einer weiten Schleife durch den Himmel zieht. Er legt die Maschine ruckartig gerade, als er in frontaler Richtung einen „Wellington“-Bomber anfliegen sieht.

Der schlanke Bug ist bereits auf das stetig größer werdende Profil der Feindmaschine gerichtet, die jetzt leicht zur Seite kurvt. Die Entfernung nimmt mit enormer Geschwindigkeit ab. Rings herum ist der Himmel erfüllt mit kurvenden, steigenden und stürzenden Flugzeugen. Lent löst aus etwa fünfhundert Metern sämtliche Bordwaffen aus. Der lange Feuerstoß wühlt sich in die linke Tragflächenwurzel der Bombenmaschine. Glutrote Feuerbälle quirlen aus den Einschußstellen. Der Leutnant reißt die Me 110 nach rechts, als dicht vor dem Bug eine einmotorige Jagdmaschine fast senkrecht in den Himmel hineinsteigt.

Dann ist wieder alles wie kurz zuvor. Der Bomber wird riesengroß. Auf Rümpfen und Tragflächen leuchten die blau-weiß-roten Kokarden. Feuerzungen zucken gegen die Kanzel. Aus den seitlichen Luken fallen dunkle Gestalten heraus, ehe die Me 110 dicht über die brennende „Wellington“ hinwegrast. Mit stockendem Atem zieht Lent den Knüppel nach hinten. Sekundenlang ist der Bug der Zerstörermaschine fast senkrecht gegen den Himmel gerichtet.

Eine eigenartige Ruhe überkommt den jungen Leutnant. Sein Blick wandert kurz über den Schauplatz der Luftschlacht. Eine Reihe von Bombern stürzt brennend vom Himmel. Der Bordfunker ist bereits heiser vor Erregung.

„Abschuß — er brennt, Herr Leutnant — er geht nach unten weg!"

Auch dieses Mal gibt Lent keine Antwort. Seine buschigen Brauen haben sich tief über die Augen gesenkt.

Die Sonne steht wie eine blaßrote Kugel am südöstlichen Horizont. Die Me 110 Lents fliegt ihr sekundenlang entgegen. Plötzlich schält sich ein dunkler Schatten aus der roten Scheibe.

Der Feindbomber ist schon so nahe, daß Helmut Lent sofort zu feuern beginnt. Zum drittenmal innerhalb kurzer Zeit beobachtet er die Feuerblitze der Einschläge. Dieses Mal an der Kanzel und der rechten Motorpartie der britischen Kampfmaschine. Die Me 110 befindet sich noch im Angriff, als der Bomber nach vorn wegkippt und in steilem Winkel dem Meer entgegenstürzt.

Drei! dröhnt es im Unterbewußtsein des Einundzwanzigjährigen. Sein Blick wandert durch den Himmel. Erst jetzt spürt er den Schweiß in seinen Handflächen. Die Stimme des Funkers klingt wie aus weiter Ferne an sein Gehör. Er zieht den Knoten des Fliegerschals auseinander und lehnt den Kopf zurück. Als er wieder nach unten blickt, sieht er die Wrackstücke abgestürzter Flugzeuge auf dem Meer schwimmen.

„Herr Leutnant — Herr Leutnant — gratuliere!"

Ein kurzes Lächeln huscht über Lents Gesicht. Aus den Kopfhörern kommt der Befehl zum Sammeln. Die Luftschlacht über der Deutschen Bucht ist beendet. Von allen Seiten kurven die Zerstörer jetzt aufeinander zu.

Die Meeresfläche hinter den abfliegenden Flugzeugen hat sich in einen großen Friedhof verwandelt. Zusammen mit den anderen Piloten des Zerstörergeschwaders fliegt Leutnant Lent dem fingerartigen Inselgebilde in der Nordsee entgegen. Als der Schnee unter den Laufrädern seiner Maschine aufstäubt, kommt ihm das Ausmaß seiner vorhin errungenen Erfolge erst richtig zu Bewußtsein.

Von da an nannte man ihn den „Schützenkönig der Deutschen Bucht".

Acht schattenhafte, gespenstische Silhouetten huschen durch den Nebel, der sich am Morgen des 9. April 1940 über das Wasser des Skagerrak gebreitet hat.

Es sind acht Messerschmitt-110-Zerstörer der I./ZG 76.

Die Piloten haben die Armaturenbeleuchtung eingeschaltet. Der Widerschein des bläulichen Lichtes reflektiert auf ihren Gesichtern. Regungslos starren sie auf die Blindfluginstrumente, während sie mit Hunderten von Stundenkilometern durch die tückische „Waschküche" aus wallenden Nebelschleiern huschen.

Die Männer an Bord der Zerstörer sind die Vorausabteilung eines neuen Kriegsunternehmens, das später einmal unter dem Tarnnamen „Weserübung" in die Geschichte des Krieges eingehen sollte.

Während sie durch den undurchdringlichen Nebel fliegen und manchmal an die vorausliegenden Berge der norwegischen Fjorde denken, hat eine Armada von Kriegsschiffen und Truppentransportern Kurs auf die wichtigsten norwegischen Häfen genommen.

In einem der Flugzeuge sitzt ein junger Leutnant am Steuer. Die Worte seines Kommodore klingen jetzt wieder in ihm nach:

„... alles wird von der genauen Einhaltung des Planes abhängen. Euer Sprit reicht für den Anflug und für eine halbe Stunde Kampf über dem Flugplatz von Oslo-Fornebu. Hauptziel ist die Ausschaltung der Erdabwehr. Dann Inbesitznahme des Flugplatzes nach der Landung der Fallschirmjäger und der Luftlandetruppen ..."

Der Nebel scheint immer dichter zu werden. Oslo-Fornebu! Man kennt den Platz nur von Luftbildern. Vier gekreuzte Startbahnen — dahinter Hügel ... Irgendwo müssen zu dieser Stunde Ju 52 mit den Fallschirmjägern im Anflug sein. Wie die Flugzeugführer der Transporter wohl mit dieser verfluchten Wetterlage zurechtkommen werden?

Die dreimotorigen Ju 52 mit den Fallschirmjägern an Bord sind noch fern. Auch sie fliegen durch den höllischen Nebel. Es sind 29 Transporter der II./KG z. b. V. 1.* In den geräumigen Rümpfen sitzen die Fallschirmjäger des I./Fallschirmjägerregiment 1. Sie sind für die Eroberung von Oslo-Fornebu vorgesehen. Nach ihnen sollen Soldaten des II./Infanterieregiment 324 landen und die Fallschirmjäger unterstützen.

---

* z. b. V. = zur besonderen Verwendung

Die Planer des Unternehmens „Weserübung“ hatten an alles gedacht — nur an diesen Nebel nicht.

Vor den Bugs der Me-110-Zerstörer hat sich der Widerschein von Sonnenlicht mit den grauen Nebelschwaden vermischt. Wenige Minuten später stoßen die acht deutschen Flugzeuge durch den Dunst.

Für Sekunden schließt Leutnant Lent geblendet die Augen. Als er sie wieder öffnet, sieht er den Flugplatz von Oslo-Fornebu vor der schmalen Frontscheibe.

Zum erstenmal klingt die Stimme des Staffelkapitäns, Oberleutnants Hannsen, aus den Kopfhörern. Kurz darauf gehen die Zerstörer zum Angriff auf den norwegischen Flugplatz über. Sie stürzen sich in die Lichterbahnen der Flakgeschütze und zischen im Tiefflug über das weite Rollfeld. Vor ihren Kanonenmündungen züngeln die Flammen des Mündungsfeuers. Ihre Geschoßbahnen kreuzen sich mit den Leuchtspurfäden der Flak- und MG-Stellungen.

Nach dem ersten Angriff ziehen sie in Kolonnenform wieder in den Himmel hinein. Der Anblick des Einsatzzieles hat sie die Hölle des Nebels vergessen lassen, durch den sie vorhin geflogen waren. Sie denken auch nicht mehr an die Transporter, denen sie den Weg freikämpfen sollen. Sie brauchen nur zur Erde hinunterzusehen, um zu erkennen, an wie vielen Stellen jetzt der Tod auf sie lauert.

In dritter Position kurvt Leutnant Lent seine Me 110 zum zweiten Angriff auf den Flugplatz ein. Auch dieses Mal jagen die Zerstörer durch das Kreuzfeuer der Flakstände. In sich zusammengekauert sieht Helmut Lent die teuflischen Lichterfäden an der Kabine vorbeischwirren. Vor ihm leuchtet der rotgelbe Kreis des Visiers an der Frontscheibe. Ein langer Feuerstoß peitscht gegen eine Flakstellung. Dann ein Zug am Knüppel. Die Maschine bäumt sich auf. Wortfetzen dringen aus den Kopfhörern. Voraus fliegt die Me 110 des Kapitäns. Aus der Kurve heraus zählt Lent die anderen Flugzeuge. Sie sind noch alle in der Luft.

Plötzlich tauchen andere Flugzeuge auf. Sie kommen direkt aus der Sonne heraus. Es sind Doppeldecker vom Typ „Gloster Gladiator“. Ehe der Verbandsführer noch einen Befehl gegeben hat, lösen sich die acht Zerstörer aus der Kolonnenformation. Lent reißt seine Me 110 in

HELMUT LENT

WALTER KUBISCH

*der mit dem Ritterkreuz ausgezeichnete Bordfunker von Oberstleutnant Lent*

eine steile Rechtskurve. Einer der norwegischen Jäger zischt in seiner Nähe vorbei. Dann ein zweiter. Unten dreht sich der norwegische Flugplatz unter den kreisenden Maschinen. Über dem Fjord hängt die Nebelwand wie ein grauer Sack. Die Motoren laufen auf Vollast. Unbewußt hat auch Lent die beiden Gashebel bis zum Anschlag nach vorn geschoben. Die Norweger liegen jetzt auf Gegenkurs. Eine der „Gloster"-Maschinen kommt frontal auf Lent zu. Mit einer instinktiven Bewegung drückt er den Kanonenknopf durch. Die Garbe liegt sofort deckend. In Sekundenschnelle löst sich das norwegische Jagdflugzeug in seine Einzelteile auf.

Lents „Me" steigt in den Himmel hinein. In einer Kurve kommt die Nebelwand wieder ins Blickfeld. Wo nur die Transporter bleiben?

Weder Lent noch die anderen Besatzungen der Me-110-Zerstörer können zu dieser Stunde wissen, daß die Ju-52-Piloten mit den Fallschirmjägern vor der dichten Nebelwand kapituliert und den Rückflug angetreten haben.

Die norwegischen Jäger stürzen plötzlich nach unten weg. Ob sie den Kampf abgebrochen haben? *

Lent hält die Maschine immer noch in engen Kurven. Er zuckt zurück, als am Armaturenbrett die erste Warnlampe aufleuchtet. Bald werden die anderen folgen. Der Treibstoff wird also nicht mehr lange reichen. Und dann?

Der Kapitän befiehlt einen neuen Angriff. Lent zieht die Me 110 herum und schließt zur Kolonne auf. Die Flak beginnt wieder zu feuern. Einschläge prasseln in die rechte Tragfläche von Lents Maschine.

Ein Tiefangriff folgt dem anderen. Es ist wie ein Aufbäumen gegen ein unabänderliches Schicksal. An den Armaturenbrettern leuchten die Warnlampen der Treibstoffanzeige.

Die Blicke der Männer wandern über das Wasser des Fjords.

Plötzlich schallt ein Schrei aus den Kopfhörern.

„Da drüben fliegen sie ..."

Auch Lent reißt den Kopf herum. Eine Ju 52 kommt aus der Nebelwand heraus, dann eine zweite. Die erste Maschine schwebt zur Lan-

---

* Es war so. Der norwegische Kommandeur hatte den Jägerpiloten zu diesem Zeitpunkt befohlen, sich aus dem Gefecht zu lösen.

dung an. Den Männern in den Kabinen der Me 110 stehen die Haare zu Berge. Aber sie können nichts tun. Sie liegen in einer Steilkurve, als sich die Ju 52 mit ihrer Menschenlast an Bord einer Startbahn entgegensenkt. Plötzlich peitscht der landenden „Ju“ wütendes Flakfeuer entgegen. Verzweifelt schiebt der Flugzeugführer wieder das Gas hinein und startet durch.

Die andere Ju 52 setzt jetzt ebenfalls zur Landung an.

In diesem Augenblick hört Lent die Stimme seines Kapitäns.

„Landen Sie, Lent, wir geben Ihnen Feuerschutz.“

Der Leutnant quittiert den Befehl und neigt seine Maschine auf die linke Tragfläche. Vergessen sind der Flug durch die Nebelwand, der Luftkampf mit den „Gladiators“, der Angriff gegen die Flakstellungen. Alles verliert in diesen Augenblicken seine Bedeutung. In wenigen Minuten wird es aus sein. Norwegische Soldaten werden den „Schützenkönig der Deutschen Bucht“ in Empfang nehmen ...

Aber Befehl bleibt Befehl. Ein verzweifelter Zorn breitet sich in Lent aus. Er drückt den Knüppel nach vorn. Plötzlich geht ein Schlag durch die Maschine. Eine Flakgarbe hat den rechten Motor zum Stillstand gebracht.

Die Me 110 dreht nach rechts. Sie befindet sich noch etwa fünfzig Meter über der Erde. Lent tritt in das linke Seitenruder. Der Schweiß läuft ihm über das Gesicht. Die Erde kommt näher und näher. Dann ein heftiger Stoß. Die Maschine rollt — auf der Erde eines feindlichen Flugplatzes. Der Leutnant starrt zu den Flakständen hinüber. Die Geschütze feuern nicht.

Plötzlich sieht Lent die Ju 52. Die Transportmaschine war auf einer benachbarten Betonpiste heruntergegangen. Das dreimotorige Ungetüm rollt jetzt genau auf die Kreuzung der beiden Landebahnen zu.

Aus! sagt sich Lent. Jetzt ist es gleich aus! Er denkt nicht einmal mehr an die Flak. Wie fasziniert starrt er auf die von links heranrollende Transportmaschine. Doch auf einmal wird die Vorwärtsbewegung der Ju 52 langsamer. Die tödliche Gefahr scheint gebannt. Aber es war nur eine von vielen. Die Me 110 will immer wieder ausbrechen. Die Flak schweigt auch jetzt noch. Warum nur?

Der Leutnant drückt die Bremsen durch. Dann sieht er plötzlich den Graben am Ende der Landebahn. Blitzschnell zurrt er die Anschnallgurte fester. Entsetzen schillert in seinen Augen. Sekunden später wird das Heck der Me 110 in die Höhe gerissen. Ein fürchterliches Krachen und Bersten klingt durch die Zelle. Dann wird es still.

Der Staffelkapitän ist hinter Lents Me 110 gelandet. Im Ausrollen sieht er noch, wie sich die Maschine überschlägt. Aber es bleibt keine Zeit für mitleidige Empfindungen. Denn überall lauert Gefahr. Der Oberleutnant kommt sich vor wie auf einer Hinrichtungsstätte, als er mit hoher Fahrt zum Platzrand hinüberrollt. Er kommt an der Ju 52 vorbei, aus deren Rumpf gerade Soldaten des II./Infanterieregiment 324 herausspringen. Auf der Landebahn rollen die restlichen Maschinen seiner Staffel.

Der Kapitän öffnet die Kabine und steigt aus. Die Infanteristen scharen sich um ihn, Ratlosigkeit und Erstaunen auf den Gesichtern.

Plötzlich hat Oberleutnant Hansen das Gefühl, von einer Vision genarrt zu werden. Fassungslos blickt er den beiden Gestalten entgegen, die im Laufschritt angerannt kommen. Voraus Helmut Lent und hinter ihm sein Funker Kubisch, ein ausgebautes MG auf der Schulter.

Ehe der Kapitän noch etwas sagen kann, dröhnen weitere Transportmaschinen durch den Luftraum über dem Flugplatz. Die Flak schweigt auch jetzt noch. Warum eigentlich?*

Schwer atmend steht Lent vor dem Oberleutnant. Ein Grinsen liegt auf seinem Gesicht.

„Menschenskind, Lent!“ sagt der Oberleutnant. „Das war ein Ding, was?“

Fallschirmjäger und Infanteristen laufen jetzt über das Rollfeld. Der Flugplatz von Oslo-Fornebu ist in deutscher Hand.

Die Erfolge über der Deutschen Bucht und der gelungene Handstreich auf den Flugplatz von Oslo-Fornebu waren nur der Auftakt für die ungewöhnliche fliegerische Karriere des Pfarrersohnes Helmut Lent.

---

* Auch die norwegische Flak hatte inzwischen den Befehl erhalten, das Feuer einzustellen.

Am 13. Juni 1918 war er in Pyrehne, Kreis Landsberg/Warthe, geboren worden. Nach der Reifeprüfung am 12. Dezember 1935 trat er am 6. April 1936 als Fahnenjunker in die Luftkriegsschule Berlin-Gatow ein. Lent wurde am 1. März 1938 zum Leutnant befördert. Anschließend nahm er als Pilot des Zerstörergeschwaders 76 am Krieg gegen Polen teil. Schon einen Tag nach Kriegsbeginn erzielte er seinen ersten Luftsieg. Er erhielt am 21. September 1939 das EK II, am 11. Mai 1940 das EK I und das Narvikschild.

Sein kometenhafter Aufstieg begann beim Nachtjagdgeschwader 1.

Die ferne Erde gleicht einer Gespensterlandschaft. Breite Lichtbalken huschen durch den Himmel, vereinigen sich zu gewaltigen Kreuzen, wandern weiter und tasten mit zitterndem Rucken über die Myriaden von Sternen.

Achttausend Meter über der Zuidersee fliegt eine einzelne Me 110. Im Schein des Mondes schimmern die Gitterantennen des Nachtjagd-Suchgerätes wie weit vorgereckte Fühler eines überdimensionalen Insektes.

Angespannt blicken drei Männer in das fahle Zwielicht des nächtlichen Himmels. Manchmal erklingen monotone Stimmen in ihren Kopfhörern. Vor dem Oberkörper des Bordfunkers verströmen kleine runde Leuchtröhren ein grünblaues Licht. Winzige Zacken wandern über die ovalen Scheiben, verschwinden und kommen wieder.

„Was ist, Kubisch?"

„Noch nichts, Herr Major!"

„Verflucht, es wird Zeit!"

Der Pilot lehnt sich im Sitz zurück. Für Sekunden wandert sein Blick über den bläulichen Kreis der linken Luftschraube zu den Geisterarmen der Scheinwerfer hinüber, die immer weiter hinter der Nachtjagdmaschine zurückbleiben.

Schon seit gut einer Stunde hängen die Atemmasken vor den Gesichtern der Männer an Bord der Me 110, die jetzt mit Westkurs auf das Funkfeuer „Erika" zufliegt.

Die Augen des Majors hinter dem Steuer sahen schon über neunzigmal die schaurigen Brände aus Rümpfen und Tragflächen feindlicher Bomber herauslodern. Erst vor einer halben Stunde hatte er einen weiteren Luftsieg errungen. Eine viermotorige „Short Stirling“ war unter den Kanonengarben seiner Maschine in der Nähe von Maastricht in die Tiefe gestürzt.

Aus den Kopfhörern Helmut Lents dringt ein kurzes Räuspern. Kurz darauf hört er die Stimme von Oberfeldwebel Kubisch:

„Feindzacken voraus ... Entfernung 2000 ... wandert nach links. Zwanzig mehr rechts ... gut ... Zacken bleibt ...“

Das rätselhafte Fieber ist plötzlich wieder da. Lent rückt sich im Sitz zurecht. Seine Augen richten sich auf das schmale Geviert der Frontscheibe. Regungslos starrt er in die Nacht hinein. Der Augenblick ist wieder gekommen, wo alles zur kalten Routine der Vernichtung wird. Ein neuer Kampf auf Tod und Leben hat begonnen. Voraus fliegt ein Bomber durch das Dunkel der Nacht. Aber die Suchstrahlen des Nachtjagd-Suchgerätes „Liechtenstein NS 2“ haben ihn auf dem Leuchtschirm der Braunschen Röhre trotzdem sichtbar gemacht.

Zum zweitenmal in dieser Nacht halten der Funker und der Bordschütze hinter Lent den Atem an. Mit jeder weiteren Sekunde nimmt die Distanz zu dem feindlichen Bomberriesen ab.

Lent spricht nicht mehr. Starr und regungslos blickt er in die Nacht hinein. Das monotone Dröhnen der Motoren erfüllt die Kabine. Der Major bleibt genau auf dem Kurs, den das Suchgerät vorschreibt. Wieder einmal findet er auch im Dunkel der Nacht die Spur des Feindes.

Eine deutliche Erregung schwingt jetzt in der Stimme des Oberfeldwebels mit:

„Entfernung nimmt ab ... Kurs gut ... noch fünfhundert ... noch vierhundert ...“

„Da ist er!“

Mit dunkler Stimme murmelt Lent die drei Worte ins Mikrophon. Der viermotorige Bomber kommt jetzt mit großer Geschwindigkeit näher. Wie Elmsfeuer leuchten seine Auspuffflammen in die Nacht hinein.

Unter dem hohen Seitenleitwerk schimmert das Mondlicht auf dem gläsernen Rechteck des Heckschützenstandes. Die Läufe der Maschinengewehre hängen noch nach unten.

Durch die Me 110 geht ein Ruck, als Helmut Lent den Knüppel vorschiebt. Der Feindbomber fliegt jetzt halb über der Nachtjagdmaschine. Für Sekunden bleibt der Bug der Me 110 noch nach unten gerichtet. Dann richtet er sich langsam wieder gegen den Sternenhimmel.

Im gleichen Augenblick brechen Feuerstrahlen aus den dunklen Kanonenschlünden an der Bugspitze. Ein langes rotgelbes Gitternetz legt sich vor die Kanzelpartie der „Stirling". Die Geschosse sind wie Krallen des Todes, die sich immer tiefer in den Leib des Bombenflugzeuges hineinwühlen. In Sekundenschnelle zischen Feuerschleier aus der Rumpfunterseite. Über der linken Tragfläche sticht ein greller Blitz gegen den Himmel.

Die Me 110 kippt jetzt nach links weg. Das Heulen des Fahrtwindes preßt sich um die stürzende Maschine.

Der brennende britische Bomber entfernt sich immer mehr. Lent legt die Nachtjagdmaschine in eine Rechtskurve. In einer weiten Schleife zieht er vor der lodernden Riesenfackel durch den Himmel. Im Widerschein des Feuers zeichnen sich die Gestalten von Menschen ab, die nacheinander aus einer seitlichen Luke herausspringen.

Plötzlich scheint sich die „Stirling" wie in einem Krampf zu schütteln. Ein Teil der linken Tragfläche löst sich und wirbelt wie ein feuriges Rad in die Tiefe.

Der deutsche Nachtjäger liegt immer noch in der Kurve, als eine grelle Explosion ihren gleißenden Schein über die Kabine der Me 110 breitet. In Sekundenschnelle verwandelt sich der tödlich getroffene Bomber in eine dichte Wolke durcheinanderwirbelnder Einzelteile.

In den Kopfhörern erklingt Kubischs Stimme:

„Von Bussard eins an Meteor ... Abschuß ‚Short Stirling' in Nordpol-Ludwig zwo. Frage Viktor."

Sekunden vergehen. Lent sitzt immer noch weit nach vorn gebeugt hinter dem Steuer. Sein Blick ist auch jetzt noch auf den feurigen Regen der brennenden Flugzeugteile gerichtet, der langsam in die Tiefe rieselt.

Das erregte Räuspern klingt jetzt wieder aus den Kopfhörern:

„Gratuliere zum Fünfundneunzigsten, Herr Major!"

Lent hört die Worte, ohne ihren Sinn bewußt in sich aufzunehmen. Er wendet jetzt langsam den Kopf. Für Sekunden sieht er die von phosphoreszierendem Licht umwobene obere Gesichtspartie des Bordfunkers.

„Danke, Kubisch. Es war auch Ihrer." Und dann nach einer kurzen Pause: „Neues Ziel! Sie fliegen zurück. Wir sind mitten im Pulk."

„Jawohl, Herr Major."

Dann wird es wieder still in den Kopfhörern. Tief unter der Me 110 schweben Fallschirme der fernen Erde entgegen. Die Nachtjagdmaschine liegt wieder in horizontaler Fluglage. Das kleine Miniaturflugzeug des künstlichen Horizontes pendelt ein Stück über der gelblichen Phosphormarkierung.

Der Kompaß zeigt nach Osten. Dorthin, wo über einer deutschen Stadt wieder die Hölle ihre Pforten geöffnet hat. Fern am Horizont leuchtet ein schwacher Feuerschein.

Der Major wischt sich über die Stirn, ehe sich seine Hand wieder um den Griff des Knüppels klammert. Die Abschußzahl, die der getreue Gefährte unzähliger Feindflüge vorhin genannt hatte, dringt wieder in die Erinnerung. Lent denkt an die vielen Nächte inmitten der feindlichen Bomberströme. Hunderte und Tausende von Bombern waren bereits abgeschossen worden. Trotzdem nahmen die Einflüge kein Ende. Jedesmal sank eine andere Stadt und Schutt und Asche.

Die Stimme Kubischs schreckt Helmut Lent aus seinen Gedanken.

„Neuer Feindzacken ... wandert nach rechts ... ist weg ... kommt jetzt wieder ... Entfernung 1000 ... Höhe 500 mehr ... Kurs null, sieben, fünf ... Zacken bleibt ..."

Mit leisem Rauschen strömt der Sauerstoff durch das Ventil der Atemmaske. Die Gedanken an die sterbenden Städte werden noch drängender. Denn voraus fliegt einer ihrer Todfeinde.

Kubisch gibt eine Korrektur. Der Feindbomber scheint nach Norden abzudrehen. Lent legt die Me 110 in eine 90-Grad-Kurve. Langsam schwenkt der Bug in die neue Richtung.

„Feindmaschine gibt Höhe auf!" Erregt keucht Kubisch die Worte ins Mikrophon. „Immer noch drücken, Herr Major — drücken ..."

Eine erbitterte, gnadenlose Jagd hat begonnen. Für Helmut Lent sind die Blindfluginstrumente bedeutungslos geworden. Der Sternenhimmel ist Horizont genug. Weit nach vorn gebeugt sucht er nach dem Schatten der feindlichen Kampfmaschine. Plötzlich schimmert tief unter dem Nachtjagdflugzeug das Wasser der Nordsee im Schein des Mondes.

Sekunden später schält sich die Silhouette eines Halifax-Bombers aus dem Zwielicht des Sternenhimmels. Der gewaltige Schatten kommt näher. Das Gezüngel der Auspuffflammen ist schon deutlich zu sehen.

Einige unverständliche Worte und ein halb erstickter Fluch dringen über den Mund des Majors. Der Steuerknüppel der Me 110 ist immer noch nach vorn geneigt. Unerbittlich bleibt Lent auf der Fährte des flüchtenden Feindbombers. Er ahnt, daß der britische Pilot ihn durch den flachen Sturz auf See hinaus abzuschütteln versucht.

Lent erhöht den Sturzwinkel. Die Tachometernadel wandert nach oben. Mit pfeifendem Zischen heult der Fahrtwind um die Maschine.

2000 ... 1500 ... 1000 Meter!

Die Entfernung verringert sich nur langsam, aber unerbittlich. Die holländische Küste ist bereits hinter der Me 110 zurückgeblieben.

Plötzlich züngeln grelle Lichterfäden durch den Himmel. Sie kommen aus dem Heckstand des fliehenden Bombers.

Lent duckt den Kopf nach vorn. Dann zieht er den Knüppel leicht nach hinten. Die Leitwerkpartie der „Halifax" wandert ins Fadenkreuz. Die Tragflächen ragen schon weit über den Rand des Visierkreises hinaus.

Sekunden später kreuzen sich die Leuchtspurgarben Lents mit den Glutfäden aus dem britischen Heck-MG. Sie tasten sich über den Rumpf und senken sich auf das gläserne Rechteck unter der hohen Leitwerksflosse.

Das Duell auf Leben und Tod nähert sich jetzt seinem Ende. Noch hat das Schicksal keinen Sieger bestimmt. Nur das ist sicher, daß einer der beiden Kämpfer in wenigen Augenblicken für immer unter den gischtenden Schaumkronen der See verschwinden wird.

Der feindliche Heckschütze feuert nicht mehr. Er hängt leblos in den Gurten, den Kopf gegen das von vielen Einschlägen zerfetzte Glas seines MG-Standes gedrückt.

Die Me 110 schiebt sich jetzt von hinten in den toten Winkel des oberen Heckstandes. Der nächste Feuerstoß der Bordkanonen prasselt wie ein letzter fürchterlicher Trommelwirbel auf den britischen Bomber hinab. In Sekundenschnelle kippt die Kanzelpartie nach vorn weg. Kurz darauf stürzt die tödlich getroffene Maschine ins Meer.

Keiner der Männer an Bord der Me 110 spricht ein Wort nach diesem schaurigen Ereignis. Das Entsetzen über das Ende dieses Luftkampfes hockt wie ein Gespenst in ihnen.

Lent fliegt in engen Schleifen um die Absturzstelle. Die gurgelnden Wellenberge sinken langsam in sich zusammen.

Geraume Zeit vergeht noch, bis der Bordfunker die Worte spricht: „Keiner ist mehr 'rausgekommen!"

Eine Viertelstunde später landet Helmut Lent auf dem Flugplatz von Venloo. Mit gedrosselten Motoren rollt er auf die grünen Lampen zu, die von den Warten über den Köpfen geschwungen werden.

Dann verstummen die Triebwerke. Lent öffnet die Kabine. In tiefen Zügen saugt er die laue Luft in sich hinein. Als er zur Seite blickt, steht Kubisch vor ihm auf der Tragfläche. Sein Gesicht wirkt fahl und unwirklich im Widerschein des Landefeuerlichts.

Immer mehr Mechaniker scharen sich um das Nachtjagdflugzeug. Ihre Blicke wandern zwischen dem linken Seitenleitwerk und der Gestalt des Majors hin und her. Der Funker und der Schütze stehen neben ihm. Sie blicken schweigend auf den Flugplatz hinaus. Die Landebahnbefeuerung ist noch eingeschaltet. Mit tuckernden Motoren schwebt eine andere Me 110 zur Landung an.

„Lent", murmelt einer der Warte, „das ist Lent. Mann, guck dir einmal die Abschußstriche auf dem Leitwerk an. Über neunzig."

Der Major setzt seine Schirmmütze auf. Oberfeldwebel Kubisch und der Schütze folgen ihm, als er sich von der Maschine entfernt. Schweigend laufen die drei Männer nebeneinander her. Sie reden nie viel nach einem Einsatz. Vielleicht denken sie in diesen Augenblicken noch einmal an die zehn britischen Flieger, deren Maschine vor der holländischen Küste zu ihrem eigenen Sarg wurde. Oder auch daran, daß dieser Feindflug sicher nicht der letzte in dieser Nacht war.

Einige Zeit später betreten sie den Bereitschaftsraum in der Nähe des Kommandogebäudes.

Eine halbe Stunde nach Mitternacht sitzen sie wieder in der Kabine der Me 110.

Helmut Lent — nach seiner nächsten Beförderung der jüngste Oberstleutnant der deutschen Luftwaffe — flog auch weiterhin von Sieg zu Sieg. Als Staffelkapitän des NJG 1 hatte er mit sieben Tag- und fünf Nachtjagdabschüssen den Ehrenpokal für besondere Leistungen im Luftkrieg erhalten. Nach dem 13. Nachtjagdsieg wurde er am 2. September 1942 mit dem Ritterkreuz ausgezeichnet. Am 6. Juni 1942 erhielt er nach 38 Abschüssen das Eichenlaub und nach 72 Luftsiegen als 32. Soldat der Wehrmacht am 2. August 1943 die Schwerter. Oberstleutnant Lent erzielte seinen 100. Abschuß am 16. Juni 1944, worauf er am 31. Juli 1944 als 15. Soldat der Wehrmacht mit den Brillanten zum Ritterkreuz ausgezeichnet wurde. Schon im Januar 1941 war er Kommandeur der IV. Gruppe des NJG 1 geworden. Am 1. August 1943 hatte er das NJG 5 als Kommodore übernommen.

Aber der Tod hatte das As der deutschen Nachtjäger nicht aus dem Auge verloren.

Am 5. Oktober 1944, einem strahlendschönen Herbsttag, erfüllte sich das Schicksal des Siegers in 110 Luftkämpfen.

Zusammen mit seinem inzwischen zum Leutnant beförderten Bordfunker, dem Ritterkreuzträger Walter Kubisch, Oberleutnant Klöss und dem Kriegsberichter Leutnant Werner Kark startete er an diesem verhängnisvollen Tag zu einem Flug nach Paderborn. Er wollte seinen Freund, den Eichenlaubträger Oberstleutnant Hans-Joachim Jabs, im Lazarett besuchen. Bei diesem Flug setzte ein Motor der Ju 88 aus. Das Flugzeug verlor an Höhe und stürzte in eine Hochspannungsleitung.

Oberleutnant Klöss, der PK-Berichter Werner Mark und Leutnant Walter Kubisch fanden sofort den Tod.

Helmut Lent kam mit lebensgefährlichen Verletzungen in ein Lazarett. Der Freund, den er hatte besuchen wollen, kam jetzt zu ihm, als er bereits mit dem Tod rang.

Drei Tage nach dem Unglück schloß Helmut Lent für immer die Augen.

★

# HANS JOACHIM MARSEILLE

## Der Adler von Afrika

*„Marseille ist der unerreichte Virtuose unter den Jagdfliegern des Zweiten Weltkrieges. Seine Leistungen galten bislang als unmöglich und wurden nach seinem Tode von niemandem übertroffen. In dem engen Zeitraum von wenig mehr als einem Jahr vollendete sich dieses Fliegerleben. 388 Feindflüge und 158 Luftsiege, davon 151 in Afrika, liegen in dieser Zeit."*

Adolf Galland

Die Nadel des Höhenmessers steht auf 8000 Meter. Unter den Tragflächen der Me 109 leuchtet die Wasseroberfläche der Bucht von Sollum wie ein endloser, von Horizont zu Horizont reichender Spiegel. Voraus in Flugrichtung bricht sich das Licht der Sonne im gelben Sand der Wüste. Der gleißende Schein taucht die tote Landschaft rings um den Halfaya-Paß in eine grelle Helligkeit.

Das Gesicht des jungen Fliegers ist unkenntlich geworden, seit der grüne Gummiwulst der Sauerstoffmaske sich über seine untere Gesichtspartie wölbt. Doch die anderen rings um ihn herum, die jetzt mit Hunderten von Stundenkilometern über die ägyptische Grenze jagen, den Dschebelrändern des Passes entgegen, kennen ihn nur zu gut. Weithin leuchtet eine „gelbe 14" auf dem schlanken Rumpf des Jagdflugzeuges, das Leutnant Hans Joachim Marseille durch den Himmel über der nordafrikanischen Küste trägt.

Es ist ein Himmel, der zu dieser Stunde den deutschen Jägern zu gehören scheint. Dutzende von Augenpaaren suchen pausenlos den Luftraum ab. Aber nirgendwo sind die winzigen Konturen feindlicher Flugzeuge zu sehen.

Marseille sitzt leicht nach vorn geneigt hinter dem Knüppel. Seine Linke umspannt den knolligen Griff des Gashebels. Die Augen hinter den dunklen Gläsern der Blendschutzbrille richten sich manchmal auf das Gewirr der Instrumente am Armaturenbrett und dann wieder auf die lichtschillernde Unendlichkeit der großen Höhen.

Eine nervöse Unruhe hat sich schon seit dem Start in Marseille ausgebreitet. Gedanken und Erinnerungen jagen durch sein Hirn, während das monotone Dröhnen des Motors wie ein fernes Rauschen in die Kabine dringt. Er sieht sich vor dem Kommandeur stehen, mit gesenktem Kopf, die Hände schlaff herunterhängend. Und er hört wieder einmal die Stimme „Papa Neumanns". Der Gruppenkommandeur hatte weder geschrien noch getobt, obwohl er allen Grund dazu gehabt hätte. Denn immerhin war es die zweite Maschine innerhalb kurzer Zeit gewesen, die der hagere Leutnant mit dem schmalen, jungenhaften Gesicht als ein halbes Wrack auf den Feldflugplatz zurückgeflogen hatte. Neumanns Worte klingen auch jetzt noch in der Erinnerung des Fliegers nach:

„... einmal habe ich gedacht, es wird noch etwas aus Ihnen, aber die Ereignisse der letzten Tage haben mich daran zweifeln lassen ..."

Die Wangenmuskeln des Leutnants spannen sich, als er an den Feindflug denkt, der dieser „Vergatterung" vorausgegangen war. Pottgen, der treue Rottenkumpel, hatte ihn über das FT mit den nötigen Anweisungen versorgt. Es war ein halber Blindflug gewesen. Aus dem zerschossenen Motor war das heiße Öl ausgelaufen und hatte sich wie eine dunkle Wand vor die Frontscheibe gepreßt. Die Maschine war durchlöchert wie ein Sieb.

Auch bei jenem verhängnisvollen Feindflug waren die Garben einer „Hurricane" in die Zelle geprasselt, als Marseille den feindlichen Abwehrkreis zu sprengen versuchte. Es war ihm schon das zweitemal mißlungen. Trotzdem war er wieder in den Kreis der Feinde hineingestoßen. Er war wie besessen gewesen von jener Idee, die er schon Wochen und Monate mit sich herumtrug:

... eine Maschine beim Durchziehen durch den Abwehrkreis herausschießen. Dann würden die anderen feindlichen Piloten das Konzept verlieren und könnten einzeln bekämpft werden ...

Hans Joachim Marseille sieht zur Erde hinunter. Irgendwo im Sand der Wüste muß der verwehte Stacheldrahtzaun sein, der die Grenze zwischen dem italienischen Kolonialgebiet und Ägypten markiert.

Marseilles Blick wandert kurz zu Pottgens „Me“ hinüber. Neben ihm fliegen die anderen Kameraden: Mantnich, Oberfähnrich Stahlschmid. Und weiter drüben die restlichen Flugzeuge der I. Gruppe des „Wüstengeschwaders“ (JG 27). Auf den Kabinendächern bricht sich das Sonnenlicht in zuckenden Reflexen.

Der Leutnant denkt jetzt wieder an die Hurricanes und Spitfires, die doch irgendwo sein müssen. Aber noch ist nichts von ihnen zu sehen.

„... einmal habe ich gedacht, es wird noch etwas aus Ihnen, Marseille, aber jetzt ...“

Plötzlich ist jene Empfindung verzweifelter Entschlossenheit wieder in dem jungen Flieger. Gleichzeitig hat er das Gefühl, als ob er eine rätselhafte Stimme höre: „... du schaffst es noch ... eines Tages wird es doch noch klappen ...“

Marseille wischt sich über die Stirn. Sein Blick kreist durch den Himmel. Er denkt an die acht Abschußstriche auf dem Leitwerk seiner Maschine. Dann wandern seine Gedanken zurück über eine weite Distanz. Er sieht sich im Luftraum über dem Ärmelkanal. Siebenmal war er bis jetzt erfolgreich gewesen. Aber nach drei Luftsiegen war er jedesmal selber zur Notlandung gezwungen worden. Fast immer erfolgte die Bauchlandung an einer bestimmten Stelle in der Nähe von Cap Griz Nez. Sogar der gleiche Stabsarzt war nach jeder Bruchlandung zur Stelle. Er hatte sich bei der dritten Landung sogar ironisch erkundigt, ob er nicht besser gleich auf die nächste Pleite des Herrn Fähnrichs warten solle.

Mit einer mechanischen Bewegung greift Marseille nach den Anschnallgurten.

Fast in der gleichen Sekunde beugt er sich ruckartig nach vorn. Die Stille in den Kopfhörern findet schlagartig ein Ende. Stimmen schwirren durch den Äther; laute, gellend ausgestoßene Rufe dringen aus den Muscheln der FT-Haube.

Kaum eine halbe Minute später verwandelt sich der Luftraum über dem Halfaya-Paß in einen wahren Hexenkessel.

Die Beklemmung ist von Marseille gewichen. Seine Hand schließt sich fester um den Griff des Knüppels, während sein Zeigefinger mit einer Routinebewegung den Abzugsbügel der MG nach vorn schiebt.

Die Hurricanes kurven aus stark überhöhter Position auf den deutschen Jägerverband ein. Sie feuern schon im Anflug und weben ein Gitterwerk glühender Lichterfäden um das Rudel der Me 109.

Marseille hat den Knüppel leicht nach vorn gedrückt. Mit schräg nach oben geneigtem Kopf läßt er die Maschine einige hundert Meter stürzen. Die ersten Hurricane-Piloten haben bereits abgefangen und jagen mit Fahrtüberschuß wieder in den Himmel hinein.

Der höllische Tanz der Balkenkreuze und Kokarden geht allmählich seinem Höhepunkt entgegen. Von den Tragflächenspitzen der Jagdmaschinen flitzen kleine Kondensbalken nach hinten. Zuckende Lichtreflexe werden von den Kabinen wie Blitzbündel in das All zurückgeschleudert. Leuchtspurbahnen zischen durch den Himmel. Eine der rotgelben Parabeln wandert mit teuflischer Konsequenz auf die Maschine mit der „gelben 14" auf der Rumpfaußenseite zu.

Marseille legt seine Me 109 in eine blitzschnell eingeleitete Messerkurve. Pottgen fliegt kaum zwanzig Meter hinter ihm.

In Sekundenschnelle hat er die einmalige Chance erkannt. Vielleicht zweihundert Meter entfernt kurvt gerade eine Hurricane auf eine vom Verband abgeplatzte „Me" ein.

Aus halber Rückenlage heraus dreht Marseille die lange Motorpartie seiner Maschine in den Vorhaltewinkel. Er feuert im gleichen Augenblick, als die Feindmaschine unter seinen eigenen Tragflächen verschwindet.

Die Geschoßgarben ziehen sich wie eine tödliche Säge durch die Triebwerksverkleidung der Hurricane. In Sekundenschnelle wird das britische Jagdflugzeug wie von Geisterhand herumgewirbelt. Es beginnt zu torkeln und stürzt dann mit einer langen Brandfahne der Wüstenerde entgegen.

Das Herz poltert mit harten, dumpfen Schlägen in der Brust Marseilles. Der Schweiß läuft in Bächen gegen den Oberrand der Atemmaske. Er hat den Gashebel bis zum Anschlag auf Vollaststellung geschoben und fegt nun in stetigen Wechselkurven durch den Höllenkessel des Luftkampfes. Balkenkreuze und bunte Kokarden huschen an ihm vorbei. Er jagt mitten durch das Gewimmel stürzender, kurvender, steigender und trudelnder Flugzeuge. Ein grellroter Glutball quillt vor dem satten Blau des Himmels auf.

Marseille verspürt plötzlich ein eigenartiges Gefühl. Eine Stimme scheint ihm zuzurufen: ... heute wirst du es schaffen! Probiere es noch einmal ...!

Der britische Jägerverband hat sich zusammengeschart, nachdem der überraschende Angriff aus der Sonne heraus ohne Wirkung geblieben war. Die Jagdflugzeuge haben sich hintereinandergereiht zu einem engen Kreis. Die Briten führen jetzt wieder jenes Flugmanöver durch, bei dem eine Maschine die vorausfliegende mit ihren Bordwaffen deckt.

Marseille kurvt etwa 100 Meter über den Hurricanes in steiler Messerlage durch den Himmel. Pottgen fliegt dicht hinter ihm. Der Leutnant starrt hinunter auf die teuflische Schlinge aus schlanken Flugzeugleibern, die ihm schon zweimal beinahe zum Verhängnis geworden wäre. Aber auch jetzt zieht ihn der Kreis der Feinde wieder mit einer fast magischen Gewalt an.

Plötzlich sieht er die Lücke im feindlichen Abwehrkreis. In Sekundenbruchteilen wittert er seine Chance.

Dann naht jener Augenblick, wo der Leutnant Hans Joachim Marseille den ersten Schritt auf dem triumphalen Weg zu seinem späteren Fliegerruhm zurücklegt.

Ohne die Fluglage zu verändern, läßt er die Maschine in lotrechtem Messerflug in die Tiefe rutschen. Den linken Fuß im Seitenruder, schert er wie in einem Fahrstuhl dem Abwehrkreis der Engländer entgegen. Der teuflische Reigen der bunten Kokarden mit seinen bald hundert Maschinengewehren kommt jetzt mit immenser Geschwindigkeit näher und näher. In den Kopfhörern Marseilles werden Stimmen laut. Er hört die Rufe, ohne sie in seinem Bewußtsein aufzunehmen. Nur die Lücke zwischen den beiden Hurricanes hat noch Bedeutung. Jenes kleine Stück Himmel, auf dem er die große Entscheidung herbeiführen will.

In diesen Augenblicken wird Hans Joachim Marseille zum ersten Mal der tödliche Zauberer des Luftkampfes. Die einzelnen Stationen des gefährlichen Ereignisses rollen schneller ab, als der Verstand sie zu registrieren vermag. Der Daumen des Fliegers liegt auf dem dunklen Knopf über dem Steuerknüppel, der in der nächsten Sekunde die Bordkanonen auslösen wird.

Mit heulendem Motor taucht die Me 109 hinein in die Sperrzone des Todes. Für Sekundenbruchteile überdeckt die Bugpartie das vorausfliegende britische Jagdflugzeug. Eine oder auch zwei Sekunden schleudern die Bordwaffen Dutzende von Geschossen gegen den überraschten Gegner.

In starrer Haltung wartet Marseille auf das Prasseln der Einschläge in seiner Maschine. Aber er bangt vergeblich vor jenem Augenblick, wo Hunderte von großen Steinen auf das Flugzeug herabzuprasseln scheinen, denn er fliegt bereits unterhalb des feindlichen Abwehrkreises. Als er wieder nach oben blickt, sieht er die lichterloh brennende Hurricane, die jetzt aus dem Verband ausschert und sich der fernen Erde entgegenneigt.

Während sich die Starre aus dem Körper des Jägers löst, fliegen die britischen Piloten wie unter dem Eindruck eines jähen Schocks nach allen Seiten auseinander.

Wie aus weiter Ferne hört Marseille die erregten Rufe in den Kopfhörern.

„Jochen — Mensch, Jochen!"

Die Spur eines Lächelns huscht über das junge Gesicht. Für Augenblicke spürt der Leutnant das Vibrieren in seinen Händen. Stimmen dröhnen jetzt in ihm auf, die noch stärker sind als das gellende Rufen des Rottenfliegers:

„... du hast es geschafft. Du hast den Abwehrkreis gesprengt ..."

Die Entspannung währt nur Sekunden. Dann überkommt es Marseille wie ein rätselhafter Rausch. Er legt seine Maschine halb in die Rückenlage und richtet die spitze Motorschnauze auf einen vielleicht fünfhundert Meter tiefer kurvenden Briten. Ein Zittern läuft durch die Zelle, als er den Knüppel wieder nach hinten zieht und das Flugzeug aus der Sturzlage herausnimmt. Wenige Augenblicke später ruckt der gelbe Kreis des Leuchtvisiers über die Leitwerkpartie einer anderen Hurricane.

Ein kurzer Feuerstoß wirft sein grollendes Echo in die Kabine. Schon die erste Garbe zerfetzt das Heck des Feindflugzeuges. Es dreht sich ruckartig auf die rechte Tragfläche und geht zu einer flachen Trudelbewegung über. Teile des Leitwerkes brechen ab und wirbeln zusammen mit dem sich lösenden Kabinendach nach hinten weg.

HANS-JOACHIM MARSEILLE

*Ein Wüstenflugplatz auf dem afrikanischen Kriegsschauplatz unter brennender Hitze*

*Der Pilot einer Alarmrotte wartet unter einem Sonnenschirm auf den Startbefehl*

Marseille jagt kaum hundert Meter an dem fallenden Körper des britischen Piloten vorbei. Erst jetzt denkt er wieder an den Rottenkameraden. Er wendet kurz den Kopf und blickt nach hinten. Unteroffizier Pottgen fliegt zehn Meter entfernt in halbrechter Position. Er hebt jetzt beide Hände über den Kopf und schüttelt sie in die Richtung der „gelben 14".

Marseille nickt ihm nur kurz zu.

Plötzlich erkennt der Leutnant eine Hurricane hinter einer einzelfliegenden Me 109. Seine Reaktion erfolgt so schnell, daß Pottgen beinahe mit ihm zusammengestoßen wäre. Nur wenige Meter unter dem steil nach oben steigenden Jagdflugzeug schert er in die linke Position, während Marseille aus einem gesteuerten Abschwung heraus seinem neuen Opfer entgegenstürzt.

Der Pilot der Hurricane feuert bereits, als Hans Joachim Marseille noch einige hundert Meter von seiner Maschine entfernt ist. Er darf also keine Sekunde Zeit verlieren, da sich der Tommy bereits in einer verteufelt guten Schußposition befindet.

Eine eiskalte Ruhe ergreift Besitz von Marseille. Es ist eine Entschlossenheit, die in Sekundenschnelle einen Zustand vollkommener Konzentration in ihm erzeugt. Vor Minuten noch, als er den feindlichen Abwehrkreis gesprengt hatte, war es nicht viel anders gewesen.

... noch eine blitzschnelle Korrektur. Für die Spanne einer Sekunde bleibt das Fadenkreuz des Visiers im Vorhaltewinkel haften. Dann zucken die Flammen des Mündungsfeuers vor den dunklen, rauchgeschwärzten Läufen der Kanonen. Die Perlenschnüre der Leuchtspurgarben greifen nach der Hurricane. In jenem Augenblick, als aus dem Motor der angegriffenen Me 109 eine dunkle Rauchwolke herausquillt, hüllt sich die britische Jagdmaschine in einen wabernden Mantel aus grellem Feuer.

Etwa hundert Meter hinter dem Leitwerk des brennenden Feindflugzeuges reißt Marseille seine „Me" in eine Wendekurve. Zum erstenmal lehnt er sich wieder nach hinten, während er sich mit einer schnellen Bewegung die Atemmaske vom Gesicht reißt. In den Kopfhörern erklingen die Stimmen seiner Kameraden. Sie reden alle durcheinander. Es ist kaum ein Wort zu verstehen. Doch allmählich wird es ruhiger im FT.

Pottgens „109“ schert rechts in die Höhe. Das Gesicht des Unteroffiziers ist feuerrot vor Aufregung.

Auch dieses Mal spricht er wieder die gleichen Worte wie vorhin:

„Jochen, Mensch, Jochen!“ Und dann nach einigen Sekunden: „Vier, Jochen — vier ...“

Marseille sieht kurz zu ihm hinüber. Andere Laute dringen jetzt aus den Kopfhörern der FT-Haube. Zunächst ist es die Stimme des Staffelkapitäns und dann die des Oberfähnrichs Stahlschmidt. Der Befehl zum Sammeln wird gegeben. Mit mechanischen Steuerbewegungen reiht sich Marseille wieder in den Gruppenverband ein. Das Stimmengewirr wird immer stärker. Tief unten auf der sonnenschimmernden Erde der Wüste leuchten hohe Feuersäulen zum Himmel hinauf.

Ein Lächeln liegt jetzt auf dem schweißnassen Gesicht Marseilles. Er hat die Kopfhaube etwas zurückgeschoben und den Mund halb geöffnet. Sein Körper entspannt sich, während er zur Erde hinuntersieht, wo die Flammentürme der Aufschlagbrände wie ferne Totenfeuer über den Horizont züngeln.

Der Verband gibt Höhe auf. Die Jagdmaschinen fliegen jetzt auf die Via Balbia zu, die sich wie ein silbernes Band am Rand der Küste entlangzieht. Im Tiefflug jagen die Messerschmitt-Jäger einige Zeit später über Oasen und kleine Araberdörfer, und es dauert nicht mehr lange, bis sich im Norden die Silhouette Tobruks aus dem Sonnenglast herausschält.

Als der Flugplatz am Horizont auftaucht, drückt Marseille seine Me 109 tief gegen die Erde. Grollend hallt das Echo des Motors über das Land. Die Tragflächen seiner Maschine neigen sich abwechselnd in wackelnden Bewegungen. Er gibt damit das Zeichen des Luftsieges, ehe er in einer senkrechten Steigspirale in den Himmel hineinzieht. Dann stürzt er zum zweiten-, zum dritten- und viertenmal dem Flugplatz entgegen. Viermal rast er mit wackelnden Tragflächen über das Rollfeld. Auf den Abstellplätzen reißen die Warte die Arme in die Höhe und werfen ihre Mützen in die Luft.

Nach einer letzten Platzrunde berühren die Laufräder der „gelben 14“ die Erde. In hohem Tempo rollt Marseille auf den Liegeplatz zu. Dutzende von Männern springen ihm entgegen. Am Rand des Rollfeldes sieht er den Kommandeur stehen.

Der Motor verstummt nach einigen knallenden, tuckernden Stößen. Marseille lehnt sich zurück und schließt kurz die Augen. Ein Gefühl wohliger Erschlaffung hält in ihm Einzug. Die lauten Stimmen der Mechaniker dringen wie aus weiter Ferne an sein Ohr. Als er die Augen wieder öffnet, sieht er das Gesicht seines 1. Wartes neben sich. Da öffnet er das Kabinendach und drückt es zur Seite.

Kurz darauf steht er vor dem Kommandeur.

„Marseille", sagt der Hauptmann, an seiner Mütze herumrückend, „ich weiß schon ziemlich alles. Schließlich gibt es eine Funkbude. Junge, ob es doch noch etwas wird mit dir?"

Es war Januar geworden auf dem afrikanischen Kriegsschauplatz. Aber das Frühjahr des Jahres 1942 war für die Männer des deutschen Afrika-Korps nur eine Fortsetzung des vergangenen „Winters" mit anderen Hitzemitteln. Nach den Rückzugskämpfen des Dezember 1941 in der Cyrenaika war der „Wüstenfuchs" Marschall Rommel Ende Januar mit seinen Verbänden wieder zum Angriff angetreten. Westlich von El Gazala war der Gegenstoß vorläufig wieder zum Stehen gekommen.

In jenen Tagen zu Beginn des Februar 1942 stand Gruppenkommandeur Eduard „Edu" Neumann in der Nähe des Liegeplatzes seiner 1. Staffel. Aus einem der Zelte erklang Marschmusik. Ein Sprecher gab den neuesten Wehrmachtsbericht durch.

Aber der Hauptmann nahm die pathetisch vorgetragenen Worte nur mit geteilter Aufmerksamkeit zur Kenntnis, während er dem Staffelmaler zusah, der sich gerade mit Marseilles Maschine beschäftigte. Der Gefreite richtete sich seufzend auf und kratzte sich hinter dem Ohr. Der Kommandeur konnte jedes seiner Worte verstehen.

„Wenn es so weitergeht, mußt du ein neues Leitwerk anbauen, Karl."

Der 1. Wart zeigte ein stolzes Grinsen.

„Knallkopp", gab er zur Antwort, „paß auf, wir kriegen noch mehr zusammen. Bei 33 Abschüssen macht der nicht halt. Er ist verflucht gut in Fahrt. Mann, wer hätte das gedacht..."

. . . ja, überlegte der Kommandeur, wer hätte das gedacht.

Er wandte sich ab und lief am Rande des Flugplatzes entlang. Von der Wüste her trieb der Wind warme Sandwolken gegen den Kastenwagen mit der Aufschrift „Neumanns Bunte Bühne". Schon von weitem hörte der Hauptmann seine Ordonnanz, den Gefreiten Eibel, in dem kleinen Küchenverschlag herumhantieren. Denn der Wagen diente als Gefechtsstand, Schreibstube, „Salon" und Küche zugleich.

Hauptmann Neumann setzte sich hinter den winzigen Schreibtisch. Vor ihm lag eine Akte, die er sich gerade vorhin hatte geben lassen. Auf der Vorderseite standen drei Worte:

„Hans Joachim Marseille."

Der Kommandeur beginnt zu blättern. Er läßt die Hände wieder sinken, als drüben an den Liegeplätzen der Motor von Marseilles Maschine angelassen wird. Kurz darauf rollt die „gelbe 14" über das Rollfeld. Der Hauptmann erinnert sich, daß der Leutnant einen Werkstattflug durchführen wollte.

Gedankenverloren sieht Neumann der startenden Maschine nach, die kurz darauf in rasantem Flug über die Erde zischt und dann in westlicher Richtung verschwindet.

Der Kommandeur beginnt sich wieder mit der vor ihm liegenden Akte zu beschäftigen. Aber die Buchstaben verschwimmen vor seinen Augen, als er an die unwahrscheinliche Abschußserie Marseilles denkt. In wenigen Wochen hatte dieser Teufelskerl nun über dreißig Luftsiege errungen. Als ihm zum erstenmal die Sprengung des feindlichen Abwehrkreises gelungen war, schien es für ihn kein Halten mehr zu geben. Sieg folgte auf Sieg. Es waren Erfolge, die oft auf unvorstellbare Weise und aus den unmöglichsten Schußwinkeln heraus errungen worden waren. Und jedesmal hatte nur ein kurzer Feuerstoß genügt, um eine Feindmaschine zum Absturz zu bringen. Der Hauptmann erinnert sich dabei an die stets gleichbleibenden Meldungen der Waffenwarte. Es war fast unglaublich. Bei jedem Luftsieg hatte Marseille kaum mehr als sechzig Schuß Munition benötigt. Für die Auslösung einer solchen Salve war aber kaum mehr als ein schneller Fingerdruck notwendig.

Der Hauptmann sieht Marseille jetzt förmlich vor sich stehen mit seinem jungenhaften, bescheidenen Lächeln, das er nach der Rückkehr von seinen erfolgreichen Feindflügen jedesmal zur Schau trägt.

Die mit sauberer Maschinenschrift geschriebenen Zeilen der Personalakte bekommen jetzt wieder klare Linien. Der Hauptmann beginnt zu lesen. Manchmal spricht er die Worte halblaut vor sich hin:

„... geboren am 13. 12. 1919 in Berlin — besuchte das Prinz-Heinrich-Gymnasium in Berlin-Schöneberg — Arbeitsdienst im Emsland — 1938 Flieger-Ersatz-Abteilung in Quedlinburg — Fahnenjunker — Werkschutzflüge über dem Leuna-Werk — 1940 als Fähnrich zum Frontverband nach Leeuwarden/Holland — erster Feindflug ...“

Nachdenklich schiebt Neumann die Akte zur Seite. Für Augenblicke lauscht er auf das ferne Dröhnen des Flugzeugmotors, während er immer noch an den jungen Leutnant denkt, der jetzt weitab vom Flugplatz durch den Himmel fliegt. Er braucht nicht weiter in der Personalakte zu lesen, da er ihren Inhalt fast auswendig kennt. Das andere hatte er aus den ersten „Beichten“ des Fähnrichs erfahren, nachdem er ihn unter seine Fittiche genommen hatte. Bei seinem früheren Verband schien der junge Marseille einen schweren Stand gehabt zu haben, obwohl er sich schon damals als glänzender Flieger entpuppt haben mußte. Als er zum „Wüstenjagdgeschwader“ kam, hatte er sieben Abschüsse und trug das EK I. Aber er war trotzdem ein Pechvogel geblieben, einer jener Piloten, denen man niemals besondere Erfolge zugetraut hätte.

Es gab aber auch Vorkommnisse im militärischen Werdegang des jungen Leutnants, die dem Kommandeur nie so richtig gefallen hatten. Vor allem jene Offiziere nicht, die damals Marseilles Vorgesetzte waren. Eine solche Behandlung mußte einem jungen Menschen jede Zuversicht nehmen. Einmal hatte sich Marseille beim Rückflug von einem Einsatz vom Verband gelöst und einem bedrängten Kameraden eine feindliche Maschine vom Rücken geschossen. Die Quittung dafür lautete auf Arrest wegen eigenmächtigen Verhaltens. Bei einer anderen Gelegenheit sollte es noch viel dicker kommen. Man kannte den jungen Marseille bei seiner damaligen Gruppe als versierten „Bodenakrobaten“. So wurde ihm befohlen, vor hohen Herren mit der Me 109 fliegerische Kunststücke zu zeigen. Hans Joachim Marseille tat es. Im Tiefstflug angelte er mit der Tragfläche seiner „Me“ ein Taschentuch von einer Bambusstange. Neue Quittung: Fünf Tage Arrest wegen Unterfliegens der Fünf-Meter-Grenze.

Der Hauptmann steht auf und flüchtet vor der brütenden Hitze, die sich in dem Wagen ausgebreitet hat, ins Freie.

Plötzlich bleibt er wie angewurzelt stehen und blickt nach Osten. War da soeben nicht das typische Motorengeräusch von „Curtiss“-Jägern zu hören gewesen?

Wahrhaftig, es war so! Die sieben Jagdflugzeuge sind jetzt schon deutlich zu erkennen. Der Kommandeur hebt die Hand über die Augen und beobachtet den Anflug des britischen Jägerverbandes. Alles spielt sich jetzt mit enormer Schnelligkeit ab. Plötzlich geht ein Ruck durch die Gestalt des Hauptmanns.

In das feine Wimmern einer Alarmsirene und das kraftvolle Dröhnen der sieben Curtiss-Maschinen mischt sich jetzt noch ein anderer Ton. Er stammt vom Motor einer einzelnen Me 109, die gerade mit ausgefahrenem Fahrwerk zur Landung anschwebt.

Der Gruppenkommandeur ist nicht der einzige, der in diesem Augenblick eine sinnlose Warnung zu der einsamen Maschine mit der großen Zahl „14“ auf dem Rumpf hinaufschreien möchte. Aber er ist in diesen entscheidenden Sekunden ebenso hilflos wie die anderen Männer, die jetzt vor ihren Zelten stehen und entsetzt zum Himmel hinaufblicken.

Marseille befindet sich immer noch im Landeanflug. Offenbar hat er die mit der Sonne im Rücken angreifenden Feindmaschinen bis jetzt noch nicht bemerkt.

Hauptmann Neumann denkt an die Funkbude. Ein ohnmächtiger Zorn wallt in ihm auf. Konnten denn die verfluchten Burschen keine Warnung durchgeben? Oder hatte Marseille für diesen Werkstattflug das FT vielleicht gar nicht eingeschaltet?

Die sieben Feindmaschinen fliegen in seitlich gestaffelter Kolonnenform. Der Verbandsführer des Curtiss-Pulks ist von Marseilles Me 109 vielleicht noch zweihundert Meter entfernt. Die Motorspitze seiner Maschine neigt sich jetzt leicht nach unten. Fast in der gleichen Sekunde zucken lange Feuerstrahlen aus den Mündungen der Bord-MG.

Die Leuchtspurgarben prasseln dicht über die Kabine der „gelben 14", die immer noch stur weiterfliegt. Trotzdem hat der entsetzt dastehende Hauptmann das Gefühl, als ob die „109" trotz des scheinbaren Geradeausfluges leicht nach rechts wegschere.

Keiner der Männer rund um den Flugplatz ist bis jetzt in Deckung gegangen. Hunderte von Augenpaaren verfolgen den Flugweg der ersten Curtiss, die nun mit hohem Fahrtüberschuß dicht über Marseilles „Me" hinwegzischt.

Dann geschieht etwas Unglaubliches. Die Motorpartie der Me 109 neigt sich ruckartig in die Höhe, während gleichzeitig Landeklappen und Fahrwerke in ihren Halterungen verschwinden. Aus den Mündungen der Bordkanonen zucken die Flammen des Mündungsfeuers. In Sekundenschnelle ist die Maschine des britischen Verbandsführers von einem Gitterwerk greller Glutfäden umgeben.

Der Widerhall des Feuerstoßes ist noch nicht verklungen, als die englische Jagdmaschine bereits von der überraschenden Kanonensalve Marseilles erfaßt wird.

Aus dem Mund des Hauptmanns löst sich ein dumpfer Laut. Hinter sich hört er den keuchenden Atem des Ordonnanzgefreiten, während er der Maschine Marseilles nachblickt, als ob er soeben nicht richtig gesehen habe.

Die getroffene Curtiss schlägt am Rand des Flugplatzes auf die Erde auf. Die „gelbe 14" rast bereits im Tiefflug an der wabernden Brandwolke vorbei und verschwindet kurz darauf unter dem Horizont.

„Ich werd' verrückt!" stottert der Gefreite im Rücken des Hauptmanns.

Der Kommandeur löst sich erst jetzt aus seiner Erstarrung. Er wischt sich den Schweiß von der Stirn und sieht dabei zu den übrigen Feindjägern hinauf, die wie ein aufgeregter Hornissenschwarm durch den Himmel schwirren.

Kurz darauf kommt Marseilles Maschine wieder in Sicht. Wie ein von der Erde nach oben geschleuderter Pfeil dröhnt sie fast senkrecht in die Höhe.

Der Gefreite Eibel gibt einige unverständliche Laute von sich, als die Bordwaffen Marseilles zu feuern beginnen. Der Leutnant sitzt schon wieder auf der Fährte einer Curtiss. Es ist deutlich zu sehen, wie die Kanonengeschosse in die linke Tragflächenwurzel der Feindmaschine hineinklatschen.

Trotz der niedrigen Höhe dreht der Leutnant seine „Me“ über dem Wüstenflugplatz in die Rückenlage. Hinter der zerschossenen Curtiss hängt eine dicke Qualmfahne.

Die Engländer scheinen sich wieder etwas gefaßt zu haben. Während die zweite Curtiss brennend nach unten torkelt, stürzen sich jetzt gleich drei der britischen Jäger auf das Flugzeug des Deutschen.

Marseille kurvt dicht vor seinen Verfolgern auf Gegenkurs. Die Maschine dreht so langsam, daß den Männern unten auf der Erde die Haare zu Berge stehen. Denn es handelt sich um ein ausgesprochen gefährliches Kurvenmanöver am Rand des Fahrtminimums.

Aber die Me 109 schafft es. Sie zittert nur kurz, senkt dann aber gehorsam die spitze Motorschnauze und holt wieder Fahrt auf. Mit pfeifendem Heulen zischt sie jetzt genau auf „Neumanns Bunte Bühne“ zu.

Der Hauptmann hat genug gesehen. Ohne sich weiter um das erregende Schauspiel am Himmel zu kümmern, läuft er zum Gefechtsstandwagen und reißt den Telefonhörer an sich. Erst nach dreimaligem Läuten meldet sich die 1. Staffel.

„Verdammt“, schreit er, „schlaft ihr denn? Wie lange soll er sich denn noch da droben mit den Tommys herumhauen?“

Der Gefreite am anderen Ende der Leitung scheint stockheiser zu sein.

„Sie — sie sind bereits bei den Maschinen . . .“

Erleichtert wirft der Kommandeur den Hörer auf das Feldtelefon und rennt wieder hinaus. Er kommt gerade zurecht, um den dritten Abschuß Marseilles gegen eine anfangs sechsfache Übermacht zu erleben. Auch diesmal peitscht nur ein kurzer Feuerstoß aus den Kanonen der „gelben 14“. Die Garbe erfaßt eine im Steigflug befindliche Curtiss, die sofort in Brand gerät.

Die restlichen Piloten des britischen Verbandes scheinen nach diesem neuerlichen Debakel in helle Wut geraten zu sein. Sie stürzen eine kurze Strecke, reißen ihre Maschinen dann wieder in die Höhe und kurven erneut auf Marseille ein.

In diesem Augenblick starten drei Me 109 der 1. Staffel „querbeet" über das Rollfeld. Ihre Leitwerke sind bereits in die Höhe gereckt.

Aufatmend nimmt der Kommandeur die Mütze vom Kopf. Er läuft an dem verdattert dastehenden Gefreiten vorbei in die Richtung des Funkzeltes. In einiger Entfernung davon hört er Marseilles Stimme aus dem Lautsprecher klingen.

„Es wird jetzt aber Zeit, daß ihr kommt, ihr Knilche..."

Der Kommandeur bleibt stehen. Die „gelbe 14" kommt gerade im Tiefflug auf ihn zu. Unwillkürlich geht der Hauptmann in die Knie. Denn hinter der Me 109 hängen immerhin vier Curtiss.

Kurz darauf fetzen MG-Salven durch den Sand. Wie eine Springflut huschen die Garben über die Erde, kleine Sandwolken in die Höhe schleudernd.

Für Augenblicke spürt der Kommandeur den heißen Luftzug der Geschosse, die in seiner Nähe in den Boden prasseln. Dann ist der Spuk wieder vorbei. Wie die wilde Jagd dröhnen die fünf Flugzeuge in den Himmel hinein. Mit weit zurückgeneigtem Kopf beobachtet der Hauptmann die tollen Kapriolen Marseilles. Immer wieder wechselt er die Kurvenlage. Er läßt die Maschine stürzen und dann wieder steigen. In senkrechtem Winkel stürmt sie in den Himmel hinein. Sekunden später legt sie sich wieder in die Rückenlage.

Die vier Feindmaschinen beschreiben eine enge Wendekurve. Aber in diesem Augenblick mischen sich die Piloten der drei vorhin gestarteten Me 109 in das ungleiche Spiel.

Die Mütze des Kommandeurs fällt auf die Erde. Er starrt immer noch in die Richtung, in der Marseille soeben abgeflogen ist. Die vier Tommys scheinen jetzt genug zu haben. Sie jagen über die drei Maschinen der 1. Staffel hinweg und verschwinden in östlicher Richtung im Tiefflug.

Wenig später kommt die Maschine Marseilles wieder in Sicht. Fahrwerk und Landeklappen sind bereits ausgefahren. Mit tuckerndem Motor schwebt das Jagdflugzeug zur Landung an.

Der Kommandeur denkt nicht mehr an den Wagen, der in der Nähe des Funkerzeltes steht. Er beginnt zu laufen wie all die anderen Männer am Rand des Flugplatzes. Eine wilde Horde stürmt jetzt auf das Rollfeld zu, der landenden Maschine entgegen.

Der Schweiß läuft dem Hauptmann aus allen Poren, als er die Me 109 erreicht hat. Das erste, was er sieht, ist das Lächeln auf dem hageren Gesicht, das mit zahlreichen Schweißornamenten bedeckt ist.

Dann treten die Warte in Funktion. Sie reißen Marseille förmlich aus der Maschine heraus und tragen ihn auf den Hauptmann zu.

Dicht vor ihm stellen sie ihn auf die Beine. In kurzen Hosen, die Ärmel des Kakhihemdes aufgekrempelt, steht Hans Joachim Marseille vor seinem Kommandeur.

Der Hauptmann spricht nicht viel. Wahrscheinlich wäre ihm auch gar nichts Richtiges eingefallen. Er nimmt den jungen Leutnant einfach in die Arme wie ein Vater und klopft ihm auf den schweißnassen Rücken.

Im übrigen hätte er auch deswegen nichts sagen können, weil mittlerweile rings um ihn herum ein enormes Stimmengewirr aufgebrandet ist. Die Männer ziehen nicht einmal die Köpfe ein, als die vorhin gestarteten Maschinen im Tiefflug über sie wegdonnern.

Marseille nimmt eine Zigarette aus der Brusttasche.

Dutzende von Streichhölzern flammen auf...

Die Flugzeuge scheinen zu glühen unter der Wärme der Wüstensonne. In dem spärlichen Schatten der Tragflächen liegen einige Warte lang ausgestreckt auf dem Rücken. Irgendwo in einem benachbarten Zelt spielt ein Radio.

Obwohl es noch früh am Morgen ist, hat sich die Landschaft rings um den Feldflugplatz bereits in ein riesiges Treibhaus verwandelt.

Es ist die Morgensonne des September 1942, die den Männern der technischen Kompanie und den Piloten der Jagdgruppe den Schweiß aus allen Poren treibt.

Der Maler der 1. Staffel sitzt vor der Seitenruderflosse von Marseilles Maschine. In Schweiß gebadet, starrt er auf den großen Eichenkranz, den er vor Monaten auf das Leitwerk gemalt hatte. Das bunte Symbol umschließt die Zahl „100". Darunter sind die anderen Abschußstriche zu sehen, die der Maler in den letzten Tagen und Wochen aufgepinselt hatte.

Im Augenblick sind genau 141 Luftsiege auf dem Leitwerk der „gelben 14“ verzeichnet. Der Name des Mannes, der diese Maschine Tag für Tag durch den afrikanischen Himmel steuert, ist bereits Legende geworden. Die Soldaten des Afrikakorps kennen ihn schon so gut wie den ihres Feldmarschalls Rommel.

Der 1. Wart Marseilles taucht jetzt neben dem Maler auf.

„Mann“, sagt er, „wenn man dir so zusieht, kommt man aus dem Nachdenken nicht mehr heraus.“

„Glaube ich“, nickt der Gefreite. „Wenn das mit seinen Abschüssen so weitergeht, dann kannst du das Leitwerk vergrößern.“

Der Wart grinst und blickt kurz zu den Zelten hinüber. Schließlich murmelt er etwas über die verdammte Hitze und läßt sich neben dem Kameraden in den Sand sinken.

Unwillkürlich denkt er wieder einmal an die Zeit, als der kometenhafte Aufstieg Hans-Joachim Marseilles begann. Die Serie seiner Erfolge war so gewaltig, daß sie selbst den Männern auf dem Flugplatz manchmal wie ein Wunder vorkam.

Damals, am 22. Februar 1942, hatte Marseille den 50. Luftsieg errungen. Kurz darauf war er mit dem Ritterkreuz ausgezeichnet worden. Aber schon vier Monate später hatte der Staffelmaler den 75. Abschußstrich auf dem Leitwerk angebracht. Als 97. Soldaten der Wehrmacht war Marseille daraufhin das Eichenlaub zum Ritterkreuz verliehen worden.

Aber der Siegeszug des „Jägers von Afrika“ war noch nicht zu Ende. Es sollte eine Zeit kommen, wo selbst die Gegner seinen Namen nur mit Achtung aussprachen. Ein Tagesbefehl des britischen Generalkommandos war einer stummen Würdigung für die einmalige Leistung dieses Asses unter den deutschen Jagdfliegern gleichzusetzen, der kaum drei Monate nach der Verleihung des Eichenlaubes fast zwei feindliche Jagdgeschwader vernichtet hatte. Der Befehl lautete:

*„... er ist der Beste, den die Deutschen hier haben, dieser Marseille. Er fliegt eine Me 109 wie die anderen, aber er fliegt sie besser als sie ... greift ihn nur mit mehreren Maschinen an ... ihr müßt sehen, daß ihr ihn frontal oder von der Flanke her packen könnt, bevor er überhaupt zu manövrieren imstande ist ...“*

Marseille flog und siegte weiter.

Am 18. Juni 1942 erhielt er als 12. Soldat der Wehrmacht die Schwerter, und schon am 4. September 1942 als vierter Soldat die Brillanten zum Ritterkreuz.

Der Staffelmaler rückt seinen Tropenhelm ins Genick.

„Wieviel Feindflüge hat er bis jetzt?"

„Rund 380."

„Verdammt noch mal — und 141 Abschüsse. Beinahe bei jedem zweiten Feindflug einen Abschuß, wenn man alles zusammenrechnet."

„Ich höre bald mit dem Rechnen auf", knurrt der Wart. „He, ich glaube, es geht los."

Die Flugzeugführer kommen bereits auf den Liegeplatz zu. Marseille ist in ihrer Mitte. Ein strahlendes Lachen liegt auf seinem Gesicht, als er seinem Mechaniker auf die Schulter klopft.

„Alles in Ordnung, mein Alter?"

„Jawohl, Herr Hauptmann."

„Na, dann wollen wir mal." Er wendet sich Pottgen zu, den sie in der Gruppe schon seit geraumer Zeit das „fliegende Zählwerk" Marseilles nennen. Denn er ist es, der als Rottenflieger die Luftsiege des jungen Hauptmanns registriert und die Aufschlagstellen der abgeschossenen Feindflugzeuge ausmachen muß.

Marseille reicht ihm die Hand.

„Hals und Bein — und wie immer, klar?"

„Ja, Jochen!"

Die Warte haben um Marseille einen Kreis gebildet. Aus ihren Blicken leuchtet eine unverhohlene Bewunderung. Am Kragen seines Hemdes schillern die hohen Tapferkeitsauszeichnungen im Licht der Morgensonne. Er hält eine Zigarette in der Hand. Sein Blick wandert noch einmal in die Runde. Keine Spur von Erregung ist ihm anzusehen. Er trägt helle Shorts und blinzelt dem Negerjungen zu, der soeben zwischen den Zelten aufgetaucht ist. Der dunkelhäutige Mathias war eines Tages auf dem Feldflugplatz aufgetaucht und hatte sich erboten, der Diener des großen Massa zu sein. Vorher war er in Derna bei einem Zahnarzt gewesen, wo er offenbar von Marseilles Fliegerruhm gehört hatte.

Der Hauptmann blickt kurz auf seine Uhr. Dann winkt er den Männern zu.

„Es ist soweit!"

Wenige Minuten später stehen die Warte in einer Art von Sandsturm, den die rasend rotierenden Luftschrauben aufgewirbelt haben. Die Maschinen rollen zum Start. Dann huschen sie durch die rötlichgelbe Sandwolke und schwingen sich in den Himmel hinein.

Hans Joachim Marseille fliegt an der Spitze des Verbandes.

Tausende von Metern über der gelblichen Erde des Wüstenvorlandes treffen die Deutschen auf den feindlichen Jägerverband. Mit Hunderten von Stundenkilometern fliegen die Jagdmaschinen aufeinander zu. In geduckter Haltung sitzen die Piloten hinter den Steuerknüppeln, die Gummimuscheln der Atemmasken vor den Gesichtern. Dutzende von Augenpaaren suchen die erste Chance, während sie gleichzeitig den Flugweg der Leuchtspurgeschosse verfolgen, die wie ein gleißendes Gitternetz vor dem seidigen Blau des Himmels stehen.

Für Hans Joachim Marseille ist es ein Einsatztag wie jeder andere. Alles ist blanke Routine geworden. Auch die abschätzenden, wägenden und forschenden Blicke auf das kreuz und quer durch den Himmel huschende Rudel der Feinde.

Marseille fliegt in steilen Messerkurven durch das Flugzeuggewimmel des Luftkampfes. Pottgen ist dicht hinter ihm.

Der Uhrzeiger an Pottgens Armaturenbrett hat die Acht-Uhr-Marke gerade überschritten. In kleinen, ruckartigen Sprüngen wandert der Sekundenzeiger über die winzigen, phosphoreszierenden Leuchtstriche auf dem Zifferblatt.

Wenige Sekunden vor 8.01 Uhr schwingt sich Marseille aus einer Kehrtkurve auf den ersten Gegner herab. Der Zeiger der Borduhr steht genau auf 8.01 Uhr, als die Hurricane brennend vom Himmel fällt.

Die zur Erde stürzende Feindmaschine war das Signal für eine Siegesserie ohnegleichen.

Das Flugzeug ist kaum auf dem Wüstenboden zerschellt, als die helle Stimme Marseilles erneut über den Äther schallt. Zum zweitenmal innerhalb einer Minute gellt sein Ruf „Aufpassen!“ aus den Kopfhörern des Feldwebels. Der kurze Laut wird in Sekundenschnelle zum Todesurteil für eine weitere Hurricane.

Es ist 8.02 Uhr, als sich das britische Jagdflugzeug unter den Kanonengarben Marseilles in seine Einzelteile auflöst und in einer grellen Explosionswolke auseinanderbricht.

Der Unteroffizier in der Rottenfliegermaschine hat das Gefühl, einen Traum nachzuerleben. Sein Körper wird von einer Seite nach der anderen geschüttelt, als er Marseilles tollkühne Flugfiguren mitsteuert. Er steigt und kippt nach der Seite ab, er läßt die Maschine fallen und zum Turn übergehen. Bei jedem neuen Steuermanöver hat es den Anschein, als ob die Me 109 Pottgens durch eine unsichtbare Kette mit der „109“ Marseilles verbunden sei.

Vielleicht wissen die britischen Piloten, daß das große As der deutschen Wüstenjäger unter ihnen ist. Denn ihre Flugbewegungen wirken irgendwie nervös und überhastet.

Marseille jagt durch den Himmel wie ein Adler durch sein Revier.

Die Uhr zeigt 8 Uhr und vier Minuten, als seine Kanonengarben in die nächste Feindmaschine hineinprasseln.

Schon vier Minuten später schallt wieder der Ruf aus der FT-Haube Pottgens:

„Aufpassen!“

Sekunden darauf hüllt sich eine andere britische Maschine in einen lodernden Flammenmantel. Das Jagdflugzeug mit den bunten Kokarden dreht sich halb auf den Rücken und stößt dann steil nach unten.

„Jochen“, schreit Pottgen, „mein Gott, du bist ja verrückt ...“

Marseille gibt keine Antwort. Er zieht steil nach oben und sucht einen neuen Gegner. Aber der Luftkampf geht bereits seinem Ende entgegen. Die britischen Jäger setzen sich ab. Im Sturzflug verschwinden sie in Richtung zur ägyptischen Grenze, unter sich die Flammensäulen, die aus den abgestürzten Flugzeugen herauslodern.

Die Deutschen drehen nach Südwesten ab. Sie formieren sich zu einer breiten Phalanx und jagen im Tiefflug über die hitzeflimmernde Erde.

Auf dem Feldflugplatz herrscht ein Riesentrubel, als Marseille viermal mit wackelnden Tragflächen über das Rollfeld donnert.

Mit schweißüberströmtem Gesicht klettert er aus der Kabine. Als er auf die Erde steigt, sieht er auch den Staffelmaler vor sich. Der Gefreite wirkt nachdenklich trotz der Freude, die auch auf seinem Gesicht zu erkennen ist. Ein Wirrwarr von Stimmen umbrandet Marseille. Unzählige Hände strecken sich ihm entgegen. Dann erscheint auch der Kommandeur. Er reicht Marseille die Hand und sieht ihn fassungslos an.

„Jochen“, sagt er schließlich, „verdammt noch mal, das ist ja bald nicht mehr zu begreifen ...“

Um Marseilles Mundwinkel bilden sich schmale Furchen, als er sein jungenhaftes Lachen zeigt. Der Schweiß hat sein Haar an den Kopf geklebt. Er zieht jetzt eine Zigarette aus der Brusttasche und läßt sich von einem der Männer Feuer geben. Dann beginnt er zu erzählen. Er tut es mit einfachen, fast schüchternen Worten. Eine atemlose Stille ist eingetreten. Dutzende von Augenpaaren sind auf die schlanke Gestalt im verschwitzten Khakihemd gerichtet. Aus dem Motor der „gelben 14“ dringt ein leises Krachen und Knistern. Das ganze Triebwerk scheint noch vor Hitze zu brodeln.

Eine Viertelstunde später legt sich Marseille in seinem Zelt auf das einfache Feldbett. Der Negerjunge Matthias streicht draußen herum wie ein Wachhund. Aber die Ruhepause dauert nicht lange. Marseille steht sofort wieder auf, als ihn eine Ordonnanz zu einer neuen Einsatzbesprechung ruft.

Gegen 10.40 Uhr huschen die Jagdflugzeuge wieder über das sandige Rollfeld. Sie fliegen dieses Mal in Richtung Alam el Halfa als Begleitschutz für eine Stuka-Gruppe, die ein britisches Nachschubdepot angreifen soll.

Es ist 10.45 Uhr, als der Me-109-Verband 4000 Meter über der Wüste einer englischen Curtiss-Gruppe begegnet.

Der Sekundenzeiger von Pottgens Borduhr beschreibt nur noch einen Kreis um das Zifferblatt, ehe Hans Joachim Marseille den fünften Luftsieg dieses Tages erringt.

Schon eine Minute später, um 10.56 Uhr, prasseln die Kanonengeschosse Marseilles in eine weitere Curtiss hinein.

Die Männer in den Kabinen der anderen Messerschmitt-Maschinen beginnen die Feinde zu vergessen, die um sie herumschwirren. Das schnell herausgestoßene Wort, das schon sooft einem weiteren Luftsieg Marseilles vorausging, klingt noch in der Erinnerung nach, als es zum drittenmal während dieses Einsatzes aus den Kopfhörern schallt:

„Aufpassen!"

Die Uhr steht auf 10 Uhr und 58 Minuten, als die dritte Curtiss dieses Einsatzes von den Geschoßgarben Marseilles durchsiebt wird und trudelnd in die Tiefe stürzt.

Es scheint jetzt, als ob sich von den Dutzenden von Jagdflugzeugen nur noch eines im Kampf befinde:

Die Maschine Hans Joachim Marseilles.

Eine lastende Stille hat sich in den Kopfhörern ausgebreitet. Kurz vor elf Uhr erfaßt eine Salve Marseilles die vierte Feindmaschine. In Flammen gehüllt stürzt die „Curtiss" den Bränden entgegen, die tief unten auf der Wüstenerde wüten.

Das fünfte Opfer Hans Joachim Marseilles sitzt hinter der Me 109 eines jungen Oberleutnants. Nach einem schnellen Steuermanöver wendet sich die Motorpartie der „gelben 14" dem Himmel entgegen. Von unten her jagt die Maschine Marseilles auf das britische Jagdflugzeug zu. Der Hauptmann feuert aus einem schier unmöglichen Seitenwinkel. Trotzdem genügt der kurze Feuerstoß, um auch das Schicksal dieses Gegners zu besiegeln.

Sekunden vergehen noch. Mit torkelnden Bewegungen pendelt die abgeschossene Curtiss in die Tiefe. Dann brandet in den Kopfhörern ein ohrenbetäubender Lärm auf. Dutzende von Stimmen überschneiden sich. Nur das As der Wüstenjäger sitzt schweigend in seiner Kabine, den Blick auf die restlichen feindlichen Maschinen gerichtet, die jetzt völlig sinnlos durcheinanderschwirren.

Schon wenige Augenblicke später stößt Marseille erneut zu. Es ist 11.02 Uhr, als eine Hurricane unter seinen Garben auseinanderbricht.

Tief unter den Flugzeugen des deutschen Jägerverbandes schlägt die vorhin abgeschossene Feindmaschine gerade auf der Erde auf, als Marseille bereits den nächsten Gegner brennend nach unten schickt.

Die Zeiger der Borduhren stehen auf 11.03 Uhr.

Und um 11.05 Uhr zerfetzen die Leuchtspurgeschosse aus Marseilles Maschine noch einmal eine Curtiss.

Auch Pottgen blickt noch dem Kometenschweif des stürzenden Feindflugzeuges nach, als der Befehl zum Sammeln gegeben wird. Kurz darauf lenkt der Unteroffizier seine „Me" dicht neben die „gelbe 14". Langsam wendet Marseille den Kopf. Sein Gesicht hat den maskenhaften Ausdruck verloren. Er lächelt kurz zu Pottgen hinüber und lehnt dann den Kopf gegen den Rand der Panzerplatte in seinem Rücken.

Im FT ist immer noch der Teufel los. Aber Marseille gibt auch jetzt noch keine Antwort auf die vielen Glückwünsche. Die Motorpartie seiner Maschine ist der Erde entgegengewandt, auf der in weiten Abständen acht Feuersäulen in die Höhe lodern.

Wie schaurige Mahnmale stehen die Flammenpilze über den zerborstenen Flugzeugen, die ein einzelner Jäger innerhalb von zehn Minuten besiegt hatte.

Das Kalenderblatt, das der Gefreite Eibel an diesem Morgen im Gefechtsstandwagen abreißt, trägt das Datum des 30. September 1942.

Vor einer halben Stunde waren die Maschinen der Gruppe zu einem neuen Feindflug gestartet.

Allen voran Hauptmann Hans Joachim Marseille.

Am Vortag war der Gefreite wieder einmal auf den Liegeplätzen gewesen. Auch er hatte das Leitwerk der „gelben 14" wie eine seltene Trophäe bestaunt.

Der Gefreite denkt an die 158 Abschüsse, die auf der Seitenruderflosse verzeichnet waren. Vor einiger Zeit war die Gruppe zu einem neuen Feindflug gestartet. Marseille hatte den Verband geführt. Sicher würde er auch an diesem Tag nicht ohne einen Abschuß zurückkommen. Allmählich konnte man fast schon darauf wetten.

Unwillkürlich erinnert sich der Ordonnanzgefreite jetzt wieder des Tages, an dem Marseille in drei Einsätzen 17 Luftsiege errungen hatte. Zu den zwölf Abschüssen am Morgen hatten sich am Nachmittag noch fünf weitere hinzugesellt.

17 Luftsiege an einem Tag!

Es war ein Ereignis, das sich wie ein Lauffeuer verbreitet hatte. Von allen Seiten waren Glückwünsche eingetroffen. Auch von Feldmarschall Rommel, der Marseille wie einen guten Freund behandelte und ihn nur mit den Endsilben seines Namens, also mit „Seile", anzusprechen pflegte.

Der Gefreite verläßt den Gefechtsstand. Am Rand des Rollfeldes sieht er den Kommandeur stehen. Er blickt nach Osten, als ob er schon jetzt auf die heimkehrenden Flugzeuge warte.

Wenig später betritt der Gefreite das Funkzelt. Der Funker hat den Lautsprecher eingeschaltet, aus dem im Augenblick nur ein knisterndes Geräusch herausdringt.

Aber es dauert nicht lange, bis blecherne, entstellt wirkende Stimmen aufklingen.

Schon bei den ersten Worten zuckt der Funker zusammen. Aber auch der Gefreite hatte die vertraute Stimme Marseilles sofort erkannt:

„... ich halte es bald nicht mehr aus. Der Rauch macht mich verrückt. Ich muß aussteigen..."

Das Gesicht des Funkers wird blaß. Regungslos starrt er auf die Skalen der vor ihm aufgebauten Funkgeräte.

Eine endlose Zeit scheint vergangen, als sie einen anderen sagen hören:

„Ja, dann tue es..."

Keiner der Männer auf dem Feldflugplatz ahnt in diesem Augenblicken, daß die Stimme des „Adlers von Afrika" in wenigen Sekunden für immer verstummen wird. Sie wissen noch nichts von der dunklen Rauchfahne, die zu dieser Zeit aus dem Triebwerk der „gelben 14" herausschlägt.

Wenige Minuten zuvor hatte der Motor von Marseilles Maschine zum erstenmal ausgesetzt. Beizende Glykoldämpfe erfüllen jetzt die Kabine. Eine unerträgliche Hitze breitet sich aus...

Mit angehaltenem Atem starren die beiden Männer im Funkzelt auf den kleinen Lautsprecher. Das Knistern hat sich verstärkt. Als ob das Prasseln eines fernen Feuers aus der Blechmuschel herausrausche.

Dann hören sie Marseilles Stimme wieder. Sie klingt halb erstickt, von einem Hustenanfall unterbrochen:

„Ich steige aus..."

Sekunden rinnen dahin. Jede wird zu einer Ewigkeit für die beiden Männer unter dem schrägen Dach des Zeltes. Im Lautsprecher bleibt es immer noch still. Auch die Männer an Bord der Jagdflugzeuge rings um Marseille scheinen den Atem anzuhalten.

Dann dringen jene Worte aus dem Lautsprecher, die nie mehr aus der Erinnerung der beiden Männer weichen werden. Marseilles Rottenflieger spricht sie aus. Seine Stimme klingt dumpf und tonlos:

„Er ist tot!"

In der Wüste um Sidi el Rahman erfüllte sich das Fliegerschicksal Hans Joachim Marseilles. Als Sieger in 158 Luftkämpfen fand er, vom Feind unbesiegt, den Tod. Sein Fallschirm hatte sich nicht geöffnet, als er die defekte Maschine verließ.

Der Stern des „Adlers von Afrika" war für immer erloschen.

# JOACHIM MÜNCHEBERG

## Der Jäger von Malta

*„Gib acht, daß dich das Leben lehre, die Ehren sind noch nicht die Ehre."*

Wahlspruch Münchebergs

Schon geraume Zeit ist vergangen, seit sich die Küste Siziliens in dem endlosen grünblauen Wasserspiegel des Mittelmeeres verloren hat.

Die Männer in den Kabinen der sechs Me 109 blicken nicht mehr zurück. Allmählich verliert sich auch die Erinnerung an die Kameraden auf dem Feldflugplatz von Gela, die ihnen beim Start noch einen letzten Gruß nachgewinkt hatten.

Die grünlichen Zeiger der Höhenmesser vibrieren um die 7000-Meter-Marke. Immer wieder richtet sich der Blick der sechs Deutschen hinunter auf das sonnenschillernde Meer. Einmal sehen sie eine kleine Gruppe von Küstenwachbooten, die aus dieser Höhe wie winzige Weberschiffchen anmuten.

Im FT herrscht Stille. Die Maschinen fliegen in engaufgeschlossener Formation. Vor vier Tagen waren sie noch über dem Ätna gezogen. Aber der herrliche Flug über die Alpen und das Tyrrhenische Meer wurde schon bald von anderen Ereignissen überschattet.

Für die sechs Piloten der 7. Staffel des JG 26 bedeutet dieser Einsatz den ersten Feindflug gegen Malta. Unbewußt fiebern sie dem Augenblick entgegen, wo sich die hohen Klippen des britischen Felsennestes zum erstenmal vor den Frontscheiben ihrer Maschinen abzeichnen werden.

Der Oberleutnant an der Spitze des Verbandes spürt ebenfalls eine merkwürdige Erregung in sich. Auch für ihn ist es der erste Flug über diese endlose Wasserwüste, deren hellblauer Wasserspiegel so ganz anders ist als die dunkelgrünen Wogentäler des Ärmelkanals und der

Nordsee. Der Oberleutnant und die anderen Piloten haben die Felseninsel noch nie gesehen, und doch wissen sie, daß sie dort die Hölle erwarten wird; denn die Kameraden der Kampf- und Stukaverbände hatten von den britischen Jägern und der massierten Flakabwehr genügend erzählt. Jeder der sechs Piloten war sich daher von vornherein darüber im klaren, daß die Einsätze gegen diese Insel im Mittelmeer vielleicht noch schwerer sein würden als der Kampf über Frankreich und England.

Oberleutnant Joachim Müncheberg wendet den Kopf. Für Sekunden ruht sein Blick auf der oberen Gesichtspartie seines Rottenfliegers, Leutnant Johannsen, dessen Mund und Nase von dem rüsselartigen Gebilde der Atemmaske verdeckt werden.

Weit voraus an der Kimm huschen Lichtreflexe über den Horizont. Sonnenstrahlen, die irgendwo auf die Glasfront von Schiffsaufbauten trafen und wieder ins All zurückgeschleudert wurden. Konnten sich die Strahlen aber nicht auch an einer anderen Glasfläche gebrochen haben? Vielleicht gar an der Kabine eines Flugzeuges?

Joachim Müncheberg wird hellwach. Er richtet sich im Sitz auf und lockert die Klemmen der Anschnallgurte. Ein schneller Blick auf die Borduhr belehrt ihn darüber, daß es nicht mehr weit sein kann bis zu jener Insel, die ein deutscher Generalstäbler einmal den „Dorn im Fleisch der Achse“ genannt hatte.

Für Sekunden huscht der Blick des Staffelkapitäns noch einmal über die Maschinen an seiner Seite. Dann gelten seine Gedanken nur noch dem Ziel dieses ersten Feindfluges über das Mittelmeer, das nun jeden Augenblick am Horizont auftauchen muß.

Die sechs Me-109-Piloten sehen den feinen weißbraunen Strich fast gleichzeitig. Einer von ihnen stößt einen kurzen Laut der Überraschung aus. Müncheberg wendet kurz den Kopf. Ein Ausdruck von Mißbilligung ist in seinen Augen.

Der Luftraum über Malta scheint feindfrei zu sein. Für den Oberleutnant in der Kapitänsmaschine des Me-109-Verbandes ist es fast ein Wunder. Sollte die absolute Funkstille während des Anfluges doch etwas genutzt haben? Hatten die Abhörstellen auf Malta sie noch nicht geortet?

In den Pilotenunterkünften von Luqua, Safi und Hal Far auf Malta war das klagende Heulen der Alarmsirenen bereits abgeklungen. Die Spitfire- und Hurricane-Maschinen wurden schon einige Zeit vorher aus den bombensicheren Felsenbunkern gezogen.

Unter Wolken von rötlichem Staub starten vier Hurricane und drei Spitfire; in geschlossener Formation gehen sie über dem Meer auf Höhe.

Die britischen Jäger schrauben sich jetzt in weiten Spiralen in den Himmel hinein. Angestrengt beobachten die Piloten den nordwestlichen Luftsektor, wo ein deutscher Jägerverband im Anflug gemeldet worden war.

In der auf linker Außenposition fliegenden „Hurricane" starrt Leutnant Ted Winter in den wolkenlosen Himmel hinein. Jedesmal, wenn sich die Maschinen nach einem weiteren Kreis der Sonne entgegenwenden, schließt er geblendet die Augen.

Der Gefechtsverband hat eine Höhe von etwa 5000 Metern erreicht, als ein kurzer Warnruf des an der Spitze fliegenden Squadron-Leaders aus den Kopfhörern des Leutnants schallt.

„Jerries (Deutsche) über uns in der Sonne ... wir steigen weiter ... wenn sie herunterkommen, sofort Abwehrkreis."

Der Leutnant bringt kein Wort heraus. Seine Kehle ist wie zugeschnürt. Eine starke Erregung hat von ihm Besitz ergriffen, und eine dumpfe Ahnung läßt sein Herz schneller schlagen. Denn schließlich ist dieser Einsatz sein 13. Feindflug von dieser verfluchten Insel aus.

Die Stimme des Staffelführers gellt noch in den Ohren des jungen Briten, als er die Deutschen hintereinander aus der Sonne herausstürzen sieht.

Sofort legt er seine „Hurricane" mit einer blitzschnellen Bewegung auf die linke Tragflächenspitze. Sekunden später huscht die Spitzenmaschine des Messerschmitt-Verbandes kaum zwanzig Meter von ihm entfernt in die Tiefe. Trotz des schnellen Vorbeifluges sieht der englische Jägerpilot die zahlreichen dunklen Balken auf dem Leitwerk des Deutschen. Er kennt die Bedeutung dieser höllischen Striche, und er ist sich sofort darüber im klaren, daß soeben einer der erfolgreichen deutschen Jäger an ihm vorbeigeflogen war.

Vor der „Hurricane“ Ted Winters ziehen die anderen Maschinen des Schwarmes in einem eng angelegten Abwehrkreis durch den Himmel. Mit stockendem Atem hält der RAF*-Leutnant seine „Hurricane“ in steiler Messerlage.

Doch schon wenige Sekunden später bricht die Hölle über ihn herein. Wie ein feuerspeiendes Phantom zischt plötzlich einer der Deutschen von der Seite über den britischen Abwehrkreis.

Ted Winter sieht nur noch diese eine deutsche Maschine, die jetzt senkrecht nach oben gezogen wird und nach einem halben Turn erneut dem Kreis der „Hurricane“ entgegenstürzt.

Der Deutsche fliegt allein. Nur der Teufel mag wissen, wo die anderen „Messerschmitt“ geblieben sind. Aber es bleibt keine Zeit, um nach ihnen zu suchen. Denn dieser verfluchte Bursche feuert jetzt aus allen Rohren. Die Geschoßgarben prasseln nahezu im rechten Winkel zu Ted Winters „Hurricane“ aus den Läufen der Me 109.

Plötzlich hat der Leutnant das Gefühl, als ob eine gewaltige Steinlawine auf ihn herabfalle. Fassungslos starrt er auf die fetzenden Einschläge in der Motorverkleidung. Er hört ein höllisches Klatschen und Knirschen, während die Maschine unter seinem Körper zu zittern beginnt wie ein Lebewesen unter einem jähen Schock. Die ersten Flammen schlagen bereits aus dem Motor. Einige Geschosse durchschlagen die linke Kabinenseite. Der Leutnant spürt einen heißen Hauch dicht vor seinem Gesicht.

Das Feuer wird jetzt vom Fahrtwind in langen giftiggelben Flammenlohen über die Kabine gepeitscht.

Aus! denkt Ted Winter, während er nach dem Auslösehebel des Kabinendaches tastet. Stöhnend zieht er sich in die Höhe, als er die Glut des Brandes auf seinem Gesicht spürt. Dann wirbelt ihn der Fahrtwind am Leitwerk vorbei in das weite Nichts hinein.

In rasendem Sturz fällt sein Körper dem Meer entgegen. Als sich der weiße Halbmond des Fallschirmes über ihm bläht, sieht er einige hundert Meter rechts unter sich seine lichterloh brennende Maschine. Er schließt kurz die Augen, als das Jagdflugzeug unter einer turmhohen Wassersäule für immer in den grünblauen Wellen verschwindet.

---

* RAF = Royal Air Force = Königliche Luftwaffe

Plötzlich geht ein Ruck durch seinen Körper. Mit heulendem Singen zischt eine „Messerschmitt" auf ihn zu. Für Augenblicke hängt der Leutnant wie leblos in den Fallschirmseilen, als er direkt in die Kanonenmündungen des Deutschen blickt. Doch dann wird die Me 109 zur Seite gerissen. In einer steilen Messerkurve rast das deutsche Jagdflugzeug in etwa fünfzig Meter Entfernung an Ted Winter vorbei.

Es war die Maschine mit den dunklen Abschußbalken auf dem Leitwerk!

Der deutsche Pilot hatte grüßend die Hand gehoben. Fassungslos sieht Ted Winter der Messerschmitt-Maschine nach, die jetzt wieder in den Himmel hineinsteigt.

Vor einer Viertelstunde hat der Me-109-Verband die Südwestküste Siziliens überflogen. In den Kabinen herrscht auch an diesem Tag die drückende Hitze eines Treibhauses. Tief unter den Jagdflugzeugen scheint die Oberfläche des Mittelmeeres mit flüssigem Silber übergossen.

Auf 7000 Meter Höhe geht Oberleutnant Jochen Müncheberg zum Normalflug über. Er lehnt sich im Sitz zurück, ohne den Blick vom Horizont zu wenden, der sich an diesem Morgen des 1. Mai 1941 mit diesigem Dunst umhüllt hat.

Der Oberleutnant in der Verbandsführermaschine denkt für wenige Augenblicke an die ferne Heimat. Er sieht Aufmärsche, wehende Fahnen, uniformierte Menschenschlangen und hört donnernde Stimmen aus zahllosen Lautsprechern.

Ein bitteres Lächeln huscht um die Mundwinkel Joachim Münchebergs, als er sich die 1.-Mai-Feierlichkeiten vorstellt, die ihm und seinen Männern über Malta bevorstehen. Sie werden sich wahrscheinlich im wirbelnden Reigen des Luftkampfes vollziehen, und der Tod wird höchstpersönlich den Salut schießen.

Trotzdem hat die Felseninsel für Oberleutnant Müncheberg schon viel von ihrem Schrecken verloren. Der Bann ist gebrochen, seit er in zahlreichen schweren Luftkämpfen einen Erfolg nach dem anderen erringen konnte. Mitte Februar hatte es begonnen. Und nun, am 1. Mai, waren zu den dreiundzwanzig vom Kanal mitgebrachten Luftsiegen noch sechzehn weitere hinzugekommen. Alle am Himmel über Malta.

JOACHIM MÜNCHEBERG

*Hauptmann Müncheberg*
*nach der Rückkehr von einem Feindflug*
*im Kreis von Kameraden*

*Wie eine riesige Qualle zieht ein*
*abgesprungener Flieger seinen Fallschirm*
*durch das ruhige Meer bei Malta*

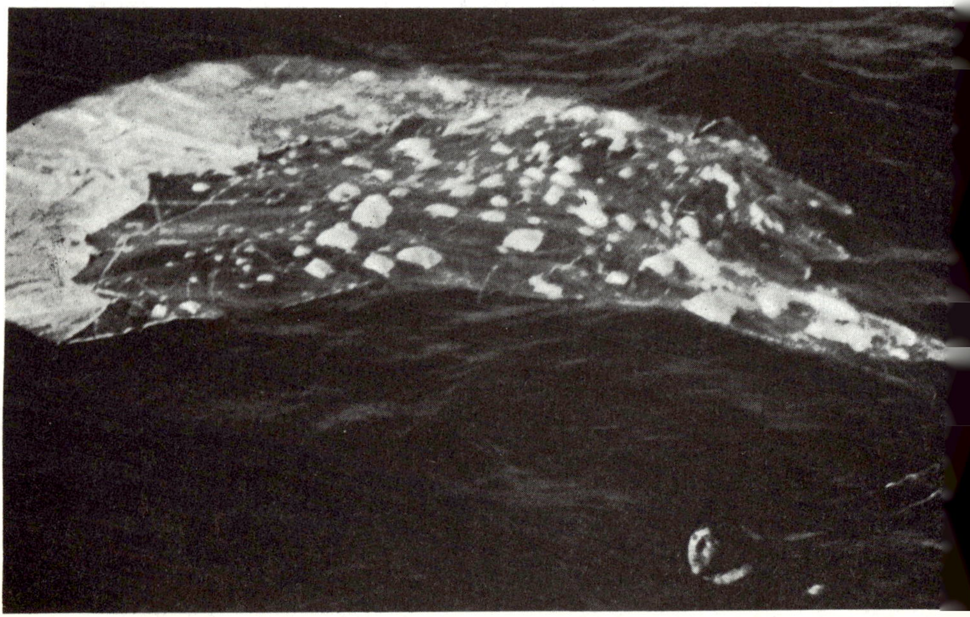

Müncheberg wirft einen prüfenden Blick auf die Instrumente. Er findet keine Unregelmäßigkeit. Dann sieht er wieder nach rechts, wo die Maschinen seiner Staffel durch den diesigen Himmel ziehen. Johannsen, sein Rottenflieger, neigt den Kopf gegen die eine Schulter und sieht von unten her zu Münchebergs Maschine herauf.

Als der Oberleutnant wieder den Kopf wendet, erkennt er voraus die Küste Maltas.

Er wackelt kurz mit den Tragflächen. Die anderen Piloten geben das Zeichen zurück. Kein Wort wird gesprochen. Noch herrscht Funkstille.

Plötzlich erkennt Müncheberg einen Verband von „Hurricanes“ auf Gegenkurs. Es sind acht Maschinen, die in zwei Schwärme geteilt sind. Der eine fliegt in Richtung Malta, während der zweite etwa 1000 Meter tiefer frontal herandröhnt.

Unwillkürlich hält Müncheberg den Atem an, während er die vier „Hurricanes“ im Auge behält, die immer näher kommen. Er beobachtet jede ihrer Bewegungen. Gleich muß der Augenblick dasein, wo der Verbandsführer seine Maschine herumreißt. Aber die vier Tommys scheinen die über ihnen fliegenden Deutschen noch nicht erkannt zu haben. Eine, zwei Sekunden noch, dann fliegen sie unter den deutschen Jägern vorbei.

Der Oberleutnant läßt sie trotzdem noch nicht aus den Augen. Aber der britische Schwarm macht tatsächlich keine Anstalten zum Einschwenken.

Die vorausfliegenden „Hurricane“-Piloten ziehen ebenfalls noch in tiefer Sorglosigkeit auf ihrem alten Kurs dahin. Das maltesische Festland ist bereits unter den Tragflächen der Deutschen. Müncheberg schiebt den Gashebel auf Vollast. Das Singen des Motors wird durchdringender. Die Waffen sind bereits eingeschaltet. Der Höhenmesser zeigt immer noch 7000 Meter an. Die Feindmaschinen fliegen offenbar mit Spargeschwindigkeit. Müncheberg wirft noch einen kurzen Blick zurück. Der andere „Hurricane“-Schwarm ist inzwischen im Dunst verschwunden.

In den Kopfhörern ist es immer noch still. Nur ein feines Knistern ist zu hören. Joachim Müncheberg beugt sich leicht nach vorn. Eine kurze Steuerkorrektur noch, dann wandert die links außen fliegende „Hurricane“ ins Visier. Wie auf dem Präsentierteller liegt die Maschine vor den Kanonen des Oberleutnants. Vielleicht feuert Müncheberg deshalb aus zu großer Entfernung.

Vor den Bordwaffen der Me 109 züngeln die Flammen des Mündungsfeuers. Dutzende von Geschossen verlassen in Sekundenschnelle die Läufe. Schon nach dem ersten Feuerstoß quirlt eine feine Rauchfahne aus der beschossenen „Hurricane". Die britische Jagdmaschine legt sich halb auf den Rücken und stürzt dann in den grauen Dunstvorhang hinein.

Jetzt! denkt Müncheberg. Jetzt müssen sie es gemerkt haben!

Aber die anderen „Hurricane" geben ihre Formation doch noch nicht auf. Ihre Umrisse wachsen immer größer ins Visier.

Da richtet Müncheberg das Fadenkreuz des „Revis" * auf die nächste Feindmaschine, die höchstens noch vierhundert Meter entfernt ist. Das dunkle Grollen der Kanonen hallt durch die Kabine. Aus der Rumpfpartie der „Hurricane" lodert ein greller Feuerschein. Johannsen schießt ebenfalls. Die Garben erfassen den dritten britischen Gegner.

Müncheberg nimmt das Gas zurück. Aus einer steilen Messerkurve heraus beobachtet er den Absturz der beiden Feindjäger. Als lodernde Brandfackeln verschwinden sie im Dunst, und bald verrät nur noch der Widerschein des Feuers ihren Sturzweg.

Zum erstenmal wird jetzt die Funkstille unterbrochen. Die Stimme Münchebergs klingt aus den Kopfhörern der übrigen Piloten.

„Runter ... wir nehmen Luqua ..."

Noch während er die Worte spricht, steuert er seine Maschine in die Rückenlage. Für Sekunden ist sein Kopf der Inselerde Maltas entgegengewandt, die sich schemenhaft unter dem Dunst abzeichnet.

Dann heult der Fahrtwind um die stürzenden Maschinen. In breit auseinandergezogener Formation heulen die deutschen Jäger dem Flugplatz von Luqua entgegen. Es ist 7.54 Uhr, als die von Müncheberg besiegte „Hurricane" in der Nähe der St. Pauls Bay ins Meer stürzt. Die andere Feindmaschine schlägt im Norden Maltas auf die Erde auf.

Ein Zittern läuft durch die Zelle von Münchebergs Maschine. Die Tachometernadel steht am Anschlag. Wie rasend dahinhuschende Phantome tauchen die Jagdmaschinen in der Dunstwand auf. Ein wütendes

---

* Revi = Abkürzung für Reflexvisier

Flakfeuer empfängt sie. Feuerstriche huschen auf Münchebergs Me 109 zu.

Die Sicht ist jetzt besser geworden. Im Tiefflug jagen die Deutschen über die Erde Maltas. Die Leuchtspuren der Flak legen sich wie eine feuerspeiende Gitterwand um ihre Maschinen.

Sie durchbrechen die Sperre und fliegen in südlicher Richtung weiter, Joachim Müncheberg an der Spitze. Die Silhouette von Ta Venezia schiebt sich über den Horizont.

Plötzlich sieht der Oberleutnant eine einzelne „Hurricane". Die feindliche Maschine ist vielleicht noch fünfhundert Meter entfernt. Ein Ruck am Knüppel, und die Me 109 bäumt sich in die Höhe. Der Daumen Münchebergs liegt bereits auf dem Auslöseknopf der Kanonen.

Der Hurricane-Pilot fliegt etwa zweihundert Meter hoch. Seine längliche Motorpartie ist auf die Landebahn eines Flugplatzes gerichtet.

Sekunden später fliegt die Feindmaschine durch eine konzentrierte Garbe aus MG- und Kanonengeschossen. Das Flugzeug scheint plötzlich von einer unsichtbaren Gewalt erfaßt worden zu sein. Es bäumt sich auf, während Flammen aus Motor und Tragflächen hervorbrechen. Entsetzt erkennt Müncheberg, daß der Pilot offenbar tot in der Kabine sitzt. Die „Hurricane" wippt jetzt ruckartig nach vorn und schlägt Sekunden später auf der Erde auf. Ein hoher Feuerpilz schleudert rotgelbe Lichterbündel vor den Flugweg von Münchebergs Me 109.

Der Oberleutnant drückt seine Maschine tief gegen die Erde. Mit Höchstfahrt fegt er über die kilometerlange Startbahn des Flugplatzes von Hal Far und Safi. Aus etwa zehn Meter Höhe erkennt er Gestalten vor den Felsenbunkern am Rand des Flugfeldes. Flakgarben fauchen über seine Kabine hinweg. Zur Linken kurvt Johannsen dem Meer entgegen.

Über den Klippen von Hal Far blickt Müncheberg noch einmal nach hinten. Aufatmend stellt er fest, daß alle Flugzeuge seines Verbandes noch hinter ihm fliegen.

Worte schallen ihm jetzt entgegen. Erleichterung schwingt darin mit, als ob erst jetzt die Last der ungeheuren Konzentration von den Piloten seines Verbandes gewichen sei.

Auch Joachim Müncheberg spürt eine stetig zunehmende Erleichterung in sich. Von den Klippen her feuert noch ein Flakgeschütz. Aber die Garben liegen viel zu hoch.

Die Jagdflugzeuge huschen jetzt im Tiefflug über das Meer, die langen Motorpartien nach Nordosten gerichtet. Johannsens „Me“ taucht zur Rechten auf. Die Atemmaske baumelt neben seinem schweißüberströmten Gesicht. Sein Mund ist weit geöffnet. Er hat die Kopfhaube zurückgeschoben. Einige Strähnen seines langen Haares kleben ihm in der Stirn.

Noch einmal kreist Münchebergs Blick durch den Himmel. Er sieht keine feindlichen Jäger mehr.

Dicht nebeneinander fliegen die Deutschen über das Mittelmeer. Erst vor der Küste Siziliens gehen sie wieder auf Höhe. Unten auf dem Flugplatz werfen die Mechaniker ihre Mützen in die Luft, als Müncheberg dreimal hintereinander mit wackelnden Tragflächen über das Rollfeld donnert.

Der Nachtwind trägt noch die Wärme des vergangenen Tages in sich. Mit nackten Oberkörpern sitzen die Männer der Jagdstaffel im Freien. Von irgendwoher klingt das Spiel einer Mundharmonika durch das Dunkel.

Auch Oberleutnant Joachim Müncheberg hat schon vor geraumer Zeit den Barackenraum verlassen und sich im Freien auf einem Liegestuhl ausgestreckt. Mit geschlossenen Augen lauscht er in die Nacht hinein.

Er richtet sich auf, als er in der Nähe Schritte hört. Im zwielichtigen Schein des Mondes erkennt er eine hochgewachsene Gestalt. Kurz darauf steht ein Flieger vor ihm. Er trägt die Schulterstücke eines Hauptmanns auf seiner Jacke.

„Jochen“, sagt er, „ich werde verrückt. Du bist also wirklich hier!“

Joachim Müncheberg betrachtet den vor ihm stehenden Hauptmann mit ungläubigem Erstaunen.

„Donnerwetter!“ sagt er mit allen Anzeichen der Überraschung. „Du — Hennes?“

„So ist es, alter Knabe!“ Der Hauptmann lacht. Er klopft Müncheberg auf die Schultern und läßt sich dann auf einem neben dem Liegestuhl stehenden Hocker nieder. „Als die Jungs da drüben sagten, daß du hier seist, dachte ich zuerst, sie würden sich einen Witz erlauben. Aber jetzt ... Mann, ist das eine Freude!“

„Die Welt ist doch ein kleines Dorf“, sagt Müncheberg zu dem Hauptmann, den er vor Beginn des Frankreichfeldzuges zum letztenmal gesehen hatte. Hennes Sobermann! AB-Schule. Glückliche gemeinsame Zeit auf der Flugzeugführerschule. Hennes war zu den „Dicken“ (mehrmotorige Flugzeuge) gegangen. Auf irgendeine Blindflugschule.

Der Hauptmann zündet sich eine Zigarette an.

„Mensch, Jochen, von dir hört man ja schöne Geschichten. Gratuliere.“

Müncheberg wehrt ab. Ein abwesendes Lächeln huscht über sein Gesicht.

„Alles Glück, Hennes!“

„So kann man es auch nennen. Wieviel hast du jetzt?“

„Heute nachmittag hatte ich den zweiundvierzigsten. Es war eine ‚Hurricane‘ über Luqua.“

„Man erzählte mir, daß du heute drei Abschüsse hattest. Stimmt das?“

Müncheberg nickt. „Und du, wo bist du gelandet?“

„Bei Baumbachs KG.* Wir werden auch bald die Ehre haben, Malta von oben zu betrachten. Ganz schöner Zauber dort, wie?“

„Allerdings.“

Ein kurzes Schweigen breitet sich zwischen den beiden Männern aus, ehe die helle Stimme des Hauptmanns wieder aufklingt.

„Wieviel Abschüsse hattest du eigentlich, als du hierherkamst?“

„Dreiundzwanzig, Hennes!“

„Wann kamt ihr hierher?“

„Am 12. Februar.“

Der Hauptmann zündet sich eine neue Zigarette an. Für Augenblicke wird sein hageres Gesicht mit den stark hervortretenden Backenknochen im Widerschein der Streichholzflamme sichtbar. Erst jetzt er-

---

* KG = Kampfgeschwader

kennt Müncheberg das Deutsche Kreuz auf seiner rechten Brustseite. Nach einem tiefen Atemzug sagt der Freund aus unbeschwerten Friedenstagen:

„Und am 7. Mai das Eichenlaub, stimmt es?“

„Ja!“

Joachim Müncheberg hat sich wieder zurückgelehnt. Aus halb geschlossenen Augen blickt er zu dem sternenübersäten Himmel hinauf.

„Ich habe dich neulich gehört, als du über den Sender von Catania zu den Landsern auf Sizilien gesprochen hast. Nur konnte natürlich kein Mensch wissen, daß du dich gerade hier aufhältst — sozusagen ‚in der Nähe der Erdachse‘. Die Tommies drüben auf Malta werden dich sicher auch gehört haben, meinst du nicht?“

„Möglich“, erwidert Müncheberg. „Deshalb wird es weder für sie noch für mich leichter werden.“

„Zum Teufel“, sagt der Hauptmann, „wer hätte gedacht, daß du einmal eine solche Kanone wirst!“

„Man glaubt es manchmal selber nicht, Hennes. Es nimmt alles seinen Lauf. Wir fliegen und kämpfen, und wir schießen ab, wenn wir Glück haben. Und wir können nur deshalb weiterfliegen, weil es uns bis jetzt noch nicht erwischt hat.“

„Eine verfluchte Logik“, knurrt der Hauptmann. Er blickt auf das Leuchtzifferblatt seiner Uhr. „Ich will mich jetzt aufs Ohr legen, Jochen. Morgen bin ich auch noch hier. Mach’s gut — und weiterhin Hals und Bein.“

„Ich danke dir, Hennes.“

Der Hauptmann steht auf und reicht dem Freund die Hand. Das Spiel der Mundharmonika ist schon geraume Zeit verklungen.

„Besuche mich wieder einmal“, sagt Müncheberg.

„Gern“, nickt der Hauptmann, „wenn nichts dazwischenkommt.“

„Ja“, entgegnet der Oberleutnant, „so etwas ist bei uns allerdings immer möglich.“

Die folgende Zeit wurde für die Männer der 7./JG 26 und ihren Kapitän Joachim Müncheberg zu einer wahren Odyssee. Pfingsten 1941 verließen sie Catania in Richtung Griechenland. Von Piräus aus, dem

Hafen Athens, ging die Reise weiter zu dem Flugplatz Malaoi auf der Südspitze der Halbinsel Peloponnes.

Der Luftraum über Kreta wurde jetzt ihr Kampfgebiet. Zusammen mit einer Stukagruppe suchten sie feindliche Seeziele. Mit Zusatztanks unter den Rümpfen flogen sie oft zweihundert Kilometer auf See hinaus. Aber die meisten der vielstündigen Flüge wurden umsonst durchgeführt; nur selten konnte ein britisches Schiff gesichtet werden.

Oberleutnant Joachim Müncheberg war dreiundzwanzig Jahre alt, als er am 1. Juni 1941 mit sechs Maschinen seiner Staffel den Flug nach Afrika antrat. Auf dem Flugplatz Ain el Gazala westlich von Tobruk kam er mit seinen Männern zu der I. Gruppe des Wüstenjagdgeschwaders 27, die von Hauptmann Eduard „Edu“ Neumann geführt wurde. Es war jene Gruppe, in der Hans Joachim „Jochen“ Marseille, der „Adler von Afrika“, einige Zeit später seine einmaligen Erfolge im Luftkampf erringen sollte.

Die 7. Staffel Oberleutnant Münchebergs blieb nur kurze Zeit Gast der „Wüstenjäger“. Am 29. Juli 1941 erzielte Müncheberg im Mittelmeerraum seinen 48. Abschuß, ehe die Staffel wieder nach Frankreich zurückflog. Schon am 26. August schoß Oberleutnant Müncheberg im Luftraum über Gravelines wieder eine Spitfire ab. Zu jener Zeit trug er die höchste italienische Kriegsauszeichnung — die goldene Tapferkeitsmedaille —, die außer ihm nur noch Hauptmann Marseille als Angehöriger der deutschen Wehrmacht erhalten hatte.

Als der am 31. Dezember 1918 in Friedrichshof, Kreis Dramburg (Pommern), geborene Jägerpilot Frankreich und das JG 26 als Kommandeur der II. Gruppe am 21. Juli 1942 verließ, hatte er 83 Gegner im Luftkampf besiegt.

Am 23. September 1941 wurde Joachim Müncheberg zum Hauptmann befördert. Als Vierundzwanzigjähriger hatte er bereits Aussicht, Kommodore eines Jagdgeschwaders zu werden. Er kam zur Einweisung in den Mittelabschnitt der Ostfront, wo er als Angehöriger des erfolgreichen Jagdgeschwaders 51 (Mölders) weitere Luftsiege errang. Nachdem Oberstleutnant Nordmann, der bisherige Kommodore des JG 51, nach einer schweren Verwundung ausgefallen war, übernahm Müncheberg das Geschwader. Als Sieger in 116 Luftkämpfen wurde er am 9. September 1942 als 19. Soldat der Wehrmacht mit den Schwertern zum Eichenlaub ausgezeichnet, während er gleichzeitig — nun bereits zum drittenmal außer der Reihe — zum Major befördert wurde.

Auf dem afrikanischen Kriegsschauplatz hatte sich das Kriegsglück gewendet. Rommels Afrikakorps, das nach der Eroberung Tobruks im Juni 1942 die libysch-ägyptische Grenze erreicht und hundert Kilometer von Kairo entfernt in der El-Alamein-Stellung zum Angriff gegen die britischen Truppen in Ägypten bereitstand, hatte am 5. November 1942 dem feindlichen Ansturm nicht mehr standhalten können. Der große Rückzug begann. Schon am 12. November zogen die Verbände Generalleutnant Montgomerys wieder in Tobruk ein. Einige Tage zuvor, am 7./8. November, waren 110 000 alliierte Soldaten im Verlauf des Unternehmens „Torch" (Fackel) in Marokko und Algerien gelandet.

In Nordafrika hatte für die deutsch-italienischen Truppen ein Zweifrontenkrieg begonnen. Ende Dezember 1942 spielten sich die Rückzugskämpfe bereits im Syrte-Bogen und Ende Januar 1943 im tripolitanischen Raum ab. Die Mareth-Stellung in West-Tunesien wurde vom 23. Februar bis zum 15. März zur letzten Bastion der Heeresgruppe Afrika.

23. März 1943.

Der Feldflugplatz des JG 77 ist ein Teil der belagerten Festung, deren Mauern jeden Tag mehr zerbröckeln.

Die Fahrzeuge am Rand des Rollfeldes haben einen endlosen Weg über die Via Balbia hinter sich, ehe sie eines Tages auf dem tunesischen Flugplatz angekommen waren.

Die Männer der technischen Kompanie, die mit sonnengebräunten Oberkörpern unter den großen Tarnnetzen an den Flugzeugen arbeiten, wirken müde und lustlos. Immer wieder richten sich ihre Blicke sorgenvoll gegen den Himmel, an dem Tag für Tag die Schwärme alliierter Jäger zu sehen sind.

Von einem breitflächigen Zelt löst sich ein Kübelwagen, der kurz darauf in schneller Fahrt auf den Abstellplatz der Flugzeuge zurollt.

Der Wagen stoppt in der Nähe der Warte. Ein Oberwerkmeister geht auf den jungen Major im gelben Khakihemd zu und legt die Hand an die Mütze.

Major Müncheberg nickt dem Oberfeldwebel kurz zu, als dieser seine Klarmeldung macht. In der Nähe stehen einige Jagdmaschinen unter breitflächigen Tarnnetzen. Die Mechaniker wirken müde und übernächtig. Ein nachdenklicher, abwesender Ausdruck liegt auf dem Gesicht Münchebergs, als er sich mit langsamen Schritten dem Abstellplatz der Flugzeuge nähert.

Vor dem Leitwerk seiner Maschine bleibt er wieder stehen. 135 Luftsiege sind darauf verzeichnet.

Der 1. Wart tritt hinter ihn. Müncheberg senkt den Kopf, als ob ihn schwerwiegende Gedanken beschäftigen. Die anderen Piloten stehen noch vor dem Kübelwagen.

Sie setzen sich erst in Bewegung, als der Major zu ihnen hinübersieht. Ein schnelles, gezwungen anmutendes Lächeln huscht über sein Gesicht.

Niemand kannte die Gedanken des vierundzwanzigjährigen Kommodore, als er sich in der Kabine seiner Maschine auf den Sitz fallen ließ. Er blickte auf die linke Tragfläche mit dem großen dunklen Balkenkreuz, als ihm der 1. Wart beim Anschnallen behilflich war.

Dann schloß sich das Kabinendach über seinem Kopf. Kurz darauf erklang das Summen des Rotors. Der Motor sprang an. Der kraftvolle Druck der Luftschraube wirbelte Wolken von Sand durch die Maschen des Tarnnetzes.

Nach kurzem Probelauf hob der Major noch einmal die Hand. Er winkte den Warten zu, als er an ihnen vorbeirollte. Es sollte ein Abschied für immer sein.

An der Spitze des kleinen Gefechtsverbandes holperte seine Maschine wenig später über den ausgedörrten Boden des Flugfeldes. Die Laufräder lösten sich von der Erde. In fünfzig Meter Höhe zogen die fünf Jagdflugzeuge noch einmal über den Flugplatz. Dann verschwanden sie in östlicher Richtung hinter dem Horizont.

Nach 135 Luftsiegen hatte Joachim Müncheberg den Fliegertod gefunden. Keiner der Piloten, die ihn begleiteten, hatte den Verlauf des schicksalhaften Kampfes beobachten können.

Man fand Münchebergs zerschmetterten Körper in der Nähe von El Aounia.

Kaum zwei Monate nach seinem Tod kapitulierte die Heeresgruppe Afrika.

Die sterblichen Überreste des „Jägers von Malta“ wurden auf dem Heldenfriedhof von Les Nassen bei Tunis beigesetzt.

*

## WALTER NOWOTNY

Der „Tiger vom Wolchowstroj"

*„Walter Nowotny ist gefallen. Unser Gegner am Himmel der Normandie und über Deutschland ist nicht mehr. Wir grüßen einen tapferen Feind, den das Schicksal ereilt hat, wir erklären ihn zu einem der unseren, der teilhat an unserer Welt, in der weder Ideologien noch Haß oder Grenzen zählen."*

Pierre Clostermann, erfolgreichster französischer Jagdflieger

Tausende von Metern unter den Tragflächen der Jagdmaschinen mit dem grünen Herz des „Trautloft-Geschwaders" an den langen Motorpartien leuchtet das Wasser des finnischen Meerbusens im Licht der Sommersonne.

Der riesige Kreis, den die Piloten des deutschen Jägerverbandes beschreiben, reicht von der Küste des Meerbusens bis hinüber zu der großen Stadt an der Newa, nach Leningrad. Der Patrouillenflug durch die Höhen des Himmels führt manchmal auch hinunter zu dem schillerndblauen Fleck des Ladogasees.

Zwölf deutsche Jagdmaschinen ziehen wie ein Bündel silberner Blitze durch den glasklaren Himmel. Etwa zweitausend Meter unter ihnen fliegen einige Staffeln Bomber auf Westkurs in Richtung der deutschen Front. Von der Erde her wabern in der Umgebung der Newa-Docks die Brände, die nach dem Angriff der Bombenflugzeuge ausgebrochen waren.

Einer der Flieger trägt den Namen Nowotny. Auf der Schulterpartie seiner Lederjacke schimmern die Rangabzeichen eines Leutnants. Aus engen Augenschlitzen heraus sieht er manchmal zu der Maschine des Rottenfliegers hinüber. Es ist Feldwebel Knorrer, sein bewährter Katschmarek in vielen Feindflügen.

Die Bomber fliegen wie in einer Paradeformation über die sonnenschimmernde Oberfläche der Erde. Manchmal bricht sich das gleißende Licht auf ihren Kanzeln in grellen Blitzen, die wie glühende Speere in den Himmel zurückzucken.

Es sind schon einige Minuten vergangen, seit die „Holzaugenrotte" * auf den Schwarm „Indianer" (Feindjäger) aufmerksam machte, der in einiger Überhöhung vom Meer her auf Südkurs angeflogen kam.

Plötzlich neigen die russischen Piloten die bulligen Sternmotoren ihrer Maschinen der Erde entgegen, als ob sie zum Angriff übergehen wollen. Aber eine schnelle Reaktionsbewegung des deutschen Me-109-Verbandes zwingt die feindlichen Piloten sofort wieder zum Horizontalflug.

Doch auf einmal schillern weitere dunkle Punkte vor der Himmelspartie in Richtung zur Newa. Ein anderer Pulk roter Jäger schraubt sich dort in engen Spiralen den großen Höhen entgegen.

Leutnant Walter Nowotny hat den feindlichen Schwarm sofort erkannt. Ein schnelles Lächeln lichtet für wenige Augenblicke die Starre auf seinem Gesicht, als er die sechs Me 109 beobachtet, die nun in steilem Sturz durch den Himmel huschen.

Walter Nowotny sieht noch einmal zu den Bombern hinüber. Sie fliegen immer noch in dichtaufgeschlossener Formation auf ihrem alten Kurs. Er schließt die Augen, als er bei einem Rundblick durch den Himmel vom grellen Licht der Sonne geblendet wird.

Die sechs Messerschmitt-Jäger über den Newa-Docks ziehen in einer steilen Steigkurve durch den Himmel. Nach kurzem Luftkampf waren zwei Ratas von ihnen abgeschossen worden, die jetzt brennend dem Meer entgegenstürzen. Fallschirme blähen sich vor dem glasigen Blau des Horizontes auf. Wie riesige weiße Blumen schweben sie durch das weite Nichts.

Plötzlich zuckt Nowotny zusammen. Fast im gleichen Augenblick gellt auch schon eine vertraute Stimme aus den Kopfhörern:

„Links ... Nowy ... aus der Sonne!"

---

* Eine Rotte von zwei Maschinen, die bei der freien Jagd die besondere Aufgabe hat, das Herannahen feindlicher Jägerverbände schnell zu melden. Meistens flogen die „Holzaugenrotten" in überhöhter Position.

„Viktor“ (Verstanden), sagt der Leutnant. In seiner Stimme ist keine Spur von Erregung. Das Seitenleitwerk mit den Dutzenden von Abschußstrichen neigt sich nach einer schnellen Steuerbewegung der Erde entgegen. Ruckartig kippt die Me 109 halb seitlich nach unten weg. In Sekundenschnelle huscht ein großer Schatten an der Kabine vorbei, als der Rottenflieger über Nowotnys Maschine wegschert.

Der Leutnant hat den Gashebel bis zum Anschlag vorgeschoben. Mit Hunderten von Stundenkilometern stürzt die Jagdmaschine in die Tiefe.

Die Russen fliegen in seitlich gestaffelter Kolonne. Wie ein Schwarm plumper Riesenhummeln stürzen sie sich auf die Kampfmaschinen. Aus den Heckständen der Heinkel-Bomber züngeln bereits die Flammen des Abwehrfeuers.

Nowotny drückt den Steuerknüppel noch weiter nach vorn. Das Heulen des Fahrtwindes vermischt sich jetzt mit dem durchdringenden Sington des Motors zu einem hohen, alles überdröhnenden Geräusch.

Mit einer schnellen Bewegung löst Nowotny den Verschluß der Atemmaske. Die Umrisse der letzten „Rata“ wachsen allmählich riesengroß in sein Visier. Die Rechte krampft sich noch fester um den Griff des Knüppels. Der Daumen liegt bereits auf dem Auslöseknopf der Kanonen.

Hunderte von deutschen Landsern verfolgen von ihren Stellungen aus das erregende Schauspiel der Luftschlacht. Unzählige Augenpaare starren zum Himmel hinauf, wo sich in diesen Sekunden aus den Tragflächen der vorausfliegenden deutschen Jagdmaschine die Flammenstriche der Leuchtspurgarben lösen. Die bunten Geschoßbahnen fressen sich in den Rumpf einer Rata. Grelle Blitze zucken aus der Leitwerkspartie, und plötzlich bauscht sich ein schwarzroter Feuerkranz wie ein gewaltiger Ball um das Flugzeug mit dem roten Stern auf den Tragflächen.

Die „109“ Nowotnys zischt mit hoher Geschwindigkeit an der zerfetzten Maschine vorbei, deren linke Tragfläche sich gerade vom Rumpf gelöst hat und wie ein welkes Blatt in die Tiefe taumelt.

Eine zweite Rata bäumt sich kurz auf und steigt in den Himmel hinein. Ruckartig reißt Nowotny den Steuerknüppel nach hinten.

Sekunden später zieht auch diese feindliche Maschine durch seine Leuchtspurgarben.

Einzelteile der lichterloh brennenden Feindmaschine wirbeln durch die Luft, als der Leutnant seine „Me“ auf die Tragflächenspitze legt und sich aus einer engen Kurve heraus auf die Fährte eines anderen roten Jägers heftet.

Drei sowjetische Jagdflugzeuge sind noch vor Nowotnys Maschine. In verzweifelten Abwehrbewegungen kurven die feindlichen Piloten durch den Himmel. Sie scheinen zu fühlen, daß eines der Asse unter den Jägern am Wolchow hinter ihnen sitzt. Sie stürzen und steigen, kurven und trudeln. Kleine Kondensfahnen huschen von ihren Tragflächenspitzen nach hinten weg.

Die deutschen Bomber haben sich inzwischen schon ziemlich weit entfernt.

Nowotny schiebt die Kopfhaube zurück und wischt sich den Schweiß von der Stirn. Sein Blick ist unverwandt auf die gedrungen wirkenden Jagdflugzeuge mit dem roten Stern gerichtet. Der Rottenflieger hinter seinem Leitwerk, die Kameraden über Leningrad — alles ist jetzt so bedeutungslos geworden.

Auf einmal ist wieder jenes Gefühl in ihm, für das es keine richtige Erklärung gibt. Es erzeugt keinen Haß auf die Piloten in den feindlichen Maschinen. Auch keine Gier nach Vernichtung. Eher einen eigenartigen, rauschhaften Zustand, zusammen mit dem intuitiven Drang nach einer neuen Entscheidung.

In Sekundenschnelle erfaßt Nowotny die nächste Chance. Er legt die Me 109 in die Rückenlage. Ein Zug am Knüppel, und die lange Motorspitze richtet sich wieder der Erde entgegen. Aus fast senkrechtem Sturz heraus setzt sich der Leutnant auf die Flugbahn eines weiteren Feindjägers.

Der russische Pilot hat die tödliche Gefahr bereits erkannt. Nach einer schnellen Steuerreaktion geht er ebenfalls zum Sturz über. Wenige Sekunden später zieht seine Maschine durch den Lichtkreis von Nowotnys Visier. Die Leuchtspurgarben prasseln in die Tragflächenwurzeln der Feindmaschine. Kleine wabernde Feuerbälle huschen über das grünlackierte Metall.

Nowotny schert seitlich nach rechts weg. Die getroffene Rata kommt immer näher. Als der Leutnant etwa auf ihrer Flughöhe ist, hüllt sich die russische Jagdmaschine plötzlich in eine grelle Flammenwolke.

Wie aus weiter Ferne hört Nowotny die erregte Stimme des Kameraden in der Rottenmaschine. Aber auch dieses Mal achtet er nicht auf seine Worte. Sein Blick ist auf die beiden letzten Ratas gerichtet, die jetzt einige hundert Meter voraus dem Hafengebiet von Leningrad entgegenstürzen.

Die beiden Me 109 bleiben hinter ihnen. Für kurze Zeit gerät die Maschine Feldwebel Knorrers wieder in das Blickfeld Nowotnys, als der Rottenflieger seitlich hochschert.

Die Nadel des Höhenmessers wandert jetzt mit ruckartigen Bewegungen nach unten. Der Druck der Fliehkraft preßt den Körper des Leutnants gegen den Sitz. Der Schweiß dringt ihm aus allen Poren.

Rechts von Nowotnys Rotte tauchen drei andere Me 109 auf. Tief unten leuchten die Flammenpilze von Aufschlagbränden über den Horizont. In südlicher Richtung schweben Fallschirme der Erde entgegen.

Einige hundert Meter vor den Me 109 jagen die beiden Ratas der großen Stadt an der Newa entgegen. Die Mündung des Flusses öffnet sich wie ein riesiges Maul vor den stürzenden Maschinen.

Für Nowotny ist der Kampf noch nicht zu Ende. Denn unten fliegen noch zwei Gegner. Im FT (Funksprechgerät) sind jetzt viele Stimmen zu hören. Nowotny achtet nicht darauf. Er sieht nur noch die beiden Ratas, die vom Widerschein der Sonne wie zwei schwarze Schattenbündel vor den Himmel gezeichnet werden.

Die Distanz verringert sich immer mehr. Am Armaturenbrett leuchten die Schauzeichen der Waffen. Die Siege von vorhin sind gleichgültig in diesen Augenblicken vor der neuen Entscheidung. Voraus wachsen die Dockanlagen an der Newamündung immer schneller auf die Frontscheibe zu.

Aus der Erde brechen plötzlich Blitze hervor. Sie zucken zwischen den Lagerschuppen auf und verwandeln sich in Sekundenschnelle in die gleißenden Parabeln von Geschoßsalven.

Die letzte Rata wandert bereits in das Fadenkreuz des Leuchtvisiers. Nowotny feuert schon auf verhältnismäßig große Entfernung. Für Sekunden kreuzen sich seine Garben mit denen der feindlichen Flak.

„Aufpassen!“ hallt Nowotnys Stimme durch den Äther.

Es ist jenes vertraute Wort, das die Männer in den anderen Maschinen während der letzten Wochen und Monate schon so oft gehört haben.

Kurz vor der Newamündung wird die Rata von Nowotnys Kanonensalven erfaßt. Die Maschine schnellt zur Seite, als sei sie von einer unsichtbaren Faust gepackt worden.

Sekunden später kurvt Nowotny im Tiefflug um die Absturzstelle herum. Die Me 109 zittert unter der hohen Fahrt, als der Leutnant wieder landeinwärts fliegt. Die Flak feuert immer noch. Aber die Geschoßgarben liegen weit über der Kabine.

Kurz darauf fliegt die Rotte wieder über das weite Land im Norden der Sowjetunion. Die Maschinen donnern im Tiefflug über die Stellungen der Infanterie. Trotz des rasenden Fluges sehen Nowotny und Knorrer hochgereckte Hände und winkende feldgraue Gestalten.

Wie die wilde Jagd brausen sie weiter über Wälder und Seen. Nowotny hat die Anschnallgurte gelockert. Plötzlich schiebt sich die Maschine Knorrers dicht neben seine Me 109. Der Feldwebel ist jetzt so nahe, daß der Leutnant sein schweißtriefendes Gesicht sehen kann. Dann hört er auch seine Stimme:

„Mann, Nowy, vier Stück!“

Nowotny lehnt den Kopf zurück. Erst jetzt beginnt die Spannung allmählich aus seinem Körper zu weichen. Er wendet den Kopf und lächelt, während er die Maschine über den Saum eines Kiefernwaldes zieht.

Etwa zehn Minuten später fegt die „Me“ Nowotnys über den Feldflugplatz. Viermal überquert er im Tiefflug mit wackelnden Tragflächen das Rollfeld. Auf den Liegeplätzen seiner Staffel sieht er die in die Luft geworfenen Mützen der Warte. Dann fährt er Fahrwerk und Landeklappen aus und setzt zur Landung an.

Die Männer des technischen Personals kommen auf die Maschine zugerannt. Nowotny rollt an ihnen vorbei. Ein kurzes Knallen noch, dann schweigt der Motor. Der Leutnant öffnet die Kabine und löst den Verschluß der Gurte. Die Männer des technischen Personals sind völlig aus dem Häuschen. Sie werden erst wieder etwas ruhiger, als sich der Kommandeur zwischen ihnen durchschiebt.

WALTER NOWOTNY

*Ein Staffelmaler bringt weitere Abschußstriche auf dem Leitwerk einer FW 190 an*

*Unten: Das „Gesicht" der Focke-Wulf 190, des kampfkräftigsten Propeller-Jagdflugzeuges der ehemaligen Luftwaffe*

Abends sitzt Nowotny einem Kriegsberichter gegenüber. In einiger Entfernung stehen die Maschinen der Gruppe. Ein schmales Lächeln huscht um die Mundwinkel des Fliegers, als er den Staffelmaler am Leitwerk seiner Me 109 herumhantieren sieht. Er kann erkennen, daß der Obergefreite die einzelnen Abschußstriche überpinselt und sie in der Zahl „50" zusammenfaßt. Darunter wird er noch vier dunkle Balken malen.

Der Kriegsberichter ist der Blickrichtung Nowotnys gefolgt.

„Herr Leutnant", sagt er, „es sind jetzt vierundfünfzig Abschüsse, die Sie erreicht haben. Und heute waren es in zwei Einsätzen sieben. Wie erzielen Sie eigentlich diese Erfolge?"

Nowotny beugt sich zurück.

„Ich weiß es nicht."

„Würden Sie mir bitte etwas aus der Zeit vor diesen Einsätzen erzählen?"

Die Lider Nowotnys senken sich halb über die Augen. Sein Kopf ist dem Licht der untergehenden Sonne zugewandt. Der blonde Sonderführer betrachtet ihn nachdenklich.

Nowotny scheint wie aus tiefen Gedanken zu erwachen. Zögernd beginnt er zu sprechen. Seine Worte lassen die Gegenwart versinken und formen Bilder aus den ersten Tagen dieses Krieges im Osten.

Unter den Jägern, die von lettischen Flugplätzen zu den ersten Feindflügen dieses Feldzuges gestartet waren, hatte sich auch Nowotnys Maschine befunden. Er flog in 5000 Meter Höhe, als er zum erstenmal die roten Jäger sah. Die kleinen dunklen Punkte am abendlichen Himmel wurden in Sekundenschnelle größer und größer. Es waren zehn sowjetische Jagdflugzeuge vom Typ „Curtiss", die sich den Deutschen entgegenwarfen.

Der junge Leutnant saß völlig verkrampft hinter dem Steuerknüppel. Zum erstenmal kreiste er in dem teuflischen Hexenreigen eines Luftkampfes. Er sah die roten Sterne der feindlichen Jäger, und er spürte, wie seine Erregung stärker und stärker wurde. Als er feuerte, war es kaum mehr als eine instinktive Reaktion. Doch schon Sekunden später starrte er wie gebannt auf die lodernden Flammen, die aus dem Rumpf der von ihm angegriffenen Curtiss herausschlugen.

Es waren Augenblicke, wo er selbst die Kameraden in den anderen Maschinen zu vergessen begann. Vielleicht merkte er es nicht einmal, wie die Erregung langsam in ihm abflaute und seine Hände Teil einer geheimnisvollen Maschinerie wurden. Es dauerte nur wenige Minuten, bis in diesem ersten Luftkampf seines Lebens die zweite Feindmaschine von seinen Garben getroffen wurde.

Es fiel ihm nicht einmal auf, daß er plötzlich allein war. Kurze Zeit später sah er nur noch einen dritten Feind vor sich. Auch dieses Mal prasselten seine Salven in den Rumpf des roten Jägers hinein.

Unter seinen Tragflächen schillerte das Wasser der Ostsee. Er rief seine Kameraden über das FT, aber er bekam keine Antwort. Eine tiefe Erleichterung überkam ihn, als er in naher Entfernung die Frontpartie eines Flugzeuges erkannte, das sich ihm von hinten näherte. Als er herumkurven wollte, um zu der vermeintlichen Kameradenmaschine aufzuschließen, klatschten die Geschosse aus den Waffen des sowjetischen Jagdflugzeuges bereits in die Leitwerkpartie seiner Me 109.

Er spürte die Hitze des sich schnell ausbreitenden Feuers. Dann setzte der Motor aus. In flachem Sturz schwebte die Maschine dem Meer entgegen. Hoch über dem notwassernden deutschen Jagdflugzeug flog die sowjetische „Curtiss" noch einige lauernde Kreise.

Zwei Tage und zwei Nächte trug das kleine Schlauchboot Nowotny über das Wasser der Ostsee. Er paddelte mit den Händen dem fernen Strand entgegen, der nur wie ein feiner Strich vor dem Horizont stand. Er sah die Maschinen von Kameraden und glaubte an Rettung, aber die Piloten der Suchflugzeuge entdeckten ihn nicht. In der zweiten Nacht rauschte ein russischer Zerstörer in der Nähe seines Schlauchbootes vorbei, und die Geschoßdetonationen der deutschen Küstenbatterien ließen den Einsamen an sein Ende glauben. Erst am dritten Tag fiel er vollkommen erschöpft auf den Strand. Deutsche Soldaten fanden ihn bewußtlos in der Nähe der Brandung. Auf dem durchnäßten Frontfliegerausweis stand ein Name, den die Landser später noch mehr als einmal im Wehrmachtsbericht hören sollten: Walter Nowotny.

★

Neben dem Kriegsberichter liegt eine halb gerauchte Zigarette im Gras.

„Sie hatten verdammtes Glück, Herr Leutnant, nicht wahr?"

„Manchmal braucht man es", lächelt Nowotny müde.

Der Blick des PK-Mannes richtet sich auf die schlanken Hände Nowotnys. Er denkt unwillkürlich daran, daß es diese Hände waren, die an diesem Tag die sieben tödlichen Feuerstöße abgegeben haben.

Der Kriegsberichter stellt eine weitere Frage.

Nowotny scheint die Worte nicht gehört zu haben. Er hat den Kopf zurückgelehnt und die Augen geschlossen. Als der PK-Mann sich über ihn beugt, erkennt er, daß der Leutnant erschöpft eingeschlafen ist.

Der Tanz der Jäger an dem weiten Himmel im Norden der Ostfront ging weiter. Tag für Tag hoben sich die Maschinen des Jagdgeschwaders 54 von den sandigen Flugfeldern und schwangen sich in die Luft. Einsatz reihte ich an Einsatz.

Für Walter Nowotny begann ein Siegeszug ohnegleichen. Aber immer wieder geschah es auch, daß der Tod mahnend an die Bordwand seiner Maschine pochte.

So auch an jenem Tag, als sich die Infanteristen der Wolchowfront bei einem Angriff sowjetischer „Schlächter" in ihre Erdlöcher duckten. In unzähligen Augenpaaren schillerte die Angst. Entsetzt sahen die Männer in den zerschlissenen und verdreckten Uniformen den russischen Schlachtflugzeugen entgegen, die sich gerade ihren Stellungen näherten. Im Tiefflug huschten die IL-2-„Schlächter" über die Linien und überschütteten die HKL mit einem Hagel von Geschossen.

Kurz darauf setzten sie zum zweiten und zum dritten Angriff an. Als sie wieder abdrehten, sahen die Landser in den Erdlöchern die zwei Me 109, die mit heulenden Motoren durch den Himmel stürzten.

Die roten Schlachtflugzeuge leiteten gerade einen neuen Angriff ein. Sie lagen noch in der Wendekurve, als die beiden deutschen Jäger über ihnen erschienen.

Der hundertfache Schrei aus den Kehlen der Infanteristen ging im Heulen der Flugmotoren unter, das jetzt wie dunkles Gewittergetöse über das Sumpfland des Wolchow-Abschnitts grollte.

Aus den Tragflächenprofilen der ersten Messerschmitt-Maschine lösten sich zuckende Feuerschnüre. Sie zischten gegen das Leitwerk eines Schlachtflugzeuges, das sich gerade im Sturzangriff auf die deutschen Stellungen befand. Aus den MG der sowjetischen Maschine peitschten noch die Bordwaffensalven gegen die deutschen Linien, als sich die IL 2 unter einer schaurigen Detonation in das Sumpfland bohrte.

Die beiden Me 109 drehten auf den Tragflächenspitzen auf Gegenkurs. Kaum fünfzig Meter über der Erde zogen sie in einer rasanten Kehrtkurve nach Osten. Die vier restlichen „Schlächter" schienen erst jetzt die tödliche Gefahr erkannt zu haben. Sie gingen zum Tiefflug über und schwenkten ebenfalls nach Osten ein.

Aber es dauerte kaum eine Minute, bis die Me 109 wieder über ihnen waren. Zum zweitenmal vermischte sich das charakteristisch polternde Geräusch der Kanonenabschüsse mit dem singenden Laufton der Motoren.

Die beiden Deutschen hatten sich inzwischen geteilt. Sie gaben nur kurze Feuerstöße ab, und sie taten es aus geringster Entfernung. Eine zweite IL 2 wurde getroffen. Zuerst brachen kleine Blitze aus Rumpf und Tragflächen. Dann hüllte sich das russische Schlachtflugzeug in Sekundenschnelle in eine grellrote Feuerwand.

Die Männer in den feldgrauen Uniformen duckten sich unwillkürlich, als die Einzelteile der explodierten Maschine gegen die Erde fielen.

Aber die beiden Messerschmitt-Piloten hatten noch nicht genug. Sie saßen bereits den letzten roten „Schlächtern" im Genick. Weit jenseits der Front stieg noch ein greller Feuerschein über den Horizont. Ein Beben lief durch die Erde, während das Dröhnen der Jäger-Motoren schwächer und schwächer wurde.

Die Feldgrauen in den Waldstellungen des Wolchow-Abschnittes dachten nicht mehr an den Tod, der wieder einmal haarscharf an ihnen vorbeigegangen war. Sie schoben die Oberkörper über die Deckungen und blickten den beiden deutschen Maschinen nach, die sich bereits in winzige Punkte verwandelt hatten. Die Jagdflugzeuge lösten sich jetzt aus dem Tiefflug und stiegen wieder in den Himmel hinein. Unter ihnen loderte das Feuer aus den weithin verstreuten Einzelteilen der letzten zum Absturz gebrachten IL 2.

Aber die zwei Me 109 waren plötzlich nicht mehr allein. Viele andere Jäger waren jetzt über ihnen. Die Infanteristen in den Stellungslöchern der HKL hatten bald erkannt, daß unzählige Iwans durch den Himmel schwirrten. Ein ganzes Rudel von Ratas stürzte sich auf die beiden deutschen Maschinen herab.

Der ganze Feldflugplatz war bereits darüber informiert, daß Nowotnys Maschine bei dem vorangegangenen Luftkampf gefährliche Treffer erhalten hatte. Vor geraumer Zeit hatte die Bodenfunkstelle ein Gespräch zwischen ihm und seinem Katschmarek mitgehört, das alles andere als eine freudige Überraschung versprach. Jeder auf den Liegeplätzen der Gruppe wußte zu dieser Stunde um die neuen Abschüsse Nowotnys. Aber die Männer auf dem Feldflugplatz hatten auch erfahren, daß der Tod in der heimkehrenden Me 109 mitflog.

Sie standen am Rand des Rollfeldes, als das Motorengeräusch der heimkehrenden Maschinen sich immer mehr verstärkte. Dann sahen sie die beiden Jagdmaschinen über den Horizont huschen. Aber es war kein rasanter Anflug wie bei einer normalen Rückkehr vom Feindflug. Die beiden Maschinen flogen mit gedrosselten Motoren. Unter den vielen Männern, die den Anflug beobachteten, waren mindestens zwei Drittel Mechaniker. Jeder von ihnen erkannte sofort, daß mit dem Motor von Nowotnys Maschine der Teufel los war. Das Triebwerk tuckerte, bockte und schüttelte, als ob es sich jeden Augenblick aus seinen Halterungen lösen wolle. Dunkle Qualmwolken hingen hinter dem Heck des Jagdflugzeuges.

„Kühlertreffer", sagte einer der Männer.

Ein Gefreiter hatte die Worte ausgesprochen. Niemand gab ihm Antwort. In der Nähe stand der Oberwerkmeister. Er hatte ein Taschentuch in der Hand, das er zu einem immer kleineren Knäuel zusammendrehte.

Plötzlich zuckte ein Feuerschein durch die Luft. Flammen schlugen aus der Triebwerksverkleidung, als die Maschine Nowotnys zur Landung anschwebte.

Die Brandfahne vergrößerte sich mit höllischer Geschwindigkeit. Wie eine feuerspeiende Schleppe waberte sie um die Maschine, die soeben die Erde berührt hatte. Je langsamer das Rolltempo des Flugzeuges wurde, desto mehr verdichtete sich die prasselnde Flammenwand.

Die Männer in den dunklen Overalls halten den Atem an. Sie wissen alle, wie gefährlich dieser Brand ist. Jeden Augenblick kann die Maschine explodieren. Die Tanks sind halb leer geflogen und mit Gas gefüllt. Die Techniker wagen kaum an diese grausige Möglichkeit zu denken.

Auch der Kriegsberichter ist unter den Männern. Sein Gesicht ist aschfahl. Er hat die Mütze weit nach hinten geschoben.

Die brennende Maschine rollt immer noch. Der Oberwerkmeister hat die Hände geballt. Wie fasziniert starrt er auf die über das Rollfeld huschende Brandfackel. Die Feuerschleppe wird immer länger und dichter.

Aber dann geschieht etwas Unglaubliches. Aus dem Rauchvorhang löst sich ein helles Gebilde. Es ist das Kabinendach der brennenden Maschine, das vom Fahrtwind nach hinten gewirbelt wird.

Wenige Augenblicke später fällt ein dunkles Etwas aus der Flammenwand. Ein menschlicher Körper knallt gegen die Erde und wird wie eine Kugel über das Gras gewirbelt.

Der Kriegsberichter zuckt entsetzt zurück und stammelt irgend etwas Unverständliches.

Die brennende Maschine rollt weiter und beschreibt jetzt einen leichten Bogen nach links.

Das Bündel Mensch, das sich vorhin aus der flammenumhüllten Me 109 löste, liegt noch regungslos im Gras. Auch dann noch, als aus dem zerschossenen Flugzeug ein greller Flammenpilz emporsteigt und der Widerhall einer donnernden Explosion zu den Männern am Rollfeldrand hinüberhallt. Einzelteile der zerfetzten Maschine wirbeln wie ein feuriger Regen durch die Luft.

Die Männer erwachen endlich aus ihrer Erstarrung. So schnell sie können, laufen sie auf das Rollfeld hinaus. Es dauert nicht lange, bis sie den Piloten erreicht haben, der jetzt seine Hände vom Kopf nimmt und sich langsam aufrichtet.

Der Kriegsberichter ist den Männern gefolgt. Er ist nicht mehr so jung wie sie, so daß ihm der Schweiß aus allen Poren bricht.

Der Katschmarek Nowotnys hat inzwischen ebenfalls zur Landung angesetzt. Die Maschine ist bereits ausgerollt und steht in einiger Entfernung von den ausbrennenden Wrackteilen.

Der Kriegsberichter und die Warte starren fassungslos auf Nowotny, der gerade seine Glieder „sortiert".

Der Leutnant sitzt im Gras. Er blickt den Männern mit einem schmerzlichen Grinsen entgegen und preßt beide Hände gegen den Kopf.

Feldwebel Knorrer geht zu ihm hin. Er blickt Nowotny an wie ein Gespenst.

„Novy", stammelt er, „du lebst noch?"

„So ungefähr", nickt Nowotny, „nur habe ich das Gefühl, daß ich mir sämtliche Knochen gebrochen habe."

„Ich werde verrückt!" murmelt Knorrer erschüttert.

„Der Teufel soll alles holen", schnauft Nowotny, während er zum grenzenlosen Erstaunen der Menschenmauer rings um ihn herum aufsteht. „Dieser verfluchte Kühler, und diese verdammten Iwans. Ist das vielleicht eine Art, mit einem ganzen Geschwader über einen herzufallen?"

Der Feldwebel wischt sich über die Augen. Offenbar glaubt er nicht richtig gehört zu haben.

„Nowy, Mensch!"

„Halt die Klappe!" brummt Nowotny, während er einen schiefen Blick zu den brennenden Einzelteilen seiner Maschine hinüberwirft.

Er wendet den Kopf, als er den Stabsarzt vor sich auftauchen sieht. Der Medizinmann ist genauso fassungslos wie alle anderen.

„Du lieber Himmel!" seufzt er.

„Nein", erwidert Nowotny, „mein Hintern ist es. In meinem Steiß ist offenbar ein Kugellager kaputt."

Der Stabsarzt holt erst einmal Luft.

„Es ist ein Wunder", stellt er dann fest, „bei einer solchen Geschwindigkeit eine Bauchlandung ohne Fahrwerk und auf eigenen Kufen. Ein Wunder, daß Sie noch leben, Nowotny!"

Nowotnys Grinsen verbreitert sich. Er scheint sich mit jeder weiteren Minute wohler zu fühlen. Wie ein großer Junge steht er jetzt vor dem Stabsarzt und den Männern, die ihn umringen. Er tippt Knorrer auf die Schulter und zeigt nach Osten.

„Sie werden nie vornehme Leute werden, die Iwans. Mit einem solchen Haufen hätten sie die ganze Hölle ausräumen können."

Der Feldwebel zuckt zurück. Er scheint bemüht, einen Kloß in seinem Hals hinunterzuschlucken.

„Nowy, hast du einen Humor!"

„Nein, Schmerzen am Hintern."

„In den Sanka!" sagt der Stabsarzt.

Nowotny nickt. In seinem Blick ist ziemlich viel Skepsis. Aber er nähert sich trotzdem dem Krankenfahrzeug. Ein Sani kommt auf ihn zu und breitet hilfsbereit die Arme aus. Nowotny geht steifbeinig an ihm vorbei und setzt sich in den Wagen.

Der Kriegsberichter taucht neben Knorrer auf.

„Wieviel sind es jetzt?"

„Sechsundfünfzig", sagt der Feldwebel, „es ist nicht zu glauben. Wenn er zwei Sekunden später aus der brennenden Mühle gesprungen wäre ..."

„Wahrhaftig", nickt der Kriegsberichter.

Zusammen mit dem Feldwebel geht er zu den Baracken am Flugplatzrand hinüber.

Eine halbe Stunde später ist auch Nowotny wieder da. Kurz darauf erscheint der Kommandeur.

„Nowy", sagt er, „ich gratuliere Ihnen."

„Wofür?"

„Zum Ritterkreuz."

Die ersten Gratulanten erscheinen eine halbe Stunde später in Gestalt sowjetischer Bomber, die in der Nähe des Feldflugplatzes die Erde umwühlen.

Die Piloten verlassen die Baracke und „peilen die Lage". In naher Entfernung erhellen die Detonationsblitze der russischen Bomben die Nacht.

Knorrer stößt Nowotny in die Seite.

„Woran denkst du jetzt?“

„An nichts Gescheites“, lächelt Nowotny, „vielleicht daran, daß ich den Jungs da droben morgen für ihre Gratulation danken werde.“

Es kam eine Zeit, in der Walter Nowotny zu einem Alptraum für seine Gegner wurde. Das Jahr 1943 war inzwischen ins Land gezogen. Seit dem 1. Februar war Nowotny Oberleutnant und Führer der 1. Gruppe des Trautloft-Geschwaders. Er war jetzt dreiundzwanzig Jahre alt. Man nannte ihn den „Tiger vom Wolchowstroj“.

Sein großes Vorbild, Major Philipp, hatte bereits über 200 Luftsiege errungen, als Nowotnys kometenhafter Aufstieg begann. In jenen Tagen fiel Walter Nowotnys Bruder als Soldat der 6. Armee in Stalingrad.

Nowotny flog jetzt nicht mehr auf einer Me 109, sondern mit einer Focke-Wulf 190. —

Es war wieder Frühling geworden. An einem herrlichen Sommertag des Jahres 1943 saß Feldwebel Knorrer vor Nowotnys Flugbuch. Die nüchternen Eintragungen sagten mehr als alle erläuternden Worte:

Am 20. Mai 1943 insgesamt 82 Abschüsse.

Am 6. Juni 88 Abschüsse.

Am 21. Juni 114 Abschüsse.

Und dann der 24. Juni 1943!

An diesem Tag besiegte Walter Nowotny zehn Gegner im Luftkampf.

Nach diesem Einsatztag prangten die Symbole von 124 Luftsiegen auf dem Leitwerk von Nowotnys Focke-Wulf.

Am 12. August 1943 fiel der 128. Gegner unter den Kanonengarben Oberleutnant Nowotnys. Und bereits einen Tag später erhöhte sich die Zahl seiner Luftsiege um neun weitere Abschüsse auf 137.

Schon am 14. August hatte Nowotny 140 Gegner im Luftkampf besiegt.

140 feindliche Flugzeuge!

Mehr als ein ganzes Geschwader, das ein einzelner Pilot im Luftkampf besiegt hatte. Eine Straße aus Wrackteilen, über der einmal unzählige Fallschirme geschwebt hatten.

Aber der 14. August 1943 war nur eine Zwischenstation auf einem unwahrscheinlichen Weg von Sieg zu Sieg.

Die nüchternen Eintragungen des Flugbuches gaben Kunde davon:

18. August — 151 Abschüsse insgesamt,

21. August — 161 Abschüsse,

28. August — 173 Abschüsse.

Nowotny flog immer noch im Luftraum südlich von Leningrad. Er kämpfte hauptsächlich über der Urwaldlandschaft des Wolchow und über den riesigen Wasserflächen des Ilmen- und Peipussees. Bald sollte der Tag kommen, wo er in einem seiner erfolgreichsten Luftkämpfe in sieben Minuten sieben feindliche Flugzeuge abschoß.

Am 9. September 1943 brachte der Staffelmaler den 200. Abschußstrich auf dem Leitwerk der siegreichen Maschine an.

Bei seinen Flügen über die Front trug Nowotny zu dieser Zeit das Eichenlaub zum Ritterkreuz. Es sollte nicht mehr lange dauern, bis die Männer seiner Gruppe die Nachricht aus den Lautsprechern klingen hörten:

> *„... hat der Oberste Befehlshaber Oberleutnant Walter Nowotny, Gruppenkommandeur in einem Jagdgeschwader, als 37. Soldaten der deutschen Wehrmacht die Schwerter zum Eichenlaub des Ritterkreuzes verliehen. Oberleutnant Nowotny ist mit 215 Abschüssen der erfolgreichste Jagdflieger der deutschen Luftwaffe."*

Auf dem Feldflugplatz geht es zu wie in einem Ameisenhaufen, in den ein Stein hineingeworfen wurde.

Hunderte von Männern geben ihrer Freude lebhaften Ausdruck. Sie haben den Krieg und Rußland und die Heimat und die nächste Marketenderzuteilung und alles übrige vergessen. Denn dort drüben über dem Rand des Flugplatzes fliegt Walter Nowotny. Vor wenigen Augenblicken war er wie bei einer Kunstflugvorstellung über das Rollfeld gedonnert. Die Tragflächen seiner Maschine hatten sich wackelnd geneigt.

Nowotny hatte seinen 250. Luftsieg errungen!

Nach der Landung springen ihm die Männer entgegen, als ob der Teufel hinter ihnen her wäre. Sie reißen den Oberleutnant förmlich aus der Kabine und tragen ihn im Triumphzug um seine Focke-Wulf herum. Alles ist versammelt, was Rang und Namen oder nur einen Namen hat.

Selbst Knorrer braucht geraume Zeit, bis es ihm gelingt, zu Nowotny vorzudringen. „Mensch, Nowy!"

Das Gesicht Nowotnys wirkt müde und abgespannt. Er legt dem treuen Kameraden unzähliger Feindflüge beide Hände auf die Schultern. „Karl, ich kann es selber noch nicht glauben."

Es war Nowotnys Glück, daß selbst die größte Freude einmal schwächer wird. Zusammen mit dem Stabsarzt, Knorrer und den anderen Piloten seiner Staffel geht er zu den Unterkünften.

Später, als sie wieder allein sind, vernimmt Knorrer den Wunsch Nowotnys, einmal andere Luft atmen zu wollen.

„Wohin denn, Nowy?"

Auf einmal ist der Mann, der 250 Gegner im Luftkampf besiegt hat, nur noch ein lebensfroher Junge.

„Nach Wilna vielleicht. Für den Fall, daß ich einmal 250 schaffen sollte, habe ich mir vorgenommen, ein bißchen zu feiern. Ich möchte endlich wieder einmal ein halbwegs vernünftig aussehendes Mädchen vor mir haben. Hast du keine Lust, mitzukommen?"

„Mann, Nowy, alle können wir hier doch nicht weg. Nimm den Medizinmann mit."

„Wenn du meinst?"

„Ich meine es. Willst du mit der ‚Taifun' fliegen?"

„Natürlich. Ein ‚Storch' ist doch ein bißchen zu langsam."

„Nowy, wir gönnen es dir. Du weißt es."

Nowotny nickt nur. Ein Lächeln liegt auf seinem Gesicht. In der Nähe gehen Warte vorbei. Ihr Grinsen gleicht einer stummen Ovation.

Der Stabsarzt, der ebenfalls nach Wilna mitfliegen will, steht bereits in der Nähe der Me 108 „Taifun". Als er mit Nowotny in die Kuriermaschine klettert und sich auf einem der vier Ledersitze niederläßt, betrachtet er den Oberleutnant wie ein Weltwunder.

Am Platzrand stehen die Männer der technischen Kompanie wie zum Spalier, als die „Taifun" von der Erde abhebt und langsam Höhe gewinnt.

*

Die Jagdgruppe Nowotny feierte den 250. Luftsieg des „Wilna-Reisenden“ auf ihre Weise. Knorrer, der während der Abwesenheit des Kommandeurs dessen Stellvertreter geworden war, hatte nicht nur an seiner neuen Würde, sondern auch an mancher Flaschenkiste schwer zu tragen.

Es dauerte nicht lange, bis die Männer Nowotnys — Knorrer, Göbel, Schade und wie sie sonst alle hießen — sich nur noch mit sich selbst beschäftigten. Bis vor kurzem hatten sie Nowotnys Flugroute noch in Gedanken verfolgt. Jetzt widmeten sie sich den zahlreichen Flaschen, die der Zahlmeister „außer der Reihe“ zu „besorgen“ verstanden hatte.

Nur der treue Katschmarek Nowotnys war darüber unterrichtet, daß sein Freund in Wilna in einem Etablissement mit dem Namen Ria-Bar abzusteigen gedachte. Daß er sich für den Besuch dieser Parade lebensfroher Damen gleich einen Medizinmann mitbrachte, mag das erste Kuriosum dieser Flugreise per Messerschmitt-Taifun dargestellt haben.

Das zweite Kuriosum sollte — wenn auch erst viel später — in die Geschichte der Luftwaffe eingehen.

Es nahm etwa zu jener Zeit seinen Verlauf, als der reichlich genossene Alkohol in den Köpfen von Nowotnys feiernden Getreuen schon ganz beachtliche Wirkungen erzeugt hatte.

Leutnant Knorrer blickte mit seligem Lächeln einer herannahenden Ordonnanz entgegen. Der Gefreite machte ein Gesicht, als ob draußen eine russische Division versammelt sei.

„Herr Leutnant“, schnaufte er den inzwischen zum Offizier beförderten Ex-Feldwebel an, „der Herr General möchte Sie . . .“

„Hi“, kicherte Schade, „wieso ist der Kerl auch besoffen?“

Aber der Gefreite blieb wacker und aufgeregt zugleich.

„Nei . . . ein, Herr Leutnant, Herr General Ritter von Greim möchte Sie sprechen.“

Knorrer sah den Gefreiten mit der bissigen Liebenswürdigkeit eines Irrenwärters an.

„Bist du verrückt?“

„Nein, es ist so. Draußen, am Telefon.“

Der junge Leutnant wurde plötzlich wach. Er kniff die Augen zusammen und stand auf. Es gelang ihm. Kurz darauf hatte er den Telefonhörer in der Hand und meldete sich.

General von Greim war tatsächlich am anderen Ende der Leitung. Er ging — wie es sich für einen General gehört — sofort aufs Ganze.

„Sagt einmal — seid ihr besoffen?"

„Jawohl, Herr General!" erwiderte der Leutnant wahrheitsgemäß.

Kurze Pause, und dann wieder die vertraute Stimme von „Papa" Greim:

„Wo ist Nowotny?"

Knorrer wurde schlagartig nüchtern, da er sofort von einer bestimmten Vermutung heimgesucht wurde.

„Äh", stotterte er, „nun ..."

„Was ‚äh, nun'? Nowotny will ich haben. Der Führer will ihn sprechen."

Aus dem Mund des Leutnants kamen merkwürdige Laute. Es hörte sich an wie das Gurgeln eines Erstickenden.

„Der Füh ... Füh ... Füh ... ?"

„Ja, zum Teufel! Nun sag mir, wo er ist!"

Es war jetzt wie beim Luftkampf an einem heißen Sommertag. Dem Leutnant brach am ganzen Körper der Schweiß aus.

„Er ist in Wil ... in Wilna ... Er wollte heute einen draufhauen wegen dem Zwohundertfuffzigsten. Er ... er ist ..."

„Wo ist er dort?" kam die erschütterte Stimme des Generals zurück.

„In der Ria-Bar", erwiderte der Leutnant mit dem letzten Rest an Luft und Fassung.

Kurzes Schnaufen per Telefon. Dann sagte von Greim:

„Mann, das ist ja 'n Ding! Aber da hilft alles nichts. Jetzt müssen die Nachrichtenleute einmal zeigen, was sie können. Übrigens wirst du dich bereithalten für morgen acht Uhr. Auch du mußt mit Nowy ins Hauptquartier."

„I-ich?" stotterte der Leutnant.

„Ja, Ende!"

Während Leutnant Knorrer noch das nachhaltige Zittern in seinen Knien bekämpfte und ein Haufen froher, ausgelassener Flieger durch seinen einige Male wiederholten Lagebericht allmählich wieder den Weg durch die Nebelfelder vor ihren Hirnen fand, wurde in der Ria-Bar zu Wilna der als Verwalter fungierende Oberfeldwebel durch einen Telefonanruf in höchste Alarmbereitschaft versetzt.

Als er endlich begriffen hatte, stürzte er mit kalkweißem Gesicht in die ihm anvertraute Welt der Leichtgeschürzten und direkt auf den prominentesten Gast zu, der dieses Etablissement je betreten hatte.

Neben Walter Nowotny saß ein Mädchen, das sicherlich hübscher war als seine ganze 1. Staffel zusammengenommen.

Lächelnd blickte der inzwischen zum Hauptmann beförderte Kommandeur dem Oberfeldwebel entgegen.

„Herr Hauptmann, drüben am Telefon ..."

„Mann", sagte Nowotny, „was geht mich das an!"

„Do ... doch", stammelte der erschrockene Oberfeldwebel, der Gespräche mit hohen Führungsstellen bisher sowenig gekannt hatte wie den Besuch von Antialkoholikern in seinem Haus des Frohsinns. „Der Füh ..." Der Verwalter rang nach Luft und verdrehte die Augen. „Der Führer möchte Sie sprechen. Er ist am Apparat."

Nowotny starrte den Mann fassungslos an.

„Sind Sie verrückt?"

„Nein, er ... ich meine, es ist wirklich so, Herr Hauptmann."

Das Gesicht Nowotnys verlor jetzt ebenfalls einiges an Farbe. Er rutschte von seinem Barhocker, vergaß das schöne Mädchen, schob sich an einigen Männern vorbei und folgte dem in einen leichten Galopp verfallenden Oberfeldwebel zu dessen Dienstzimmer. Einige Atemzüge noch, dann griff er nach dem Telefonhörer.

„Hauptmann Nowotny."

Die andere Stimme klang fern.

„Einen Augenblick, Herr Hauptmann, ich verbinde Sie mit dem Führer."

Nowotny nickte und schluckte. Während er wartete, versuchte er vergeblich, eine gewisse Alkoholmenge in seinem Innern unter Kontrolle zu bekommen.

Der Oberfeldwebel stand ziemlich nahe bei Nowotny. Als die charakteristische Stimme Hitlers aus der Muschel schallte, nahm er unwillkürlich Haltung an.

*„Ja ... Nowotny — hier spricht der Führer. Im Namen des deutschen Volkes verleihe ich Ihnen hiermit die Brillanten zum Ritterkreuz. Ich beglückwünsche Sie."*

Der Oberfeldwebel riß den Mund auf, während Nowotny den Hörer wie eine Neuheit auf dem Patentmarkt anstarrte. Er atmete ziemlich heftig, als er sich an dem verdatterten Oberfeldwebel vorbeischob.

In der Bar kam das hübsche Mädchen wieder auf ihn zu. Neben ihr saß der Stabsarzt.

„Himmel, was ist denn mit deinem Gesicht los?" erkundigte sich der Medizinmann erschüttert.

„Nicht viel", erwiderte Nowotny. Er sah auf seine Uhr. Es war kurz vor Mitternacht. „Adolf war eben am Telefon. Damit hätte er ja auch bis morgen warten können."

„Adolf? Mit was hätte er warten können?"

„Mit den Brillanten."

Der Stabsarzt zuckte zurück und hielt sich in Ermangelung einer anderen Stütze am Arm des hübschen Mädchens fest.

Ein neuer Winter war ins Land gezogen. Man schrieb das Jahr 1944. An einem Februartag flog Walter Nowotny zum letztenmal durch den Himmel über der Sowjetunion. Der Kompaß des Flugzeuges zeigte auf Westkurs.

Der Blick des zu jener Zeit erfolgreichsten Jagdfliegers der Welt wanderte noch einmal über das weite Land, während die Ereignisse der vergangenen Monate und Jahre an seiner Erinnerung vorbeizogen. Er dachte an die über 400 Feindflüge, die hinter ihm lagen. Aber am meisten verweilten seine Gedanken bei dem Kameraden, der jetzt mit schweren Verletzungen in einem deutschen Lazarett lag.

Knorrer! Eines Tages hatte es ihn doch erwischt. Aber das Schicksal war ihm noch einmal gnädig gewesen. Es hatte dem treuen Katschmarek eine weitere Chance gegeben. Er befand sich jetzt bereits wieder auf dem Weg der Besserung.

Die Reisemaschine flog über Rußland und Polen, über Deutschland und später über die österreichische Heimat Walter Nowotnys. Vielleicht dachte Nowotny dabei an den Tag, an dem ihm in seiner Heimatstadt Wien ein triumphaler Empfang bereitet worden war. Vielleicht auch nicht. Denn die Zeit für Triumphe schien vorüber zu sein. Auch Nowotny hatte schon lange erkannt, wie sehr sich das Blatt gewendet hatte.

Eines Tages im Frühjahr 1944 landete der Sieger in über 250 Luftkämpfen auf dem französischen Flugplatz von Paux. Hunderte von jungen Fliegern begrüßten in Walter Nowotny ihr großes Vorbild und zugleich jenen Offizier, der fortan der Kommodore ihrer Jagdfliegerschule sein sollte.

Der Krieg ging weiter. Viele junge Piloten verließen die Jagdfliegerschule. Sie kamen zu Fronteinheiten, die sich Tag für Tag einer stets größer werdenden feindlichen Übermacht gegenübersahen.

Im März 1944 schoben sich die roten Armeen bereits gegen die Reichsgrenze vor. Der Mann, der über dem Wolchow einmal wie ein stolzer Adler sein Jagdrevier verteidigt hatte, gab sich keinen Illusionen mehr hin.

Dann kam der Tag, an dem auch Walter Nowotny zum erstenmal das pfeifende Heulen von Turbinenaggregaten aus der Nähe hörte.

Das Laub fiel schon von den Bäumen, und rings um die sterbenden deutschen Städte verlor die Erde ihre leuchtenden Farben, als Walter Nowotny zum Kommodore des ersten Turbinenjägerverbandes, des JG 7, ernannt wurde.

Im Dämmerlicht des neuen Tages wirkt der Flugplatz von Achmer bei Osnabrück wie eine umzingelte Festung inmitten einer feindlichen Welt. Das dunkle Dröhnen der feindlichen Bomber scheint noch über die Erde zu grollen, und schon zu dieser frühen Stunde blicken die Menschen wieder angstvoll nach Westen, dorthin, wo jeden Augenblick die ersten Schwärme alliierter Tiefflieger am Horizont auftauchen können.

Vielleicht wird es dann noch zwei oder drei Stunden dauern, bis sich auch die silbernen Silhouetten der Bomberpulks wieder vor dem Horizont abzeichnen werden.

Wie lange wohl noch?

Oder sollte es den Jägern von Achmer vielleicht gelingen, wenigstens die amerikanischen Bomber fernzuhalten? Gab es möglicherweise auch schon auf anderen Flugplätzen diese Jagdmaschinen, die man erst hörte, wenn sie schon mit der Geschwindigkeit eines Blitzes vorbeigerast waren? Hörte man nicht Wunderdinge von diesen neuen Flugzeugen?

Auf dem großen Flugplatz herrscht eine spannungsgeladene Stille. Am Platzrand stehen merkwürdige Betongebilde, die wie Zyklopenaugen anmuten. Auf den stählernen Schiebetoren der beschußsicheren Flugzeugboxen liegt der Sonnenschein eines milden Herbsttages.

Alles wirkt seltsam unwirklich. Selbst die wenigen Lastwagen, die zu den merkwürdigen Betonklötzen hinüberfahren. Auf dem Gras des Rollfeldes glitzert der Tau in schillernden Tropfen. Mit müden, übernächtigen Gesichtern steigen die Warte von den Lastwagen. Sie lauschen zum Himmel hinauf, ehe sie die Stahltore öffnen und sich dann den schnittigen Umrissen der Turbinenjäger gegenübersehen.

Das Sonnenlicht hat das Innere der Abstellbunker jetzt mit Helligkeit angefüllt. Silbern schimmern die langen, an der Spitze dreieckig geformten Bugnasen der Düsenjagdflugzeuge. Unter den schmalen Tragflächen hängen die Turbinenaggregate als längliche Zylinder.

Eine einsame Gestalt läuft über das Rollfeld. Es ist einer der Düsenjägerpiloten des Jagdgeschwaders 7. Die Männer in den schwarzen Overalls kennen den jungen, sympathischen Leutnant, und sie wissen auch von seinen schweren Verletzungen, die er sich noch in Rußland bei einer mißglückten Notlandung zugezogen hatte. Sie schätzen in Leutnant Knorrer aber auch den Mann, der auf unzähligen Feindflügen Nowotnys Katschmarek gewesen war.

Der Leutnant bleibt in der Nähe der Betonboxen stehen. Sein Blick wandert über die Flugzeuge im Innern der Abstellstände. Ein nachdenklicher Ausdruck liegt auf seinem Gesicht.

Nach einer Weile wendet er sich um und geht auf der Rollfeldringstraße weiter. Er läuft mit gesenktem Kopf, die Hände tief in den Taschen seiner Lederhose vergraben. Während er sich den Gebäuden nähert, denkt er an die Besucher, die gestern auf den Flugplatz gekommen waren, um Nowotny zu sprechen: Generalmajor Galland und Generaloberst Keller, Führer des NS-Fliegerkorps.

Der Leutnant kennt auch die Gespräche, die sie geführt haben. Es fielen Worte dabei, die nicht nur Major Nowotny mit einer tiefen Bitterkeit erfüllt haben.

Der Generaloberst hatte die ungeheuerlichen Worte ausgesprochen.

Unwillkürlich schüttelt der Leutnant den Kopf. Weit hinter ihm haben die Warte einige Turbos ins Freie gezogen. Ein Düsenaggregat wird angefahren. Mit fauchendem Heulen preßt sich das Echo des kraftvollen Triebwerkes gegen die Erde. Ein langer Feuerstrahl zuckt aus der Ausstoßdüse.

Knorrer geht weiter. Die Worte des Generalobersten gehen ihm nicht aus dem Kopf.

> *„... die deutschen Jäger haben offenbar nicht mehr den richtigen Schneid, um ihre Aufgaben zu erfüllen. Man hat vor, die Jungen von der Flieger-HJ in den Volksjäger zu setzen. Sie sollten unter allen Umständen bei jedem Feindflug einen Abschuß erzielen ...“*

Der Leutnant hat inzwischen das Gefechtsstandgebäude erreicht. Für wenige Augenblicke sieht er Galland und Nowotny vor der Tür.

Einige Zeit später stirbt der Friede des neuen Morgens einen schnellen Tod. In der Ferne dröhnen Motoren durch den Himmel. Die auf und ab heulenden Töne verraten die Nähe feindlicher Jabos. Eine Alarmsirene schickt ihre wimmernden Töne über das morgendliche Land.

Der Leutnant befindet sich im Gefechtsstand, als der Startbefehl eintrifft. Drüben vor den Boxen sitzen die Piloten der ersten Einsatzwelle bereits in den Düsenjagdflugzeugen. In schillernden Reflexen bricht sich das Sonnenlicht auf dem Kabinenglas über den schlanken Rümpfen.

Wenig später kommen die Turbos in Bewegung. Das Fauchen der Strahltriebwerke hallt wie grollender Donner über das Rollfeld. Das Rolltempo der Maschinen wird schneller und schneller. Auch Nowotny beobachtet den Start. In seiner Nähe stehen die beiden Generale. Auf wippenden Fahrwerken heulen die Düsenmaschinen über die Erde. Sie heben jetzt ab und richten ihre schnittigen Bugspitzen dem Himmel entgegen.

Die Flugzeuge entfernen sich im Tiefflug. In einiger Entfernung tauchen für wenige Augenblicke einige Mustangs über den Horizont. Niemand kümmert sich um sie. Der Anblick von Feindjägern in Platznähe ist schon beinahe etwas Alltägliches geworden.

Das grollende Fauchen der Turbinen ist inzwischen in der Ferne verklungen.

Nowotny beugt sich über eine Karte. Vielleicht denkt er in diesen Augenblicken an Leutnant Rall, den alten Kameraden aus dem Osten. Auch er war vorhin gestartet. Mit einer Handvoll Turbos gegen endlose Pulks von Bombern und eine Unzahl feindlicher Geleitjäger.

In einem Nebenraum läuten Telefone. Eine monotone Männerstimme nimmt Meldungen entgegen und quittiert sie.

Die Zeit rinnt dahin. Das Warten zerrt an den Nerven der Männer. Sie kennen die Hölle, die auf die Kameraden in den Turbinenjägern wartet. Sie wird auch dieses Mal erst dann vollends hereinbrechen, wenn der Einsatz seinem Ende entgegengeht. Vielleicht werden wieder Schwärme feindlicher Jäger den Platz umkreisen, um die neuen deutschen „Wundervögel" wenigstens bei der Landung zu erwischen.

Der Blick des Leutnants kreuzt sich zufällig mit dem des Majors.

Eine stumme Frage liegt in den dunklen Augen Nowotnys.

„Ob es noch einen Sinn hat, Karl?"

Der Leutnant wendet sich ab. Kurz darauf betritt ein Offizier den Raum.

„Herr Major ... es ist etwas mit Leutnant Rall ..."

Nowotny zuckt zusammen.

„Ja ... es muß ganz in der Nähe ... er ist abgestürzt."

Major Nowotnys Lippen pressen sich zusammen.

Eine zornige Entschlossenheit leuchtet in seinem Blick, als er sich an Galland wendet.

„Herr General, jetzt werde ich fliegen."

Nowotny geht bereits auf die Tür zu.

Der General will ihn zurückrufen. Aber der Major läuft weiter. Er steigt in einen Wagen und fährt zu den Abstellboxen hinüber.

★

Mit nahezu 900 Stundenkilometern rast die einzelne Me 262 durch den Himmel. Ihr Bug ist nach oben gereckt. An beiden Seiten zeichnen sich je zwei rauchgeschwärzte Mündungen im Licht der Sonne ab. Es sind die Rohre der vier 30-mm-Kanonen MK 108.

Die Höhenmessernadel wandert immer weiter nach oben.

5000 ... 6000 ... 7000 Meter!

Vor Nowotnys Mund hängt die Atemmaske. Sein Gesicht ist unkenntlich geworden.

Rall, denkt er, jetzt auch du ... !

Zur Linken fliegt ein Schwarm amerikanischer Mustang-Jäger. Mit hoher Geschwindigkeit gleitet die Turbinenmaschine daran vorbei. Die Gashebel stehen auf vollem Schub.

Aus den Schlünden der Turbinen werden grelle Flammen nach hinten geschleudert.

Nowotnys Lider senken sich halb über die Augen, als er die Bomber sieht. Wie ein endloser Paradezug des Todes quellen sie aus dem Horizont heraus.

Fünfzig, hundert, fünfhundert ... sie sind nicht mehr zu zählen.

Weit nach vorn geneigt fliegt Nowotny der stählernen Phalanx entgegen. Vor seinen Augen leuchtet das Gyroskop des automatischen Visiers EZ 42. Die Waffen sind bereits eingeschaltet. Die Distanz zu den Bombern nimmt mit enormer Geschwindigkeit ab. Aus den Auspuffen der „Fliegenden Festungen“ quellen mannsdicke Kondensbalken. Wie eine Spur des Todes stehen sie als weiße Dampfgitter vor dem Blau des Himmels.

Das Visier vor Nowotnys Gesicht ist auf die Kanzelpartie eines Viermotorigen gerichtet. Etwa eintausend Meter von dem Bomber entfernt löst er die vier Kanonen gleichzeitig aus.

Auf gleißenden Lichterbahnen jaulen die Granaten durch die Luft. Sie bohren sich in die Kanzel und in die linke Tragflächenwurzel des Bombers. Blitze zucken aus dem hellen Metall, ehe ein Geysir von Flammen in die Höhe schießt.

Nowotny hat den Knüppel weit nach hinten gezogen. Wie ein rasend dahinhuschender Pfeil stürmt die Me 262 in den Himmel hinein. Aus einer Steilkurve heraus sieht der Major die brennend abstürzende „Fortress“ wieder.

Zur Rechten fliegen Thunderbolts. Aber sie kommen nicht näher. Wie müde Drohnen hängen sie im Vergleich zu der in Höchstfahrt dahinzischenden Turbinenmaschine vor dem Himmel. Auf ihren Rümpfen und Tragflächen leuchten die bunten Sterne im Licht der Sonne.

Nowotny hat die Kehrtkurve beendet. Der feindliche Bomberverband ist jetzt ungefähr 1000 Meter unter ihm. Da drückt der Major den Knüppel nach vorn und steuert die Me 262 dem nächstfliegenden Bomberpulk entgegen.

Überall wimmelt es jetzt von feindlichen Begleitjägern. Aber keiner der Mustang- oder Thunderbolt-Piloten scheint sich für Nowotnys Turbo besonders zu interessieren. Trotzdem gleicht der Flug der Feindjäger einem abwartenden, tückischen Lauern.

Nowotny sucht ein neues Opfer. Die Maschine schleudert ihn förmlich durch den Himmel. Die Tachometernadel steht kurz vor der 900-km/h-Grenze. Die Bomber voraus werden immer größer.

Doch auf einmal vernimmt der Major ein merkwürdiges, schürfendes Geräusch in der linken Turbine. Ruckartig wendet er den Kopf. Fassungslos starrt er auf die Rauchfahne, die jetzt aus dem defekten Aggregat herausquillt. Er spürt, daß sich die Fahrt verlangsamt. Seine Hand preßt sich verzweifelt um den Knüppel. Unter ihm fliegen die Bomber wie gigantische Fabelwesen. Aus ihren MG-Ständen züngeln die Flammen des Abwehrfeuers.

Nowotny blickt nach hinten. Schon im nächsten Augenblick sieht er das Rudel amerikanischer Begleitjäger, das in steilem Sturz auf ihn zurast.

Die Männer auf dem Gefechtsstand von Achmer haben Nowotnys verzweifelte Worte gehört. Starr stehen sie da und blicken auf die Blechmuschel des Lautsprechers. Die hastig hervorgestoßenen Worte, die Walter Nowotny vor wenigen Augenblicken noch zu ihnen herunterschickte, scheinen noch im Raum zu schweben:

„O verflucht, meine Turbinen, meine Turbinen ... Ach Gott, ach Gott ... !"

Sie laufen jetzt aus dem Raum und bleiben draußen vor dem Gebäude stehen. Wenig später sehen sie die einzelne Me 262. Sie erkennen aber auch die unzähligen Flugzeugsilhouetten hinter der stürzenden Turbinenmaschine.

Es kann nur Nowotnys Maschine sein!

Knorrer stößt einen verzweifelten Fluch aus.

Die Me 262 ist jetzt höchstens noch einen Kilometer vom Flugplatz entfernt.

Plötzlich löst sich das Kabinendach. Der Körper Major Nowotnys wird vom Fahrtwind nach hinten gerissen.

Die anfängliche Erleichterung der Männer vor dem Flugplatzgebäude verwandelt sich schon wenige Augenblicke später in blankes Entsetzen. Keiner von ihnen bringt mehr einen Laut heraus. Mit geweiteten Augen blicken die Flieger zusammen mit Dutzenden von Warten zum Himmel hinauf. Der Anblick, der sich ihnen bietet, wird sich unauslöschlich in ihrer Erinnerung eingraben. Der Fallschirm Nowotnys hat sich am Leitwerk der Me 262 verfangen. Wie eine lange weiße Schleppe flattert er im Zugwind.

Nur noch wenige Sekunden vergehen, bis die Erde unter einem gewaltigen Stoß erzittert. Jenseits des Flugplatzes quillt ein riesiger Feuerturm in die Höhe.

Der Flammenpilz steht wie ein Grabmal über der Stelle, wo Major Nowotny, der „Tiger vom Wolchowstroj", nach über 250 Luftsiegen den Tod fand.

## JOSEF „PIPS“ PRILLER

### Der „Mathematiker der Luft“

*„Da war das weithin bekannte Gesicht Prillers — der Mann, auf dessen Lippen immer ein Lächeln spielte, dessen jungenhaft fröhliche Augen nichts von Pessimismus wissen wollten. Der den Scherz und ein kurzweiliges Spiel liebte, ein liebenswürdiger Gesellschafter war, dabei gastfreundlich wie eben ein Jagdflieger. Da war das andere, weniger bekannte Gesicht — vor dem Einsatz verschlossen und in sich gekehrt, energisch, fest und unheimlich konzentriert . . .“*

PK-Berichter Gerhard Kirsch

Der Flugplatz im Südwesten von Paris glich einer Totenlandschaft. In der Nähe der zerstörten Hallen gähnten große Bombenkrater. Von den benachbarten Feldern schoben sich dicke Dunstschwaden gegen die ausgebrannten Gerippe zerschossener Flugzeuge. Die Oberfläche des Rollfeldes mit seinen notdürftig aufgefüllten Bombenlöchern wirkte wie ein von unzähligen Narben entstelltes Gesicht.

Die Morgensonne schien durch die zerborstenen Dächer der Hallen. Irgendwo in dem halb eingestürzten Büro eines Oberwerkmeisters spielte der Wind mit den Blättern eines Kalenders. Einer der Techniker, die noch auf dem zerstörten Platz verblieben waren, mußte ihn auf dem laufenden gehalten haben. Die große schwarze Ziffer zeigte das Datum des 6. Juni 1944.

Der Blick eines Jägerpiloten richtete sich jetzt auf den Kalender. Erst vor wenigen Minuten hatte er die ausgebombte Halle betreten. Dumpf hallte das Geräusch seiner Schritte an den zerstörten Wänden hinauf.

Der Blick des Oberstleutnants blieb auf einer der Mauern haften, die sich wie ein Denkmal menschlicher Vernichtungswut gegen den

Morgenhimmel reckte. Trümmerstücke und Teile verbogener Eisenträger lagen rings herum verstreut.

Der Fliegeroffizier wirkte in dieser gespenstischen Atmosphäre wie ein einsames Wesen auf einem verlassenen Stück Erde. Seine fleckige, verbeulte Schirmmütze war weit nach hinten geschoben. Ein buntgemusterter Schal umrahmte das Ritterkreuz mit dem kleinen Silberblatt des Eichenlaubes. Seine abgewetzte Lederjacke mit den beiden Klapptaschen an der Vorderseite stammte von einem amerikanischen Flieger, der jetzt in einem Gefangenenlager auf das Ende des Krieges wartete.

Draußen kletterte die Sonne gerade ein Stück über den Horizont. Ihr blutroter Schein tauchte die beiden Jagdflugzeuge, die in der Nähe eines niedrigen Gebäudes abgestellt waren, in ein gleißendes Licht.

Ein bitterer Ausdruck legte sich auf das breitflächige Gesicht des Oberstleutnants. Er dachte wieder einmal an die zurückliegenden Wochen und Monate und an die alliierten Bomber und Jabos, die selbst auf den kleinsten Bahnhöfen keinen Stein auf dem anderen gelassen hatten.

Warum?

Warum hatten sie bis zur Küste der Normandie hinauf alle Brükken, Bahnlinien und Bahnhöfe zerstört?

Der Grund dafür war unschwer zu ahnen. Sie würden kommen. Aber wann? Und wo?

Der Flieger verließ die Halle und steuerte auf ein niedriges Gebäude am Rand einer Ringstraße zu. Die Tür war nur angelehnt. In dem dahinter befindlichen Raum schrillte gerade die Glocke eines Telefons. Mit wenigen Schritten näherte sich der Offizier einem niedrigen Tisch. Daneben stand ein Feldbett. Ein Unteroffizier saß darauf, einen Pelzstiefel in der Hand.

Der Oberstleutnant meldete sich.

„Priller!"

Schon wenige Sekunden später wich alle Farbe aus dem sonnengebräunten Gesicht. Der Mund des Oberstleutnants wurde schmal. Ein polterndes Geräusch ertönte, als der Unteroffizier den Pelzstiefel aus der Hand fallen ließ. Draußen waren jetzt Schritte zu hören. Auch ein Lastwagen fuhr vorbei.

JOSEF PRILLER

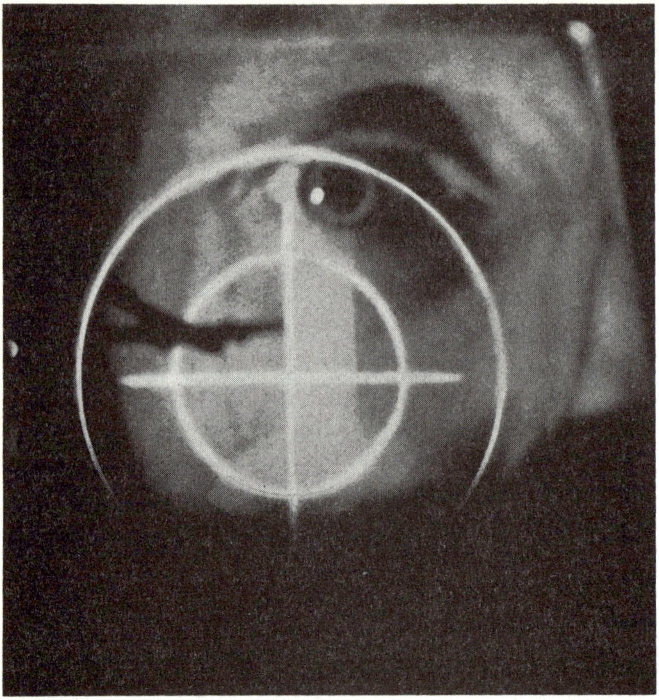

*Ein seltenes Foto, das einen Bomber im Leuchtvisier eines Jägers zeigt. Das Auge des Piloten spiegelt sich in der Reflexscheibe*

*Unten: Eine amerikanische „Fliegende Festung“ vom Typ Boeing B 17 bricht in der Luft auseinander*

Der Oberstleutnant preßte den Telefonhörer fester an das Ohr. Allmählich bedeckte sich sein Gesicht mit einer tiefen Röte.

„So", sagte er jetzt, „da haben wir es. Genau, wie ich es mir gedacht habe. Sie sind also gelandet. Und ihr habt Kimmengang bei der Division, wie? Mensch, Heidenreich, wenn euch nur alle der Teufel holen würde. Was habe ich gepredigt und gewarnt. Und jetzt ist bei uns alles auseinandergerissen. Alles, hörst du? Die Verlegung mußte ja befohlen werden ... Was, wieviel Maschinen? Zwei, mein Alter. ‚Pips' Priller und sein Katschmarek. Toll, was? Die deutsche Luftwaffe startet am Morgen des 6. Juni 1944 mit zwei Maschinen gegen die Invasionstruppen. Was? — Doch, ich werde fliegen ... Ja, auch mit zwei Maschinen, Heidenreich, sage es deinem General ..." Ein höhnisches, verzweifeltes Gelächter löste sich aus dem Mund des Oberstleutnants, als er den Hörer auf den Tisch warf und sich langsam dem Unteroffizier zuwandte.

„Hast du es gehört? Sie sind da. Die Invasion hat begonnen."

Zornig stieß Oberstleutnant Priller das Telefon gegen die Wand. Dann wischte er sich über sein Haar. Mit der Linken zerrte er an seinem Kragen herum, als ob er zu ersticken fürchte. Dann rang er nach Atem. Er schien noch etwas sagen zu wollen. Aber er tat es nicht. Er griff nur nach seiner Kopfhaube und verließ den Raum.

Der Unteroffizier schlüpfte in den Pelzstiefel, raffte seine Lederjacke an sich und rannte fluchend hinter dem Oberstleutnant her.

Die zwei Focke-Wulf 190 fliegen im Tiefflug nach Nordwesten. Unter ihnen leuchtet das Land in den bunten Farben des Sommers. Die bulligen Jagdflugzeuge huschen über kleine Dörfer, über Wälder und Flüsse, über verlassene Straßen und einige Zeit später über die Steinwälle auf den Wiesen der Normandie. Sie wirken verloren in der Unendlichkeit des glasklaren Himmels, der sich in sommerlicher Schönheit über das Land spannt.

Auf dem Leitwerk des Oberstleutnants sind 96 schmale schwarze Balken aufgemalt. Aber der Kommodore des JG 26 denkt an diesem Morgen des 6. Juni 1944 an alles andere als an die 96 Luftsiege, die er bis jetzt im Kampf gegen britische Jäger und Bomber errungen hatte.

Das Gespräch, das er vor dem Start mit dem Ia der Division geführt hatte, geht ihm nicht mehr aus dem Kopf.

„... ‚Pips'... Invasion! Sie sind in der Normandie gelandet — zwischen St. Mère Eglise und der Halbinsel Cotentin ... Alles geht drunter und drüber ... Wieviel Maschinen hast du?"

Der Klang seines eigenen verzweifelten Lachens gellt noch in der Erinnerung nach, als Priller seine Focke-Wulf über einen verlassenen, durch Bomben zerstörten Bahnhof zieht.

Mit jeder weiteren Sekunde kommen die beiden Jagdmaschinen der Hölle näher, die über dem vorher noch so friedlichen Küstenstreifen der Normandie ihre Pforten geöffnet hat.

Der Kommodore des Jagdgeschwaders 26 drückt den Steuerknüppel ein Stück nach vorn, als er am nördlichen Himmel die unzähligen Flugzeugsilhouetten erkennt. Es sind Hunderte von alliierten Jägern, die in dichten Schwärmen durch den Luftraum kreisen. Ihre Umrisse werden größer und größer. Der unterste Pulk fliegt in vielleicht eintausend Meter Höhe und etwa sechs bis zehn Kilometer entfernt.

Priller bringt seine Maschine unter den Horizont. Sein Katschmarek fliegt das Manöver sofort mit. Ein Waldstück hat sich jetzt zwischen die Feindjäger und die beiden Deutschen geschoben.

Die Kompaßnadel zeigt immer noch auf 340 Grad.

Ein „Mustang"-Pulk kreist wie bei einer Siegesfeier über die Erde. Darüber hängen Schwärme von „Thunderbolts". Ihre Tragflächen haben weiße Querstreifen. Der auffällige Anstrich verleiht ihnen das Aussehen bunt aufgeputzter Zirkuspferde.

Plötzlich beugt sich Oberstleutnant Priller überrascht nach vorn. Der ganze Horizont scheint Feuer zu sprühen. Blitze zucken aus der Erde. Eine Wolke aus schwarzem Dunst liegt über dem Land. Zur Linken schält sich für Sekunden die Silhouette einer zerstörten Stadt aus dem Dunst. Falaise vielleicht ...

Priller sieht noch einmal zu den Pulks der amerikanischen Jagdmaschinen hinüber. Aber vorläufig scheinen sich deren Piloten für die beiden armseligen Deutschen überhaupt nicht zu interessieren!

Ist es nicht ein Witz? Zwei gegen eine solche Übermacht!

Eine ohnmächtige Verzweiflung wallt in Priller auf. Die Feuerwand kommt jetzt näher. Glutende Striche bahnen sich ihren Weg durch den

Himmel. Sie züngeln von See her, neigen sich gegen die schwarze Dunstwolke und schleudern turmhohe Blitze über die Rauchbarriere hinweg.

Dann taucht die Küste der Normandie vor den beiden Deutschen auf. So weit das Auge reicht, ist die blaugrüne Wasserfläche mit den schmalen Silhouetten unzähliger Kriegsschiffe bedeckt. Vor den Bordwänden zucken wabernde Blitze. Hunderte von Sperrballonen hängen über dem Wasser. Hinter der Brandung sind unzählige Schiffe zu sehen. Auf dem Strand vor dem Steilufer scheint sich ein riesiger Ameisenschwarm in Bewegung gesetzt zu haben.

Priller stößt einen ellenlangen Fluch aus. Fassungslos blickt er auf diese unvorstellbare Ansammlung von Menschen und Kriegsmaterial.

Doch dann beginnt der Bann von ihm zu weichen. Eine kalte, verzweifelte Entschlossenheit ergreift von ihm Besitz. Die Feindjäger turnen immer noch wie ein aufgeregter Hornissenschwarm durch den Himmel. Über den „Thunderbolts" ziehen Schwärme von „Lightnings" ihre Kreise. Etwa hundert Meter vor Prillers Maschine bricht plötzlich die Feuersäule eines Granateinschlages aus der Erde. Der Gedanke an die Kameraden der Infanterie überkommt den Oberstleutnant. Wie viele von ihnen wohl da unten in dieser Hölle liegen mögen?

In diesen Augenblicken vergißt Priller die unzähligen zebragestreiften Feindjäger. Er legt die Maschine auf die linke Tragfläche und stürzt dem Strand entgegen. Zusammen mit seinem Rottenflieger jagt er durch den Rauch der Geschoßexplosionen. Wütend drückt er auf die Auslösungen sämtlicher Bordwaffen. Die Maschine erzittert unter dem Rückstoß der Kanonen und MG. Fauchend jagen die langen Feuerketten der Leuchtspurgeschosse der Erde entgegen. In Sekundenschnelle sind die beiden Jagdmaschinen über den endlosen Kolonnen der bereits gelandeten Invasionstruppen. Menschen bäumen sich auf und fallen auf die Erde. Wie Sägen fressen sich die Geschoßgarben in Fahrzeuge und Landungsboote. Hoch über den Kabinen der beiden Deutschen orgeln die Granaten der Schiffsartillerie landeinwärts.

Der Oberstleutnant hat das Gefühl, als ob ein Eisblock in seinem Innern sitze. Denn das war kein Jägerkampf mehr, kein Gefecht mit fairen Maßstäben. Dieser Flug war nur noch ein Ausdruck sinnloser Verzweiflung, ein Sturm in den Rachen des tausendfachen Todes.

Von See her tasten sich jetzt die Leuchtspurfäden der feindlichen Flak gegen die beiden Deutschen. Dicht über der Brandung reißt Priller seine „190“ in eine steile Messerkurve. Noch einmal brüllen die Bordkanonen auf. Zum zweitenmal donnern die beiden FW 190 über den mit Tausenden von Soldaten bedeckten Strand. Sekunden später fegen sie über die Steilwand einer Düne und gehen wieder zum Tiefflug über.

Der Rottenflieger ist kaum zehn Meter von Priller entfernt. Als er nach oben blickt, sieht er die Kolonne von Mustangs wieder, die gerade in flachem Sturz der Erde entgegenjagen.

Der Oberstleutnant kurvt nach Westen ein. Seine Kehle ist wie ausgedörrt. Schweißbäche laufen über sein Gesicht. Er reißt den Kragen auf und ringt nach Atem. Die Erde ist höchstens zehn Meter entfernt. Die Feindjäger haben sich geteilt. Die schwarz-weißen Karomuster auf ihren Motorverkleidungen sind bereits deutlich zu erkennen.

Für Augenblicke verspürt Priller das Gefühl einer grimmigen Genugtuung, als er erkennt, daß die Mustang-Piloten ihn und seinen Rottenflieger wahrscheinlich aus dem Auge verloren haben. Sie drehen jetzt nach Osten und Süden ab. Die Entfernung zu ihnen vergrößert sich von Sekunde zu Sekunde. Die Ruinenbahnhöfe und die menschenleeren Straßen ziehen jetzt wieder an den beiden Flugzeugen vorbei. Erleichterung will in Priller aufsteigen, aber sie kommt nicht zum Durchbruch. Die Bilder, die er soeben sah, füllen sein ganzes Denken aus.

... diese Armada von Schiffen — Hunderte, vielleicht Tausende von feindlichen Jägern — wer sollte diesen stählernen Schirm je durchbrechen? Wer wohl? Zwei lächerliche Jäger, die sich außerdem noch auf der Flucht befinden, im Vergleich zu dieser riesigen Mahalla von feindlichen Jagdflugzeugen. Wo sind die Maschinen der übrigen Geschwader? Vielleicht auch auf der Verlegung wie die drei Gruppen des JG 26? Wo, bei allen Teufeln, hatten die hohen Herren in den Führungsstäben denn ihren Verstand? Eine solche Ansammlung von Schiffen konnte doch nicht unbemerkt die Küste der Normandie erreichen!

Eine Viertelstunde später landet Oberstleutnant Priller zusammen mit seinem Rottenflieger auf dem zerbombten Flugplatz.

Kurz nach der Landung hat er bereits wieder das Telefon in der Hand. Sein Gesicht ist rot vor Zorn, als er die Worte in die Muschel schreit:

„Heidenreich, das müßtest du gesehen haben — ja, zum Teufel, ich war vorn — ich und mein Katschmarek — es war die Hölle, das kannst du mir glauben ..."

In den Baumkronen des Wäldchens, das den Flugplatz von Guyancourt begrenzte, saßen zwitschernde Vögel. Sie schienen sich den Teufel um das ferne Dröhnen von Flugzeugen zu kümmern, das durch den weiten Himmel schallte. Zwischen den Bäumen standen Zelte. Kradmelder fuhren durch den Wald. Manchmal erklang in einem der Zelte die Stimme des Ia, Hauptmann Philipp.

In einer alten Baracke saß Oberstleutnant Priller. Er trug noch die Einsatzbekleidung. Die Beine mit den schwarzen Pelzstiefeln weit von sich gestreckt, hatte er auf einem wackeligen Stuhl Platz genommen, eine brennende Zigarre zwischen den Fingern seiner Rechten. Mit halb geschlossenen Augen blickte er durch die weitgeöffnete Tür auf den Flugplatz hinaus, der am Vortag wieder einmal das Ziel eines feindlichen Luftangriffs gewesen war.

Er richtete sich auf, als in östlicher Richtung das schnell anschwellende Dröhnen von Flugmotoren aufklang. Kurz darauf huschten etwa zwei Dutzend Focke-Wulf 190 im Tiefflug über den Platz und verschwanden in westlicher Richtung. Es waren Flugzeuge eines Geschwaders, das offenbar gerade aus dem Reich gekommen war.

Ein bitteres Lächeln umspielte die Mundwinkel des Kommodore. Er verließ die Baracke und lief in den Wald hinein, wo die Flugzeuge der Gruppe abgestellt waren. Manche waren so gut getarnt, daß man sie oft aus nächster Nähe kaum erkennen konnte. An der FW 190 des Oberstleutnants saß ein Maler. Er brachte gerade zwei neue Abschußstriche an. Erst am Vortag hatte „Pips" Priller seinen 97. und 98. Luftsieg errungen. In einem wahren Hexenkessel aus Hunderten von Feindjägern waren eine Mustang und eine Thunderbolt von ihm abgeschossen worden. Auch bei diesem Einsatz hatte ihn nur sein Katschmarek begleitet.

Der Kommodore lehnte sich an die Barackenwand und blickte zum Himmel hinauf. Die Stille über dem Flugplatz zerrte an den Nerven. Im Norden dröhnte der Klang von Flugmotoren durch den Himmel.

Priller dachte an den ersten Tag der Invasion. Es war noch nicht möglich gewesen, die Invasionsstreitkräfte vom Festland zu verdrängen. Würde es überhaupt noch gelingen angesichts dieser gewaltigen feindlichen Luftmacht, die vom Morgengrauen bis in den späten Abend hinein über dem Landeraum kreiste?

Priller ging wieder in den einfach eingerichteten Raum zurück. Er ließ sich an dem niedrigen Tisch nieder und blickte durch das schmale Fenster auf den Flugplatz hinaus. Auf dem anderen Stuhl war gestern ein Kriegsberichter gesessen, ein guter Bekannter des Geschwaders. Er kannte den Lebensweg und die fliegerische Karriere von Oberstleutnant Josef Priller, den man schon in frühester Jugend „Pips" genannt hatte, so gut wie all die anderen „Alten" im Geschwader. Die Erinnerung an den PK-Mann lenkte Prillers Gedanken in die Vergangenheit zurück und zu jener Zeit, als die Schatten einer drohenden Katastrophe noch nicht über den Schauplätzen der großen Schlachten hingen.

Nach Galland und Major Schöpfel hatte Josef Priller im Jahre 1943 im Alter von 27 Jahren das Jagdgeschwader „Schlageter" als Kommodore übernommen. Man nannte ihn im Geschwader bald den „Mathematiker der Luft".

Am 27. Juni 1915 war er in Ingolstadt geboren worden. Nach der Reifeprüfung trat er am 1. 4. 1935 in das Bayerische Infanterieregiment Nr. 20 in Amberg als Fahnenjunker ein. Er kam dann zur Luftwaffe und absolvierte als Oberfähnrich die Flugzeugführerschule in Salzwedel. Im April 1937 wurde er Leutnant. Auf den Flugplätzen von Wiesbaden und Bad Aibling startete er zu seinen ersten Flügen als Jagdflieger. Bei Kriegsbeginn war er bereits Kapitän der 6./ JG 51 (Mölders) und erhielt am 23. Oktober 1940 das Ritterkreuz. Vom 20. Dezember 1940 bis zum 5. Dezember 1941 führte er nach seinem Übertritt zum JG 26 als Kapitän die 1. Staffel. Schon am 20. Juli 1941 wurde er für 44 Abschüsse als 28. Soldat der Wehrmacht mit dem Eichenlaub ausgezeichnet. In der Folgezeit wurde er Kommandeur der III. Gruppe des JG 26, die er als Hauptmann bis zum 10. Januar 1943 führte. Seinen 70. Luftsieg hatte er am 1. Mai 1942 errungen. Als Geschwaderkommodore erzielte er bis zum 27. Januar 1945 noch weitere Abschüsse. Priller wurde im Sommer 1943 Oberstleutnant und am 1. Januar 1945 Oberst. Als Sieger in 101 Luftkämpfen bekam er am 2. Juli 1944 die Schwerter zum Eichenlaub. Er wurde Inspekteur der Jagdflieger West, nachdem er das ruhmreiche JG 26 am 27. Januar 1945 an Major Götz übergeben hatte.

Die lastende Stille liegt noch immer über dem weiten Rollfeld. Manchmal dringt das Klirren von Werkzeugen vom Wald her in den schwülen Barackenraum.

Ein abwesendes Lächeln huscht über Prillers Gesicht, als er sich der Jahre erinnert, in denen die große Partie noch nicht auf Verlust stand. Er denkt dabei an die Einsatztage während des Westfeldzuges und an jenen Feindflug, bei dem er plötzlich eine französische Morane in Rammnähe hinter sich hatte. Aber auch damals hatte sich das Blatt noch in letzter Sekunde gewendet. Wie schon unzählige Male zuvor.

Draußen vor der Baracke ertönt das Getrappel von Schritten. Atemlos taucht eine Ordonnanz vor dem Kommodore auf.

„Ja“, sagt Priller, „man sieht es Ihrem Gesicht an, daß der Teufel los ist. Ich komme...“

Der Morgen des 15. Juni 1944 ist über der Normandie heraufgezogen.

Die Kolonnen, die sich nachts auf den Straßen in Richtung Front bewegten, sind wieder in den Wäldern verschwunden. Auf dem Flugplatz von Gujancourt, auf der Waldwiese von Alencon und auf einigen weiteren waldumsäumten Geländeflächen steht das kleine Häuflein deutscher Jägerpiloten für einen neuen Einsatztag bereit.

Es ist 6.24 Uhr, als Oberstleutnant Priller auf dem Flugplatz in seine Maschine steigt. Einige Meter entfernt steht die Focke-Wulf seines Rottenfliegers, Unteroffizier Wodarczyk von der 4. Staffel des JG 26, der an diesem Tag als Katschmarek des Kommodore fliegen wird.

Der Blick des 1. Wartes richtet sich sorgenvoll auf den Luftraum über dem Flugplatz, um dann kurz auf dem Seitenleitwerk von Prillers Maschine haftenzubleiben. 99 Abschußstriche sind jetzt darauf verzeichnet.

Das Gesicht des Kommodore wirkt düster und verschlossen unter dem Lederrand der FT-Kopfhaube. Er hat die Kabine bereits zugekurbelt. Noch ein letztes Zeichen zu den unten stehenden Warten, dann springen die Motoren an.

Wenig später gehen die Maschinen des Gefechtsverbandes, der sich aus Flugzeugen der II. und III./JG 26 und der III./JG 54 zusammensetzt, südlich des Flugplatzes auf Höhe.

Der Himmel ist klar und wolkenlos. Immer wieder blicken die Piloten zu der Maschine des Oberstleutnants hinüber, deren Motorpartie in schrägem Winkel nach oben gerichtet ist.

Unverwandt beobachtet der Kommodore den Luftraum. Es ist inzwischen 6.30 Uhr geworden. Tief unter den Maschinen hängt noch der Dunst des Morgens über der Erde. Dutzende von Augenpaaren suchen die Feinde. Aber noch ist nichts von ihnen zu sehen.

Um 6.45 leitet Priller eine leichte Kurve nach Nordwesten ein. Weit im Norden zeichnet sich die Silhouette von Chartres im Licht der Morgensonne ab. Der Luftraum rings um die deutschen Jäger ist immer noch von tiefem Frieden erfüllt. Die großen Fernstraßen haben sich in kleine Fäden verwandelt, die sich wie helle Adern durch den Leib der Erde ziehen.

Der Uhrzeiger am Armaturenbrett von Prillers Focke-Wulf wandert der 6.50-Uhr-Marke entgegen, als die Silhouetten von Flugzeugen aus dem Horizont hervorquellen.

Die Stille in den Kopfhörern findet schlagartig ihr Ende. Von allen Seiten jagen die Alarmrufe durch den Äther.

Mit ruhiger Stimme gibt Oberstleutnant Priller seine letzten Anweisungen. Sein Blick ist dabei auf die zwei Bomberpulks von „Boeing-B-17“-Maschinen und „Liberators“ gerichtet.

Die amerikanischen Kampfflugzeuge mit den weißblauen Sternen auf Tragflächen und Rümpfen sind nicht allein. Ein Rudel von etwa hundert „Mustangs“ und „Thunderbolts“ umgibt sie in dichten Schwärmen.

Trotzdem findet der Kommodore eine Lücke. Seine Führungsaufgabe ist damit vorläufig beendet. Jeder wird jetzt auf sich selbst gestellt sein. Den Rotten- und Schwarmführern bleibt es überlassen, die beste Taktik gegen den übermächtigen Feind blitzschnell zu erwägen und in Sekundenschnelle zu handeln.

Aus leichter Überhöhung jagt die Focke-Wulf Prillers und die seines Rottenfliegers dem frontal anfliegenden „Boeing"-Pulk entgegen. Der Kommodore denkt in diesen Sekunden sowenig an einen neuen Sieg wie an die Tatsache, daß er in wenigen Augenblicken seinen 100. Abschuß erzielen könnte. Nicht einmal an den Tod, dem sie jetzt wieder einmal entgegenstürmen.

„Pips" Priller kämpft auch heute nur so, wie er es seit Jahren gewohnt war. Er sieht dem Tod entgegen, ohne die Augen vor ihm zu schließen.

Wodarczyks Maschine hängt jetzt leicht zurück. Die Umrisse der Bomber werden immer gewaltiger. Blitze züngeln aus den vorderen MG-Ständen. Ein feuriges Gitternetz breitet sich vor den angreifenden Focke-Wulf-Maschinen durch den Himmel.

Der Kommodore feuert aus etwa 500 Meter Entfernung. Er beobachtet Einschläge, während er weiterhin mit voller Geschwindigkeit auf den feindlichen Bomberpulk zurast. Hinter den „Boeing" fliegt eine Gruppe „Liberator". Breit und behäbig liegen die viermotorigen Kampfmaschinen vor dem glasigen Blau des Himmels.

Aus den Kopfhörern brandet ein turbulentes Stimmengewirr. Priller blickt kurz zu den Feindjägern hinauf. Aus allen Richtungen stürzen sie jetzt herab. Ihre grellbemalten Maschinen wirken im Vergleich zu dem Tarnanstrich der Focke-Wulf wie ein blanker Hohn. Lange, spitze Motoren und die bulligen Frontpartien der „Thunderbolts" nähern sich jetzt mit hoher Geschwindigkeit dem engen Abwehrkreis der Deutschen.

Die ersten Mustangs stürzen, kaum hundert Meter entfernt, aus allen Rohren feuernd, in die Tiefe. Kondensfähnchen blähen sich an ihren Tragflächenspitzen, als die Maschinen von ihren Piloten abgefangen und gewendet werden.

Plötzlich kurven zwei Mustangs auf die Rotte des Kommodore ein. Priller zieht seine Focke-Wulf in eine enge Linkskurve und läßt sie nach dem Abreißen der Strömung nach rechts umschlagen. Während sein Körper durch den blitzschnell erfolgten Kurvenwechsel zur Seite geschleudert wird, preschen die Feindjäger mit langen Glutstrichen vor den Tragflächenprofilen in der Nähe vorbei.

Aufatmend stellt der Oberstleutnant fest, daß der Unteroffizier noch hinter ihm fliegt.

Die beiden amerikanischen Jäger sind im Gewühl der wild durcheinanderkurvenden Jagdmaschinen verschwunden. Etwa fünfzig Meter unter Prillers „190" zieht ein Schwarm Thunderbolts dahin. Rings herum stürzen und fallen, steigen und kurven Deutsche und Amerikaner pausenlos durcheinander.

Für Sekunden erwägt der Kommodore den Gedanken eines Turns und eines überraschenden Angriffs auf die horizontal fliegenden Feindmaschinen.

Doch dann fällt sein Blick wieder auf den „Liberator"-Pulk. Dunkel hallt seine Stimme über das FT:

„Dort drüben, Wodarczyk — die Dicken!"

Der Unteroffizier antwortet mit einem heiseren „Viktor". Er ist im Augenblick so nahe, daß der Kommodore seine Gesichtspartie über der Atemmaske deutlich erkennen kann. Der satanische Reigen am Himmel südlich von Chartres dauert immer noch an. Leuchtspurgarben peitschen durch den Himmel. Irgendwo fällt eine brennende Maschine in die Tiefe. Priller blickt noch einmal nach hinten. Kein Feindjäger sitzt im Augenblick auf seiner Fährte.

Da stößt er den Steuerknüppel nach vorn. Mit einem jähen Ruck kippt die Focke-Wulf nach unten weg.

Die „Liberator" fliegen seitlich frontal. Mit schnellen Bewegungen korrigiert Priller den Kurs. Immer wieder dreht er den Kopf herum und blickt nach hinten. Aber die feindlichen Piloten scheinen an dem wirbelnden Tanz des Luftkampfes mehr Gefallen zu finden als an ihrer eigentlichen Sicherungsaufgabe. Denn hier in diesem lächerlichen Haufen von Deutschen — hier winken Luftsiege.

Der Kommodore ist von der Spitze des Bomberpulks vielleicht noch 800 Meter entfernt. Eine links fliegende Kampfmaschine kommt jetzt in sein Visier. Hinter dem Tragflächenprofil mit den vier Silberkreisen der Luftschrauben recken sich die beiden Leitwerksflossen in die Höhe.

Priller zielt genau auf die Kanzelmitte. Als er das Aufblitzen der Treffer erkennt, tritt er leicht ins linke Seitenruder. Die Kanonen schleudern immer noch lange Garben gegen den Feindbomber. Eine Einschlagserie wandert jetzt durch die linke Tragflächenpartie der Liberator.

Die Motorpartie der „190" ruckt jetzt zum zweitenmal innerhalb weniger Sekunden nach vorn. Wie ein riesiges Scheunentor hängt die brennende Liberator hoch über der Focke-Wulf. Plötzlich legt sich das Flugzeug auf die linke Tragfläche und stürzt mit torkelnden Bewegungen der Erde entgegen.

Priller verfolgt den Sturz aus einer Messerkurve heraus. Er hört dabei die erregte Stimme seines Rottenfliegers, aber er kann die Worte nicht richtig verstehen.

Kurz darauf stürzt sich ein Rudel Feindjäger auf ihn und seinen Katschmarek.

In Sekundenschnelle beginnt ein neuer Kampf um Leben und Tod.

Aber auch bei diesem Einsatz gab das Schicksal dem Kommodore des Jagdgeschwaders 26 noch einmal eine Chance. Zusammen mit seinem Katschmarek kämpfte und schoß er sich durch den Sperriegel aus Hunderten von Feindjägern und landete wohlbehalten auf dem Feldflugplatz von Guyancourt.

Am Morgen des 1. Januar 1945 wehte ein eisiger Wind über die Flugplätze entlang der belgisch-holländischen Grenze. Schon Stunden vor dem Morgengrauen herrschte auf den verschneiten Einsatzbasen ein hektischer Betrieb.

Rund 800 Maschinen — die letzte Reserve der deutschen Jagdfliegerei — standen für den größten geschlossenen Angriff seit Beginn des Krieges bereit. Zum erstenmal sollte mit der Durchführung des Unternehmens „Bodenplatte" den feindlichen Luftstreitkräften im belgisch-holländischen Raum ein vernichtender Schlag zugefügt werden.

Kurz vor neun Uhr zog das stärkste Jägeraufgebot, das auf deutscher Seite jemals für einen gemeinsamen Einsatz bereitgestellt worden war, im Tiefflug über die deutsche Reichsgrenze.

An der Spitze des Jagdgeschwaders 26 flog sein Kommodore, Oberst Josef Priller.

Die kraftvollen Reihenmotoren der neuen FW-190-D-Maschinen trugen die Piloten hinauf zur Küste der Zuidersee, an die Scheldemündung und in den Raum von Brüssel. Der Flug des deutschen Jägerrudels, der so verheißungsvoll begonnen hatte, stand bereits im Luftraum über der Zuidersee unter einem ungünstigen Stern. Deutsche Flakkanoniere, die über den Anflug dieses seit langem nicht mehr gesehenen deutschen Jägerverbandes entweder falsch oder gar nicht unterrichtet waren, fügten der aus Focke-Wulf und Me-109-Jagdmaschinen zusammengesetzten Gefechtsgruppe die ersten Verluste zu.

Aber dann begann über den Flugplätzen von Brüssel-Evère, Grimberghen und den anderen Einsatzzielen der Angriff auf einen ahnungslosen und zunächst völlig überraschten Gegner. In pausenlosen Tiefangriffen zerschossen die Piloten des deutschen Jägerverbandes am Boden abgestellte „Fliegende Festungen“, Jagdmaschinen, Fahrzeuge und Flakstellungen. Hallen und Flugzeuge gingen in Flammen auf. Feindliche Jäger wurden noch im Starten vernichtet. Zum erstenmal rollte wieder ein Kampf mit umgekehrten Vorzeichen ab. Die Gejagten von gestern waren wieder einmal Jäger geworden.

Aber der anfängliche Erfolg, bei dem man sich auf deutscher Seite die Vernichtung von rund 2000 feindlichen Flugzeugen am Boden erhofft hatte, wurde durch weitere unvorstellbare Irrtümer zu einem schweren Opfergang. Auf dem Rückflug gerieten die deutschen Jäger in das eigene Feuer eines ihnen vorher nicht bekannten Flaksperrgebietes rund um einige Abschußbasen für V-2-Raketen.

Nach Beendigung des Einsatzes hatten rund 300 deutsche Jägerpiloten den Flug gegen die feindlichen Luftbasen mit ihrem Leben bezahlt. Unter den Gefallenen befanden sich 59 Verbandsführer.

Oberstleutnant Priller, der Kommodore des JG 26, war auch dieser Hölle entronnen. Der Einsatz im Rahmen des Unternehmens „Bodenplatte“ war einer seiner letzten Feindflüge.

Im Verlauf des Krieges im Westen, in der Schlacht um England und im Luftraum über dem Invasionsgebiet hatte er 101 Gegner im Luftkampf besiegt.

68 Spitfire,

11 Hurricane,

1 Curtis P 36,
2 Thunderbolt,
2 Mustang,
1 Lightning,
3 Bristol-Blenheim-Bomber,
1 Ventura,
1 Mitchell,
5 weitere zweimotorige Bomber,
8 Fliegende Festungen vom Typ Boeing B 17 und
3 Liberator-Bomber

waren unter den Garben seiner Kanonen und MG aus dem Himmel gestürzt.

Oberst Josef Priller starb am 23. Mai 1961 eines natürlichen Todes. Flugzeuge der neuen deutschen Luftwaffe flogen über sein Grab, als seine sterbliche Hülle auf dem Augsburger Westfriedhof mit militärischen Ehren bestattet wurde.

★

## HEINZ WOLFGANG SCHNAUFER

Das „Nachtgespenst von St. Trond“

*„... Sie wissen, Herr Major, daß unsere Bomberbesatzungen Ihnen den Ehrentitel ‚Nachtgespenst‘ verliehen haben ... Wir achten den Gegner. Und weil wir wissen, daß auch Ihr Einsatz fair ist, schätzen wir Sie. An diesem, Ihrem Geburtstag, spielt für Sie die Tanzkapelle der BBC den Schlager: ‚Das Nachtgespenst‘ ...“*

BBC London zum 23. Geburtstag Schnaufers

Alles wirkt gespenstisch in dieser Mainacht des Jahres 1944, als die Me 110 mit den Gitterantennen der Nachtjagdsuchgeräte durch das Zwielicht des Himmels ziehen. Wenn der Schein des Mondes sie trifft, gleichen die schnittigen Maschinen rätselhaften Fabelwesen, die der Spur eines unsichtbaren Wildes folgen.

In einem der Flugzeuge mit den Silberkreisen der zwei Motoren vor den Tragflächen sitzt ein Mann von zweiundzwanzig Jahren, den das britische „Bomber-Command“ inzwischen mehr fürchten gelernt hat als die deutsche Flakabwehr.

So wie die Gegner von damals den deutschen Feldmarschall Rommel in fairer Ehrerbietung vor seiner Feldherrnleistung einmal den „Wüstenfuchs“ nannten, so gaben sie diesem jungen Flieger den Beinamen das „Nachtgespenst“.

Die britischen Bomberbesatzungen, die in dieser Nacht die holländische Küste überfliegen, kennen seinen Namen ebensogut wie die Menschen in seiner Heimat: Er heißt Heinz Wolfgang Schnaufer.

Hinter ihm blickt sein Bordfunker, Leutnant Fritz Rumpelhardt, auf die phosphoreszierenden Scheiben der Braunschen Röhren. Im Heckteil der Kanzel starrt der Bordmechaniker, Oberfeldwebel Wilhelm Gänsler, auf die wabernden Dunstschleier, die unter der steigenden Maschine dahinhuschen.

Die Me 110 hat die dicke Wolkenbank jetzt hinter sich, die bis in eine Höhe von 3000 Metern wie eine undurchdringliche Mauer vor der Nachtjagdmaschine aufgeragt war. Jetzt aber wölbt sich der weite Sternenhimmel über die Kanzel des zweimotorigen Flugzeuges.

Das schmale, energisch geschnittene Gesicht des Piloten ist schon geraume Zeit unter dem Gummiwulst der Atemmaske verschwunden. Regungslos sitzt Wolfgang Schnaufer vor dem Armaturenbrett der Maschine, den Blick auf die leicht vibrierenden Zeiger der Blindfluginstrumente gerichtet.

Die Zeit rinnt dahin. Die Männer an Bord wissen, daß die feindlichen Bomberpulks bereits durch die Nacht fliegen. Aber der Teufel scheint noch mit den riesigen Kampfmaschinen im Bunde zu sein. Vor den Augen des Bordfunkers schillert nur ein feiner Zacken auf dem Leuchtschirm des Nachtjagdsuchgerätes. Es ist der sogenannte Erdzacken, der immer zu sehen ist, sobald das Gerät eingeschaltet wird.

Eine stetig zunehmende Nervosität breitet sich allmählich in den Männern aus. Schnaufers Stimme hallt über die Ei.V.*

„Was ist?"

„Nichts!"

„Verdammt noch mal!"

Dann wird es wieder still in den Kopfhörern. Nur das Knistern des Netzgeräusches dringt wie ein leises Rauschen an das Gehör der drei Männer. Weit im Nordwesten zuckt ein Lichtstreifen durch die Nacht. Das Dröhnen der Motoren wirkt mit der Zeit monoton und einschläfernd.

Leutnant Rumpelhardt läßt keinen Blick von den ovalen Scheiben der Leuchtröhren.

Plötzlich zuckt er zusammen. Seine Stimme klingt erregt:

„Feindzacken in 3000... kommt näher... gleiche Höhe... und jetzt rechts noch einer ... Herrgott, da sind sie ... viele ... viele ..."

Schnaufer beugt den Kopf nach hinten, als ob er den Worten des Kameraden auf dem Funkersitz nachlausche. Dann sieht er wieder nach vorn.

---

* Eigenverständigung

Wenige Sekunden später steht der Schatten eines feindlichen Bombers vor dem Gefunkel der Sterne. Wie eine riesige Zielscheibe fliegt eine „Lancaster“ in halbrechter Position vor der Bugspitze des Nachtjägers.

Schnaufers Körper spannt sich. Unwillkürlich hält er den Atem an.

Der britische Heckschütze hat den Schattenriß unter der Lancaster inzwischen erkannt. Wie rasend daherhuschende Glühwürmchen pfeifen die Lichterketten seiner Leuchtspurgarben an der Me 110 vorbei.

Die Auspuffflammen des Feindbombers züngeln wie dicke Feuerbündel durch die Nacht.

Hoch und gellend dringt plötzlich die Stimme des Funkers über die Bordsprechanlage:

„Von hinten kommt einer!“

Schnaufer läßt die Maschine sofort nach links wegkippen. Kurz darauf huscht ein Schatten vorbei. Während des folgenden Sturzes starren die Männer auf die im Zwielicht des Himmels verschwindende Silhouette eines britischen Fernnachtjägers.

Wenige Minuten später schält sich ein anderer Bomber aus dem Dunkel der Nacht. Es ist wieder eine „Lancaster“. Unvermittelt neigt sich die gedrungene Kanzel nach unten. Schnaufer stößt sofort den Knüppel nach vorn. Gelbe Leuchtspurfäden wandern gegen die riesige Schattenwand. Schon nach dem ersten Feuerstoß zucken lange Flammen aus der linken Tragfläche des Feindbombers.

Schnaufer reißt den Knoten des Seidenschals herunter. Er weiß, daß er jetzt mitten im Strom der feindlichen Bomber fliegt. Angespannt starrt er in die Nacht hinein. Er weiß, was auf dem Spiel steht. Von allen Seiten können jetzt die stählernen Ungetüme heranrasen.

Da! — Ein Schrei erstickt in der Kehle. Denn plötzlich sind vier bläuliche Kreise vor der flachen Frontscheibe. Eine „Lancaster“ fliegt genau auf die Me 110 zu. Den Männern in der engen Kabine stockt der Atem. Ihr Herzschlag wird flach und flatternd. Aber auch dieses Mal behält Schnaufer die Nerven. Er stößt den Knüppel noch einmal nach vorn. Die Maschine kippt sofort über den Bug, während eine gewaltige Preßwelle nach dem Flugzeug greift und es zur Seite schleudert.

HEINZ-WOLFGANG SCHNAUFER

*Ein Blick auf das Armaturenbrett einer Nachtjagdmaschine vom Typ Me 110*

*Unten: Das brennende Leitwerk eines abgeschossenen britischen Bombers*

Sekundenlang vibrieren noch die Nerven. Aber dann bekommt die Routine aus Hunderten von Feindflügen wieder die Oberhand. Schnaufer legt die Me 110 in eine harte Kurve. Der Bug schwenkt auf die zuckenden Auspuffflammen des Feindbombers ein. Die Gashebel wandern auf Vollast. Innerhalb kurzer Zeit schiebt sich das Nachtjagdflugzeug an die „Lancaster" heran. Die Männer hinter Schnaufer klammern sich fest, als das Dröhnen der Bordkanonen durch die Kabine grollt. Sie verfolgen den Weg der Leuchtspuren, und dann kommt wieder jener Augenblick, wo sich die glühenden Geschoßfäden in den massigen Leib des Bombers wühlen und das Prasseln der Flammen sich mit dem Heulen des Fahrtwindes vermischt.

Die Me 110 zieht etwa hundert Meter über der brennenden „Lancaster" wieder in den Himmel hinein. Schnaufer blickt kurz auf die Borduhr.

Achtzig Minuten nach Mitternacht!

Die Feuerglocke um den zerschossenen Bomber erhellt die Nacht. Am Rand des Flammenscheins kommt plötzlich eine weitere „Lancaster" in Sicht.

Schnaufer geht sofort in eine Rechtskurve. Ein halbes Dutzend britischer Flieger starrt noch entsetzt auf den brennenden Bomber, als sich die deutsche Me 110 wie ein Phantom aus dem Dunkel schält.

Den Kopf weit nach vorn gebeugt, drückt Schnaufer auf die Auslösung der Bordwaffen. Die Kanonen und MG schleudern ein feuriges Sperrgitter vor den Bug des feindlichen Bombers. Phosphorgeschosse zerfetzen die linke Motorpartie.

Nach Minuten klingt wieder Schnaufers Stimme aus den Kopfhörern: „Es ist genug, wir hauen ab!"

Die Männer hinter ihm geben keine Antwort. Auf ihren Gesichtern spiegelt sich der Feuerschein der beiden Bomber. Die eine „Lancaster", die zuerst von den Garben Schnaufers erfaßt wurde, fällt jetzt in die Tiefe. Sekunden später sticht ein greller Blitz gegen den nächtlichen Himmel, als die zweite Feindmaschine von einer fürchterlichen Explosion auseinandergerissen wird.

Schnaufer gibt Höhe auf. Einmal wendet er kurz den Kopf nach hinten. Der Bordfunker bemerkt es nicht. Er starrt immer noch auf die Instrumente.

Die nächste „Lancaster“ wird in der Nähe von Tilburg das Opfer des „Nachtgespenstes von St. Trond“.

Der Funker, Leutnant Rumpelhardt, erfaßt die britische Bombenmaschine auf 4000 Meter Höhe. Er spricht nur wenige Worte, ehe das doppelte Seitenleitwerk des Feindbombers vor ihnen auftaucht.

Der britische Pilot nimmt den Kampf auf Leben und Tod auf. Offenbar ist ihm die Anwesenheit des deutschen Nachtjägers bereits gemeldet worden. Er läßt seine Maschine stürzen und zieht sie dann wieder in die Höhe. Minutenlang versucht er, den Todfeind hinter sich abzuschütteln.

Mitten in einem neuen Steigmanöver frißt sich eine Kanonengarbe der Me 110 durch den Bug bis zum Leitwerk der „Lancaster“. Die Bombenmaschine legt sich auf die Seite und stürzt, einen langen Flammenschweif hinter sich herziehend, der Erde entgegen.

Hoch über den fünf Aufschlagbränden fliegt die Nachtjagdmaschine einem großen holländischen Flughafen entgegen. Sie taucht in das Licht der Platzscheinwerfer und rollt wenig später an der bunten Lampenkette der Landebahnbefeuerung vorbei.

Schnaufer hat bereits die Gurte gelöst, als er auf die schaukelnden grünen Lichter zurollt, mit denen die Warte die Richtung zu den Liegeplätzen anzeigen.

Dann verstummen die Motoren, und die drei Männer, die vorhin noch als Flugzeugführer, Funker und Bordschütze in der engen Kabine zusammengepfercht waren, stehen sich gegenüber. Sie sprechen nicht viel. Tankwagen fahren an ihnen vorüber. Laute Stimmen schallen von den Abstellplätzen her in die Nacht hinein.

Schnaufer klopft dem Leutnant auf die Schulter.

„Das war wieder was, Fritz!“

Rumpelhardt zieht an seiner Zigarette und nickt.

Rötliches Licht erhellt den Bereitschaftsraum der Nachtjagdbesatzungen. Der Geruch von Zigarettenrauch erfüllt den länglichen Raum. In einer Ecke spielt ein Radio. Leise plätschern melodische Rhythmen über die lang hingestreckten Gestalten, die entweder schlafen oder mit offenen Augen gegen die Decke starren.

Nacht für Nacht geht das so, seit die nächtlichen Einflüge der britischen Bomber ein ungeahntes Ausmaß angenommen hatten.

Oberfeldwebel Gänsler zerdrückt seine Zigarette in einem Aschenbecher. Dann wendet er den Kopf und blickt zu dem Oberleutnant hinüber, der neben ihm auf einem Liegestuhl schläft. Das Ritterkreuz hat sich ein Stück über den gelben Seidenschal geschoben. Das Gesicht Heinz Schnaufers wirkt jungenhaft, friedlich und gelöst.

Der Oberfeldwebel läßt sich wieder zurücksinken. Seine Gedanken wandern ein Stück auf dem Weg zurück, der hinter ihnen liegt. Er erinnert sich an den 2. Juni 1942, als in der Nähe von Löwen die erste Feindmaschine von Schnaufer vernichtet wurde. Am 1. August folgten in einer Nacht drei weitere Luftsiege. Es waren zweimotorige Bomber gewesen, und erst am 29. August hatte Schnaufer eine viermotorige „Halifax" im nächtlichen Luftkampf besiegt. Es war sein sechster Nachjagdabschuß. Damals war er Staffelkapitän in der IV. Gruppe des Nachtjagdgeschwaders 1.

Dann war die Zeit gekommen, wo die Zahl seiner Luftsiege von Tag zu Tag zunahm. Am 16. Dezember 1943 gingen bereits 36 Nachtjagdsiege auf sein Konto. An jenem Tag hatte er im Luftraum über Esterges und Obetrijsne in vierzig Minuten vier Feindmaschinen abgeschossen.

Am 15. Januar 1944 war ihm das Ritterkreuz verliehen worden.

Der Siegeszug war weitergegangen. Die englischen Propagandasender hatten seinen Namen immer häufiger erwähnt. Dann, am 17. Juni 1944, war er als Sieger in 80 Luftkämpfen vom Feindflug zurückgekehrt.

Der Leutnant erinnert sich auch an den 27. Juni 1944, als Schnaufer mit dem Eichenlaub zum Ritterkreuz ausgezeichnet wurde. Neben Major Lent und dem Prinzen zu Sayn-Wittgenstein war er der erfolgreichste Nachtjäger der deutschen Luftwaffe geworden.

Dann kam der 30. Juli 1944 und mit ihm die Verleihung der Schwerter zum Eichenlaub. Es waren damals 87 Bomber, die Wolfgang Schnaufer bei seinen nächtlichen Einsätzen abgeschossen hatte.

★

Ein heißer Tag ist zu Ende gegangen. Die Nacht des 29. Juli 1944 hat sich über die Erde gesenkt.

400 britische Bombenflugzeuge fliegen durch die Dunkelheit, Stuttgart, der großen Stadt im Süden Deutschlands, entgegen.

Hinter ihnen zieht eine einzelne Me 110 durch den Luftraum über Holland. Die Männer an Bord der Nachtjagdmaschine wissen, daß der Hauptmann vor ihnen noch nie so einem Einsatz entgegenfieberte wie in dieser Nacht. Sie waren auf dem holländischen Flugplatz in aller Eile gestartet, als bekannt wurde, daß der britische Verband wahrscheinlich die Heimatstadt Hauptmann Schnaufers anfliegen würde.

Die Me 110 befindet sich jetzt bereits über dem deutschen Reichsgebiet. Unter der Maschine schimmert das Flußband des Mains im Licht des Mondes.

Am südlichen Horizont tasten die langen Geisterarme von Scheinwerfern über den Himmel.

Eine starke Nervosität schwingt in Schnaufers Stimme mit.

„Was ist? Wo sind sie?"

„Noch nichts zu sehen", gibt der Funker zurück.

Schnaufer nickt. Er wirft einen kurzen Blick auf die Instrumente. Die Motoren laufen ruhig.

Stuttgart, denkt der Hauptmann, wenn es doch gelingen würde! Ich müßte einen der Pfadfinder erwischen. Alles andere hat keinen Wert.

Die Nacht ist schön und sternenklar. Ein trügerischer Friede umgibt die Nachtjagdmaschine. Die Scheinwerfer tasten immer noch über den Himmel.

„Verflucht, siehst du nichts?"

„Nein", sagt Rumpelhardt, „doch ... jetzt, da ... da sind sie ... direkt voraus."

„Gut. Los, bleibe am Drücker!"

Der Leutnant starrt auf die Leuchtröhren. Die verräterischen Zakken huschen über den Bildschirm.

„Vor uns ... Entfernung nimmt ab ..."

Dann sehen sie den britischen Bomber. Klar und deutlich hebt sich die Silhouette des Nachzüglers im fahlen Licht des Himmels ab.

Die Waffen sind bereits eingeschaltet. Schnaufer verringert die Distanz. Die Gashebel sind bis zum Anschlag nach vorn geschoben. Mit hohem Röhren reißen die Motoren die Maschine durch die Nacht. Sekundenlang wird sie vom grellen Weiß eines Scheinwerferbalkens umstrahlt, ehe sie wieder in das schützende Dunkel hineinhuscht.

Aber die wenigen Sekunden haben für den feindlichen Bordschützen genügt. Helle Perlenschnüre zischen durch die Nacht.

Wenige Augenblicke später kreuzen sich die MG-Garben mit den Kanonenspuren Schnaufers. Das Grollen der Bordwaffen hallt durch die Kabine. Aus dem Rumpf der britischen Bombenmaschine züngeln Flammen. Sie werden größer und länger und umhüllen schließlich den massigen Rumpf.

Eine kurze Zeitspanne vergeht noch, bis der Bomber sich auf die Seite dreht und nach unten wegkippt.

Undeutlich klingt die Stimme Rumpelhardts aus den Kopfhörern: „Von Bussard eins an Meteor . . . Abschuß ‚Lancaster' in Dora-Berta . . ."

Die Gashebel stehen immer noch auf Vollast. Mit Höchstgeschwindigkeit unterfliegt die Me 110 den feindlichen Bomberverband. Keiner an Bord spricht ein Wort. Die Männer hinter Schnaufer wissen, was er vorhat. Manchmal sehen sie hoch über sich die Schattenreflexe von britischen Kampfflugzeugen.

Die Nachtjagdmaschine ist immer noch unter dem britischen Verband. In regungsloser Haltung blickt Schnaufer durch die Frontscheibe. Er bangt vor dem Augenblick, wo das bunte Lichtersignal der Angriffsmarkierung sich am Nachthimmel entfalten wird.

Dann wird es zu spät sein!

Schnaufer reißt sich die Atemmaske vom Gesicht. Der Höhenmesser zeigt knapp viertausend Meter an. Die Flak schweigt. Er weiß nicht, ob zu dieser Zeit noch andere Nachtjagdmaschinen auf den Feindverband angesetzt wurden. Es ist auch gleichgültig. Der Hauptmann denkt nur noch an die Aufgabe, die er sich gestellt hat.

Minutenlang fliegt er nun schon in gleicher Richtung wie der britische Verband. Seine Nerven sind bis zum Zerreißen gespannt.

Über sich sieht er manchmal die schemenhaften Umrisse der feindlichen Bomber wieder.

Verzweifelt wartet er auf den Augenblick, wo sich eine der britischen Kampfmaschinen aus dem Verband lösen wird. Dieser Bomber wird die sogenannte Pfadfinderbesatzung an Bord haben, deren Aufgabe es ist, das Ziel zu markieren.

Plötzlich gleitet ein Schatten über der Kabine der Me 110 durch die Nacht. Mit angehaltenem Atem sitzen die drei Männer auf ihren Plätzen.

Schnaufer zieht das Steuer leicht nach hinten. Der schlanke Bug der Me 110 neigt sich nach oben.

Aber der englische Bordschütze ist auf der Hut. Gelbe Glutparabeln züngeln auf die Me 110 zu.

Schnaufer bleibt auf dem Angriffskurs. Weit nach vorn gebeugt blickt er durch das Visier. Der Bomber wächst jetzt riesengroß in den rötlichen Kreis hinein.

Dann bellen die Bordkanonen auf. Ihr grollendes Echo verschluckt das trockene Klatschen der Einschläge in der eigenen Maschine.

Die Me 110 neigt sich zur Seite, als aus der „Lancaster" der britischen Pfadfinder die ersten Feuerzungen in die Nacht wabern. Sekunden später verwandelt sich das Dunkel unter dem Sternenhimmel in gleißende Helligkeit. Hunderte von grellen Blitzen zucken durch die Nacht. Die explodierende Leuchtmunition des Feindbombers zischt wie ein makabres Feuerwerk des Todes durch den Himmel.

Erst jetzt stellt der Hauptmann fest, daß die Nachtjagdmaschine aus dem Kurs dreht. Und erst jetzt erkennt er, daß der rechte Motor der Me 110 zerschossen ist und die Luftschraube nur noch leer im Fahrtwind rotiert.

Trotzdem blickt er noch einmal hinauf zu der dunklen Wand aus Hunderten von Bomberleibern. Immer noch wartet er auf den Augenblick, wo vielleicht doch noch ein „Christbaum" der Zielmarkierung am Himmel über Stuttgart aufleuchten wird.

Es geschieht nicht!

Die feindlichen Kampfmaschinen haben durch das Ausbleiben der Markierung die Stadt verfehlt, über der sie ihre Bomben werfen wollten. Sie geben ihre bisherige Flugrichtung auf und schwenken nach Nordwesten ab. Hunderte von Bomben werden im Notwurf ausgelöst. Die Sprengkörper explodieren in einem weiten Wiesen- und Waldgebiet.

Die deutsche Nachtjagdmaschine, die diesen Angriff auf die große Stadt so gut wie verhindert hatte, fliegt mit einem Motor den Flugplatz von Echterdingen an.

In der Nacht zum 9. Oktober 1944 errang Hauptmann Schnaufer seinen 100. Luftsieg. Einige Tage später, am 16. Oktober 1944, wurde er als 21. Soldat der Wehrmacht mit den Brillanten zum Ritterkreuz ausgezeichnet.

Die einmalige Siegesserie des „Nachtgespenstes von St. Trond" war damit aber noch nicht zu Ende. Am 24. Oktober wurde er zum Kommodore des Nachtjagdgeschwaders 4 ernannt. In dieser Eigenschaft schoß er am 6. November 1944 in fünfzehn Minuten weitere drei „Lancaster" ab. Als Sieger in 103 Nachtjagdkämpfen stand er jetzt an der Spitze der deutschen Nachtjäger.

Nachdem Heinz Wolfgang Schnaufer am 21. November einige weitere Luftsiege erkämpft hatte, wurde er am 1. Dezember im Alter von zweiundzwanzig Jahren zum Major befördert.

In den Nachtstunden des 21. Februar 1945 flog ein starker britischer Bomberverband aus dem französischen Raum in Richtung Berlin.

Es war jene Nacht, in der Schnaufer seinen größten Sieg erringen sollte.

In einer Zeitspanne von 26 Minuten vernichtete er acht viermotorige Bomber. Zwei weitere Feindflugzeuge schoß er in einem zweiten Einsatz ab.

Eine ganze feindliche Bomberstaffel war in dieser Nacht von einem einzigen Nachtjäger vernichtet worden.

Aber auch die einmalige Leistung von Wolfgang Schnaufer und seiner Besatzung — die ebenfalls mit dem Ritterkreuz ausgezeichnet wurde — konnte am Ablauf des Krieges nichts mehr ändern.

Auf den Flugplätzen von Faßberg und Eggebeck startete Major Schnaufer zu seinen letzten Flügen in der Nachtjagdmaschine, mit der er 121 Luftsiege errungen hatte.

Der Krieg war zu Ende gegangen. Eine neue Zeit hatte ihren Einzug gehalten. Die zerstörten Städte waren in neuer Schönheit wiedererstanden.

Über den sonnenheißen Asphalt der Straße Bordeaux—Biarritz fuhr ein Wagen mit einem deutschen Kennzeichen. In zügigem Tempo rollte die Limousine an einer Allee entlang.

Manchmal dachte der Mann am Steuer an die Jahre, in denen er in vielen Nächten an Bord eines Nachtjagdflugzeuges auch über dieses Land geflogen war. Während er auf das schnurgerade Band der Straße blickt, ziehen Ereignisse der Vergangenheit wie ein schnell ablaufender Film an ihm vorüber. Er sieht sich noch einmal in den britischen Vernehmungslagern, wo staunende Offiziere in ihm den Mann kennengelernt hatten, der von ihnen einmal das „Nachtgespenst" genannt worden war.

Heinz Wolfgang Schnaufer mochte auf jener Fahrt manchmal auch an seine Maschine gedacht haben, welche die Engländer nach dem Krieg als eine vielbestaunte Trophäe im Londoner Hydepark zur Schau gestellt hatten.

Aber das war jetzt alles vorbei — der Alptraum des Krieges, heulende Sirenen und die sterbenden Städte. Es war Frieden.

Plötzlich zuckte Wolfgang Schnaufer zusammen. Sein rechter Fuß trat gegen die Bremse. Mit geweiteten Augen starrte er auf den großen Wagen, der plötzlich aus einem Waldweg herausgefahren kam und jetzt quer über der Straße stand.

Sekunden später bohrte sich der deutsche PKW in die Flanke des Lastwagens.

Am 15. Juli 1950 erlag der erfolgreichste Nachtjäger der Welt den schweren Verletzungen, die er bei diesem Unfall erlitten hatte.

★

HELMUT WICK

*Ein Me=109=Pilot kurz vor dem Start zu einem Feindflug über den Kanal*

*Kondensstreifen während eines Jäger-Luftkampfes am Himmel über England*

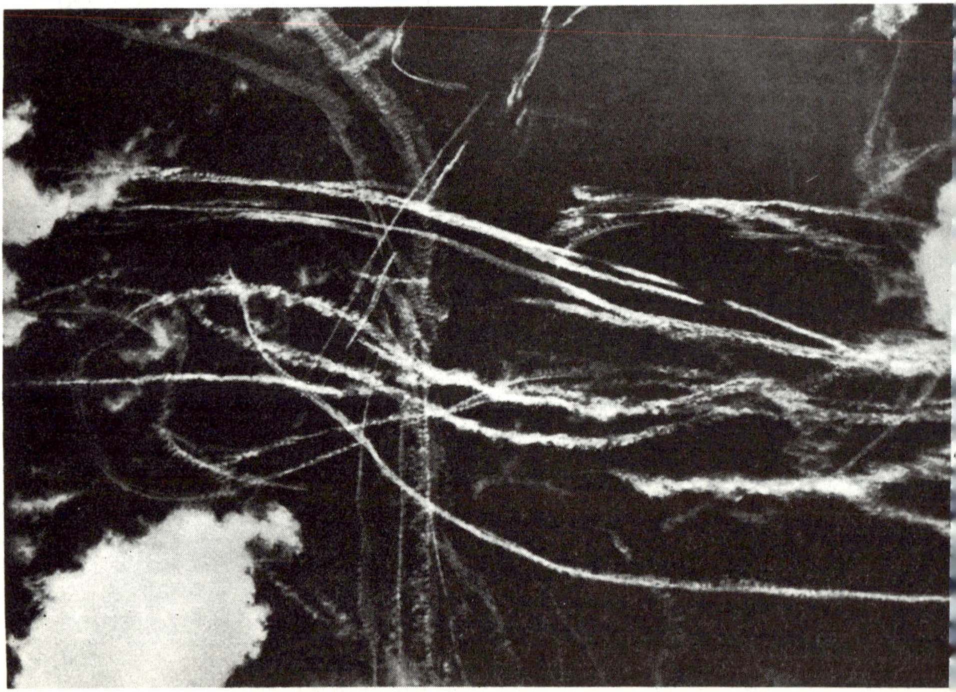

# HELMUT WICK

Kommodore des Jagdgeschwaders „Richthofen"

*„Ich glaube, wir siegen uns über England zu Tode, mein Lieber."*

Major Wick während der „Schlacht um England"

Zwölf Me 109 jagen in rasantem Tiefflug über die Hügellandschaft der französischen Kanalküste. Hinter der Brandung neigt sich die Spitzenmaschine auf die rechte Tragfläche und dreht auf Nordwestkurs ein.

Der Oberleutnant mit dem Verbandsführerwinkel auf dem Rumpf seiner Jagdmaschine blickt noch einmal zu dem immer ferner werdenden Oval des Feldflugplatzes zurück, ehe er den Gashebel leicht nach vorn schiebt und zum Steigflug übergeht.

Die anderen Maschinen fliegen rechts von ihm in leicht nach hinten gestaffelter Position, als ob sie durch eine unsichtbare Kette miteinander verbunden seien. Auf den Dünenkämmen stehen Landser, die zu den Jagdflugzeugen hinaufwinken. Aber schon wenige Augenblicke später dröhnt der Messerschmitt-Verband weit von ihnen entfernt über das Wasser des Ärmelkanals.

Vor einer Viertelstunde hatten die Männer der Staffel noch vor dem Kommandeur gestanden. Schon zu Beginn der Besprechung war ihnen klargeworden, daß der erste Einsatz dieses Sommertages etwas anderes bringen würde als das übliche Routinespiel der freien Jagd über dem Kanal und dem Luftraum über dem Süden Englands. Sie wissen jetzt, daß sie einem britischen Bomberverband entgegenfliegen, der offenbar die Aufgabe hat, die deutschen Jägerflugplätze im Küstenraum für einige Zeit unbrauchbar zu machen.

Der Oberleutnant in der Kapitänsmaschine blickt kurz zur Küste von Dover hinüber, die sich wie eine weiße Mauer aus dem grünlichen Blau des Meeres hebt.

Für Augenblicke wandern seine Gedanken in die jüngere Vergangenheit zurück. Es waren Tage voll erbitterter Kämpfe gegen einen tapferen Feind, der aus verborgenen Quellen immer neue Kraft zu schöpfen schien. Die schweren Luftangriffe auf die britischen Jägerflugplätze hatten offenbar keine vernichtende Wirkung gehabt.

Die Nadel des Höhenmessers nähert sich der 4000-Meter-Marke.

Oberleutnant Helmut Wick greift zur Sauerstoffmaske. Er schiebt die Gummimuschel vor Mund und Nase, während er zu dem Feldwebel in der Rottenfliegermaschine hinübersieht.

Der Jägerverband steigt weiter. Aus der Höhe von 5000 Metern mutet die Südspitze der britischen Insel wie ein buntes Relief an. Im Norden, wo sich der Flußlauf der Themse in weiten Biegungen zwischen dem Häusermeer von London hindurchwindet, liegt grauer Dunst über der Erde.

Wick zieht die Anschnallgurte fester um den Oberkörper. Ein bestimmtes Gefühl sagt ihm, daß der Zeitpunkt nicht mehr fern sein kann, wo sich die Silhouetten des englischen Verbandes aus dem grellen Licht des Himmels schälen werden.

In den Kopfhörern herrscht Stille, denn auch für diesen Flug war absolute Funkstille befohlen worden. Wick wackelt kurz mit den Tragflächen. Sein Katschmarek leitet das Zeichen weiter, bis es von der letzten Maschine zurückgegeben wird. Verabredungsgemäß gehen die Jagdflugzeuge zur Gefechtsposition über. Als eine breite Phalanx fliegen sie jetzt hoch über der englischen Küste weiter nach Nordwesten. Das Meer ist zu einem endlosen Spiegel geworden. In den Kabinen herrscht eine laue Wärme.

Die feindlichen Bomber hängen plötzlich wie hingezaubert im Widerschein des Sonnenlichts. Es sind etwa zwölf „Wellington", die in enger Formation in Richtung Frankreich fliegen.

Die Stimme Wicks hallt durch den Äther:

„Voraus Kuriere (zweimotorige Bomber) . . . Pauke-Pauke (Angriff)."

Sein Befehl wird sofort quittiert. Die Männer in den anderen Maschinen haben verzerrte, blechern klingende Stimmen.

Der Blick des Oberleutnants ist abschätzend auf die Bomber gerichtet, die immer noch in gleicher Richtung fliegen. Aber Wick traut dem

Frieden nicht. Pausenlos beobachtet er den Luftraum. Denn er kennt die Taktik der Tommies, die sich ständig eine neue Überraschung ausdenken. Wick kennt ihre Tricks und ihren Einfallsreichtum, und er hätte hundert zu eins gewettet, daß die Bomber auch heute nicht allein sind.

Aber bis jetzt ist noch nichts von feindlichen Jägern zu sehen.

Wick gibt einen neuen Befehl. Sofort gruppieren sich die Maschinen der Staffel zur Angriffsformation. Sie schließen zueinander auf und folgen der Maschine Wicks, der jetzt aus seitlich hinterem Winkel auf die „Wellington"-Bomber eindreht.

Die britischen Kampfflugzeuge sind jetzt vielleicht eintausend Meter entfernt. Dicht nebeneinander stoßen die Deutschen auf sie hinab.

Helmut Wick hat bereits die Waffen eingeschaltet. Vor seinen Augen leuchtet der rötliche Kreis des Visiers an der schmalen Frontscheibe. Das Singen des Motors wird noch höher, als er den Gashebel auf Volllast schiebt.

Noch während des Angriffsfluges sieht er die Spitfires aus der Sonne herausstürzen. Wie dunkle Schattengebilde preschen sie in steilem Winkel durch den Himmel.

In Sekundenschnelle wägt Wick die Chancen ab. Und ebenso schnell faßt er seinen Entschluß.

„Indianer von oben", klingt seine Stimme über das FT, „wir bleiben dran ... Ruhe ... Nach dem Angriff auf die ‚Dicken' spritzt alles auseinander."

Wick fliegt weiter. Einer der Bomber gerät ins Visier. Erst jetzt beginnen die feindlichen Bordschützen zu feuern. Blitze zucken aus den Heckständen. Leuchtspurgarben zischen durch den Himmel. Eine Geschoßgarbe pfeift dicht über die linke Tragfläche von Wicks Me 109 hinweg. Aus etwa dreihundert Meter Entfernung löst er die Bordwaffen aus.

Schon die erste Salve liegt deckend. In der rechten Flächenwurzel der Wellington züngelt Feuer auf. Der Bomber wird jetzt riesengroß. Auf der brandumhüllten Tragfläche leuchtet die große britische Kokarde.

Mit leicht nach hinten gezogenem Steuerknüppel jagt Wick in den Himmel hinein. Sein Flugweg kreuzt sich mit dem von zwei Spitfires, die in kaum fünfzig Meter Entfernung vorbeistürzen. Die Rottenmaschine des Unteroffiziers hängt wie eine Klette neben seiner eigenen Maschine.

Sekunden später beginnt der höllische Tanz des Luftkampfes.

Aus einer steilen Wendekurve heraus sieht der Oberleutnant die Bomber wieder. Drei von ihnen haben sich aus dem Verband gelöst und fallen brennend in die Tiefe.

Über den Kampfflugzeugen schwirren die Spitfires in engen Messerkurven durch den Luftraum. Für Augenblicke hat Wick das Gefühl, als ob sich der Zorn über den mißlungenen Sicherungsauftrag in den nervösen Flugbewegungen der britischen Piloten ausdrücke. Die brennend abstürzenden Bomber scheinen wie ein Schock auf sie zu wirken.

Wick gibt einen weiteren Befehl, während er einen prüfenden Blick auf die zahlreichen Instrumente am Armaturenbrett wirft. Rechts oben leuchten die Schauzeichen der Waffenkontrolle. Der Höhenmesser steht jetzt auf 6000 Meter.

Die restlichen Flugzeuge des Bomberverbandes haben die vorhin entstandenen Lücken in ihrer Flugformation geschlossen. Wie schutzsuchend drängen sie sich jetzt noch enger aneinander.

Wick versucht, die zur Seite kurvenden Kampfmaschinen zu zählen. Es gelingt ihm nicht.

Während er den Knüppel nach vorn drückt, um noch mehr Fahrt zu gewinnen, faßt er den nächsten Entschluß.

„Möwe vier bis acht bleiben an den ‚Dicken‘. Die anderen machen weiter mit den Indianern (Feindjäger).“

Einer der Piloten quittiert den Befehl. Wick dreht auf zwei Spitfires ein, die etwa fünfhundert Meter tiefer durch den Himmel ziehen. In engem Radius kreist die Me 109 gegen die zweite Maschine der Spitfire-Rotte.

Die beiden britischen Piloten sind keine Anfänger. In einem überraschenden Manöver reißen sie ihre Maschinen in die Höhe und legen sie halb auf den Rücken.

In diesen Augenblicken wendet Helmut Wick wieder einmal einen seiner zahlreichen Luftkampftricks an. Er stößt den Knüppel zur Seite, beschreibt eine halbe Rolle und zieht die „Me“ anschließend in einem gesteuerten Abschwung um die Querachse. Sekundenlang scheint die

Maschine in der Luft stehenzubleiben, ehe sich der Motorblock dem fernen Meer entgegenneigt. Ohne den Blick von den beiden Gegnern zu wenden, rast der Oberleutnant jetzt in flachem Sturz in die Tiefe.

Der Rottenflieger hat das Manöver sofort mitgeflogen. Wick sieht die buntbemalte Motornabe seiner „109" dicht hinter dem eigenen Leitwerk. Befriedigt stellt er fest, daß die Tommies das gewagte Spiel mitmachen und hinter ihm herstürzen.

„Aufpassen!" gellt Wicks Stimme aus den Kopfhörern des Rottenfliegers. „Abfangen und nach links hoch!"

Sekunden später heulen die beiden Me 109 wieder in den Himmel hinein. Blitzschnell wechselt Wick die Kurvenlage. Durch das unerwartete Manöver kommen die beiden Spitfire aus dem Konzept. Wick läßt seine Maschine weitersteigen. Rings herum dröhnen die anderen Jagdflugzeuge durch den Luftraum. Balkenkreuze und Kokarden haben sich zu einem teuflischen Reigen vereinigt.

Die Bomber fliegen jetzt mit Südwestkurs auf die französische Küste zu. Wick schätzt die Entfernung zu ihnen ab. Die Distanz kann höchstens achthundert Meter betragen. Mit hoher Fahrt jagen die beiden Me 109 jetzt wieder nach unten. Die Spitfire liegen in steilen Messerkurven. Aber die Erfahrung aus vielen Luftkämpfen läßt den Oberleutnant erkennen, daß sie auch dieses Mal zu spät kommen werden.

Eine kurze, blitzschnelle Steuerkorrektur noch, dann schwenkt Wicks „109" wieder auf die Bomber ein.

Die Heckschützen feuern sofort. Wick tut nicht das geringste, um sie durch stetigen Höhenwechsel zu irritieren. Es bleibt auch keine Zeit dazu. Denn die Spitfires kurven bereits wieder zum Angriff ein. Sie sind aber noch nicht auf Schußentfernung heran.

Wick feuert aus etwa vierhundert Meter Entfernung. Ein Bomber in der Mitte des Verbandes bäumt sich plötzlich in die Höhe. Der grelle Feuerblitz, der in Sekundenschnelle aus der „Wellington" herausschlägt, kommt sogar für Wick so überraschend, daß er seine Maschine mit einer jähen Steuerbewegung zur Seite reißt.

Während sich der Feindbomber in einer grellen Explosionswolke in seine Einzelteile auflöst, zieht Helmut Wick die Me 109 in eine enge Wendekurve. Sekunden später fliegen die beiden Spitfires in der Nähe vorbei.

Die Briten geben nicht auf. Sekunden später liegen sie wieder auf Gegenkurs. Sie wenden erneut. Doch auch dieses Mal gelingt es ihnen nicht, eine erfolgversprechende Schußposition zu erfliegen.

Die Bomber sind schon vor der französischen Kanalküste. Wick schiebt die Brille hoch und wischt sich den Schweiß aus den Augen. Plötzlich stellt er überrascht fest, daß die Spitfires abdrehen.

Fast im gleichen Augenblick sieht er die vertrauten Konturen einiger Me 109, die jetzt den Blendkreis der Sonne verlassen und dem Schauplatz des Luftkampfes entgegenfliegen.

Mit heiserer Stimme gibt Wick den Befehl zum Sammeln. Kurz darauf fliegen die Maschinen seiner Staffel aus allen Richtungen auf ihn zu.

Als sie in Verbandsformation der Kanalküste entgegenziehen, leiten die Bomber eine starke Rechtskurve ein.

„Sie drehen ab — sie drehen ab!" schallt eine Stimme aus Wicks Kopfhörern.

Für Sekunden lichtet ein Lächeln die Starre auf Wicks Gesicht.

Sein Blick wandert noch einmal durch den sonnenschillernden Himmel. Die Konturen der Jagdmaschinen über dem Meer werden immer kleiner. Draußen heult der Fahrtwind um die Kabine. Kurz vor zwölf Uhr donnert der Me-109-Verband über die flachen Hügel der französischen Kanalküste.

Zweimal jagt Wick mit wackelnden Tragflächen über den Feldflugplatz. Auf dem Liegeplatz der Staffel fliegen dunkle Punkte in die Höhe. Es ist ein Anblick, der für den Oberleutnant nichts Neues mehr darstellt. Die Pünktchen sind die Mützen der Flugzeugmechaniker, die von den Männern aus Freude über den Erfolg ihrer Piloten in die Luft geworfen wurden.

Nach einer letzten Platzrunde setzt Wick zur Landung an. Noch während des Ausrollens öffnet er das Seitenfenster der Kabine. Lächelnd sieht er den Mechanikern entgegen, die auf seine Maschine zukommen.

Ein turbulentes Stimmengewirr brandet auf, als er das Kabinendach zurückschlägt.

★

Es ist Abend geworden auf dem Feldflugplatz. Aus einer Baracke erklingt Radiomusik.

Helmut Wick sitzt auf einem Liegestuhl. Mit schlaff herabhängenden Armen blickt er über das Rollfeld, auf das sich bereits die Schatten der Dämmerung herabsenken.

Ein Kampftag ist zu Ende gegangen. Einer von vielen, seit die Schlacht um England angefangen hatte. Wick läßt die Zigarette auf den Boden fallen und schließt die Augen. Manchmal tut es gut, allein zu sein nach einem solchen Tag mit stundenlangen Einsatzflügen.

Am 10. Mai 1940 hatte es begonnen. Im ersten Licht des Tages waren die Maschinen des Geschwaders durch den Himmel über Belgien und Holland geflogen, dem Felsenklotz des belgischen Sperrforts Eben-Emael entgegen.

Der Oberleutnant schließt die Augen. Er erlebt noch einmal den Augenblick, als die erste feindliche Maschine unter den Garben seiner Kanonen zerplatzte. Aber der erste Luftsieg hatte auch manche Überlegungen heraufbeschworen. Man hatte sich vor allem mit dem Menschen beschäftigt, der in der Kabine der französischen Jagdmaschine gesessen war. Auch bei späteren Luftkämpfen hatten sich ähnliche Überlegungen eingestellt. Aber dann war der Krieg trotzdem zu einem grausigen Handwerk geworden und der Kampf um Leben und Tod allmählich zu einer blanken Routine. Die Abschußstriche auf dem Leitwerk wurden immer zahlreicher. Auf der Erde Frankreichs lagen die Trümmer der abgeschossenen Feindflugzeuge. Devoitines, Moranes und Potez-Bomber mit ihren zierlichen kleinen Seitenleitwerken. Später waren es Spitfires und Hurricanes. Über Dünkirchen und dem Kanal hatte man mit ihnen gekämpft, Tag für Tag, Woche für Woche.

Dünkirchen! Flüge über einen Kessel, in dem Hunderttausende von Soldaten eingeschlossen waren. Aus der Höhe gesehen hatte das Menschengewimmel einem riesigen Ameisenhaufen geglichen. Vom Strand aus waren sie über einen Notsteg aus Lastkraftwagen zu den Schiffen gelaufen. Die Stukas hatten mit ihren Bomben eine wahre Hölle entfacht. Tausende von Männern mit flachen Stahlhelmen hatte man überflogen, die am Strand auf die rettenden Schiffe gewartet hatten.

Es war weitergegangen. Der Krieg mit Frankreich hatte bald sein Ende gefunden.

Wick wischt sich über die Stirn. Das Radio dudelt immer noch. Vor Wochen hatte der Sprecher eine Nachricht durchgegeben, die bei der Staffel großen Jubel ausgelöst hatte.

*„... die Gesamtverluste des Gegners betrugen gestern 72 Flugzeuge. 51 wurden in Luftkämpfen abgeschossen, 21 durch die Flakartillerie vernichtet. 14 eigene Maschinen werden noch vermißt. Das Jagdgeschwader Richthofen hat seinen 250. Abschuß überschritten. Oberleutnant Wick, Staffelkapitän in einem Jagdgeschwader, hat seinen 19. und 20. Luftsieg errungen ... hat der Oberbefehlshaber das Ritterkreuz des Eisernen Kreuzes verliehen an Oberleutnant Wick, Staffelkapitän in einem Jagdgeschwader ...“*

Helmut Wick erhebt sich. Er schiebt die Hände in die Taschen und geht hinüber zu den Flugzeugen, die unter den breiten Tarnnetzen wie schlafende Riesenvögel anmuten.

Es ist dunkel geworden. Ein fahles Mondlicht liegt über dem Flugplatz.

Unbewußt tastet Wick über das kühle Metall des Ritterkreuzes an seinem Hemdkragen.

Er trägt es seit dem 27. August 1940.

In der Nähe seiner Maschine bleibt er stehen. Auf dem Seitenleitwerk sind 33 Abschußstriche zu sehen. Kurz vor der Dämmerung hatte der Staffelmaler noch zwei der schwarzen Balken aufgepinselt.

Langsamen Schrittes nähert sich Wick seiner Unterkunft. Er denkt an den kommenden Tag.

Mit nackten Oberkörpern stehen die Mechaniker vor den startklaren Maschinen. Manchmal blicken sie zu der Baracke hinüber, in der sich die Flugzeugführer der Gruppe vorhin zur Einsatzbesprechung versammelt hatten.

„Ob er heute auch zwei schafft?“

Der Unteroffizier wirft dem anderen einen grimmigen Blick zu.

„Halt die Klappe, Mensch! Du weißt, daß man so etwas vorher nicht bequatschen soll. Aber ich habe das Gefühl, daß es doch so sein wird. Bis jetzt hat es fast bei jedem Feindflug geklappt.“

*Eine Me-109-Kette im Tiefflug vor der Kreideküste Englands*

*Die Kabine einer Me 110 während eines Feindfluges*

*Unten: Besatzungen eines Me-110-Geschwaders tauschen nach dem Einsatz Erfahrungen aus*

„Mann“, erwidert der Obergefreite kopfschüttelnd, „wenn du dir das überlegst — jedesmal zwei. Als ob es da drüben über England nicht haarig genug wäre, wie sie immer erzählen.“

„Sie kommen“, sagt ein Gefreiter.

Wick ist von den Piloten seiner Staffel umgeben. Sie tragen bereits die Einsatzbekleidung und die gelben Schwimmwesten. Um die schwarzen Pelzstiefel schlingen sich Gurte mit Leuchtpatronen.

Helmut Wick bleibt vor dem 1. Wart stehen, als dieser seine Klarmeldung macht. Dann blickt er zum Himmel hinauf. Irgendwo müssen zu dieser Stunde bereits die Kampfflugzeuge fliegen, die von der Gruppe nach London begleitet werden sollen.

Mit einer abwesenden Geste tippt Wick an seine Mütze, während er dem Wart kurz zunickt. Sein Gesicht wirkt ernst und nachdenklich. Er wendet sich jetzt noch einmal an die Piloten seiner Staffel.

„Hals und Bein. Ihr wißt, daß heute kein Spaziergang bevorsteht.“

Die Männer sehen ihn schweigend an. Schweißtropfen stehen auf ihren Gesichtern. Wick hebt grüßend die Hand, ehe er sich seiner Maschine zuwendet.

Wenige Minuten später brandet über dem Feldflugplatz das Höllenkonzert der startenden Maschinen auf. Rottenweise zischen die Jagdflugzeuge über das Rollfeld und ziehen mit dröhnenden Motoren in den Himmel hinein.

Über der Südküste Englands hängen einige Kumuluswolken. Wie hohe weiße Türme stehen sie vor dem seidigen Blau des Horizontes.

Der Jägerverband geht sofort nach dem Start zum Steigflug über. Bald zeichnen sich die Umrisse der englischen Küste vor den Frontscheiben ab.

Oberleutnant Helmut Wick fliegt in linker Position. Auf etwa 1000 Meter Höhe sieht er die Bomber. Es ist eine Formation von fünfzehn Do-17, deren schlanke Umrisse immer größer werden.

Nur noch wenige Minuten vergehen, bis die Jäger zu den Kampfflugzeugen aufgeschlossen haben. Wie spielende Riesenlibellen schwirren sie über den träge dahinziehenden Bombern durch den Himmel.

Auch an diesem Tag herrscht während des Anfluges Funkstille. Dutzende von Augenpaaren suchen den Luftraum ab. Die ersten Sprengwolken der Flak bauschen sich am Himmel auf.

Die Jäger lösen sich jetzt in Rotten auf. In weiten Kurven umkreisen sie die Bomber mit den schwarzen Balkenkreuzen auf den langen Rümpfen.

Einmal fliegt Wick so dicht an den „Kämpfern" vorbei, daß er die Besatzungen in den Kanzeln deutlich erkennen kann. Die Flak feuert immer noch. Die Explosionen liegen jetzt näher. Trotzdem bleiben die Do-17 stur auf ihrem Kurs.

Auf der Höhe der Themsemündung schwenkt der deutsche Bomberverband auf London ein.

Helmut Wick beugt sich nach vorn. Sein Blick bleibt für Augenblicke auf den schmalen Strichen der Themsebrücken und dem von Horizont zu Horizont reichenden Häusergewirr haften. Wurstartige Sperrballone hängen über den Themsedocks. Das Flakfeuer ist inzwischen verstummt.

Wick weiß sofort, was das zu bedeuten hat. Die britischen Jäger müssen also bereits in der Luft sein.

Schon wenige Sekunden später jagen die Spitfire und Hurricane in langer Kolonnenformation aus dem Lichtkreis der Sonne heraus. Vor ihren Tragflächenprofilen züngeln die Flammen des Mündungsfeuers.

Ein Befehl des Gruppenkommandeurs klingt aus Wicks Kopfhörern. Er wackelt kurz mit den Tragflächen und setzt dann zu einer engen Wendekurve an. Der riesige graue Häuserfleck tief unten auf der Erde kommt ins Kreisen.

Der Himmel hat sich bereits wieder in eine wahre Hölle verwandelt. Etwa zwei Dutzend britische Jagdflugzeuge kurven um die Bomber herum, die jetzt ihre Schächte öffnen. Dunkle Gebilde taumeln in die Tiefe. Sekunden später schießen unten in der Nähe des Themseknies kleine Blitzfontänen aus der Erde.

Die Tommies scheinen an diesem Tag überall zu sein. Sie haben sich in einige kleinere Gruppen geteilt und verfolgen damit eine zwar durchschaubare, aber ebenso erfolgversprechende Taktik.

Wicks Maschine liegt für wenige Augenblicke in der Horizontalen. Er haut den Knüppel nach vorn, als vier Spitfires von unten her zum Angriff auf den eigenen Bomberverband ansetzen. Mit großem Fahrtüberschuß nähern sich die Feindmaschinen einer in linker Außenposition fliegenden Do-17.

Aus einem Abschwung heraus lenkt Wick seine Me 109 zwischen die Bomber und die Angreifer. Die kurze Geschoßgarbe, die er noch im Sturz abfeuert, ist eigentlich nicht viel mehr als ein Ablenkungsversuch.

Aber die Feindjäger lassen sich nicht bluffen. Sie sind schon auf Schußentfernung heran. Ihre Umrisse werden immer größer. Wick leitet eine Sturzrolle ein. In Sekundenschnelle wirbelt die Me 109 um die Längsachse und stürzt an den beiden Spitfires vorbei. Mit beiden Händen zieht Helmut Wick den Knüppel wieder nach hinten. Nur widerwillig gehorcht die Maschine dem entgegengesetzten Steuerdruck. Doch dann neigt sich die Motorpartie endlich wieder nach oben und dreht gegen die letzte Spitfire ein.

Zwei, drei Sekunden später verschwindet die Feindmaschine unter Wicks Tragflächen. Aus seinen Kanonen und MG prasseln lange Geschoßgarben heraus.

Als die Spitfire wieder aus dem Vorhaltewinkel herauskommt, zieht sie eine lange Feuerschleppe hinter sich her. Das Kabinendach löst sich. Dann läßt sich der Pilot aus der brennenden Maschine fallen.

Aber der zweite Tommy hat sein Vernichtungswerk bereits beendet. Die MG des britischen Jägers hämmern immer noch. Die Do-17 ist hinter einer dichten Feuerwand verschwunden.

Der englische Jagdflieger scheint wie von einem Rausch erfaßt. Er fliegt jetzt kaum fünfzig Meter hinter der lichterloh brennenden deutschen Kampfmaschine. Zwei menschliche Körper lösen sich aus der Feuerwolke und taumeln in das weite Nichts hinein.

Das Leitwerk der Spitfire wächst jetzt riesengroß in Wicks Visier. Schon nach dem ersten Feuerstoß brechen an der Feindmaschine Teile der linken Tragfläche ab.

Kaum fünf Meter über der Kabine des britischen Piloten zieht der Oberleutnant seine „Me“ wieder in die Höhe. Mit stockendem Atem wirft er einen Blick auf den Schauplatz des Luftkampfes. Er stößt einen Fluch aus, als er eine Me 109 brennend in Richtung Themse stürzen sieht.

Überall schweben jetzt Fallschirme wie große weiße Blumen. Die Do-17 haben nach Südwesten abgedreht. Die Spitfire und Hurricane umschwärmen sie immer noch.

Plötzlich sieht Wick eine Hurricane hinter einer Me 109. Sein Warnruf gellt über den Äther. Trotzdem fliegt der Deutsche, hinter dem die Feindmaschine hängt, unbeirrt weiter.

In Sekundenschnelle schert der Rottenflieger unter Wicks Maschine durch. Wick behält die Me 109 im Sturz. Er feuert aus einer Entfernung, die kaum einen Erfolg verspricht. Aber die Garbe sitzt trotzdem. Die Hurricane neigt sich auf die rechte Tragfläche, dreht dann in die Rückenlage und taucht nach unten weg. Aus dem Motor quillt eine lange dunkle Qualmwolke.

Wick schiebt die Kopfhaube zurück. Sein Blick kreist durch den Himmel. Überall sind kurvende, stürzende und steigende Flugzeuge zu sehen. Unzählige Kondensstreifen ziehen sich durch den Himmel.

Der höllische Tanz scheint noch kein Ende nehmen zu wollen. Pausenlos verteilt der Tod neue Chancen oder fällt blitzschnelle Urteile, gegen die es keinen Einspruch mehr gibt.

Die beiden Deutschen stürmen weiter durch den Himmel über London. Die Bomber fliegen einige hundert Meter tiefer. Eine Me 109 dreht jetzt gerade in rasanter Steilkurve von einer brennenden Spitfire ab, die zum Angriff auf die Bomber eingeschwenkt war.

Der Schweiß läuft in Bächen von Wicks Gesicht.

Ein halbes Dutzend Me 109 hat sich mittlerweile aus dem Jägerkampf gelöst und kreist in engen Schlaufen um die Do-17, die sich immer weiter vom Schauplatz des Kampfes entfernen.

Nach einem schnellen Blick in die Runde drückt Helmut Wick den Knüppel bis zum Anschlag nach vorn. Pfeifend heult der Zugwind um die stürzende Maschine. Mit Höchstfahrt fliegen die beiden Me 109 der Erde entgegen, die mit jeder weiteren Sekunde ihr Gesicht verändert. Die Ruinenfelder der südlichen Vorstädte Londons bekommen deutliche Konturen. Wick hält die Maschine immer noch im Sturz. Die hoch am Himmel fliegenden Jäger haben sich in kleine Punkte verwandelt. Links von der Kabine kommen einige Fallschirme in Sicht. Unten auf der Erde leuchten zahlreiche Brände.

Wick ist inzwischen zum Tiefflug übergegangen. Voraus hängen einige Sperrballone. Kurze Feuerstöße schleudern Dutzende von Brandgeschossen gegen die unförmigen Gebilde, aus denen sofort grelle Flammen herauszüngeln.

Die Atemmaske baumelt jetzt neben Wicks Gesicht. Mit routinierten Steuerbewegungen lenkt er die Me 109 über Bäume und Häuser. Wenig später fliegt er über die Dächer von Dover und dann über das Wasser des Kanals.

Helmut Wick war eines der deutschen Jägerasse, die Tag für Tag durch den Himmel über England flogen und einen Sieg nach dem anderen errangen. Sein Name war, als er zum Hauptmann befördert wurde und als Gruppenkommandeur die Serie seiner Luftsiege weiter fortsetzte, so bekannt wie der von Mölders und Galland.

Am 6. Oktober 1940 kehrte er von einem Begleitschutzauftrag für einen Kampfverband auf den Feldflugplatz zurück.

Es war jener Tag, an dem er als vierter Soldat der deutschen Wehrmacht mit dem Eichenlaub zum Ritterkreuz ausgezeichnet wurde. Zu jener Zeit war er in 40 Luftkämpfen siegreich geblieben.

Wick war Major und Kommodore des Jagdgeschwaders „Richthofen", als er am 4. Dezember 1940 zum letztenmal in seine Maschine stieg.

Nach 56 Luftsiegen starb er im Luftraum über Südengland den Fliegertod.

# QUELLENVERZEICHNIS

*Ploetz*, Geschichte des 2. Weltkrieges (A. G. Ploetz, Würzburg)

*Vogelsang*, Die zweite Etappe („Astra“ Josef Penyigey-Szabó-Verlag, Lahr 1955)

*Fritz Hahn*, Geheimwaffen (Erich Hoffmann Verlag, Heidenheim)

*Die deutsche Industrie im Kriege 1939—1945* (Duncker & Humblot/Berlin)

*Charles Bewley*, Hermann Göring (Göttinger Verlagsanstalt)

*Adolf Galland*, Die Ersten und die Letzten (Franz Schneekluth Verlag, Darmstadt)

*Rudolf Lusar*, Die deutschen Waffen und Geheimwaffen des 2. Weltkriegs und ihre Weiterentwicklung (J. F. Lehmann Verlag, München)

*Karl Bartz*, Als der Himmel brannte (Adolf Sponholtz Verlag, Hannover)

*Georg W. Feuchter*, Geschichte des Luftkriegs (Athenäum-Verlag, Bonn, 1954)

*Ernst Heinkel*, Stürmisches Leben, herausgegeben von Jürgen Thorwald (Europäischer Buchklub, Stuttgart/Zürich/Salzburg)

*Theo Osterkamp*, Durch Höhen und Tiefen jagt ein Herz (Kurt Vowinckel/Heidelberg)

*Dr. Walter Dornberger*, V2 Der Schuß ins Weltall (Bechtle Verlag, Eßlingen)

*Josef Priller*, Geschichte eines Jagdgeschwaders (Kurt Vowinckel Verlag, Neckargemünd, 1962)

*Werner Girbig*, 1000 Tage über Deutschland (J. F. Lehmann Verlag, München)

*Karlheinz Kens, Heinz J. Nowarra*, Die deutschen Flugzeuge 1933—1945 (J. F. Lehmann Verlag, München)

*Walter Dahl*, Rammjäger (Orion Verlag, Heusenstamm)

sowie Zeitungsberichte aus der Zeit des 2. Weltkrieges und eigene Erinnerungen des Verfassers.